虚拟麦积山石窟与瑞应寺

——基于BIM与倾斜摄影测量等技术的信息化复原

蔡兰峰　王娟丽　杨擘　周美川◎著

華中科技大學出版社
http://press.hust.edu.cn
中国·武汉

图书在版编目(CIP)数据

虚拟麦积山石窟与瑞应寺:基于 BIM 与倾斜摄影测量等技术的信息化复原/蔡兰峰等著. —武汉 :华中科技大学出版社,2023.3

ISBN 978-7-5680-9094-0

Ⅰ.①虚… Ⅱ.①蔡… Ⅲ.①数字技术-应用-麦积山石窟-图像恢复法-研究 ②数字技术-应用-寺庙-图像恢复法-研究-天水 Ⅳ.①P23

中国国家版本馆 CIP 数据核字(2023)第 041836 号

虚拟麦积山石窟与瑞应寺——基于 BIM 与倾斜摄影测量等技术的信息化复原

Xuni Maiji Shan Shiku yu Ruiying Si——Jiyu BIM yu Qingxie Sheying Celiang deng Jishu de Xinxihua Fuyuan

蔡兰峰 王娟丽 杨 擘 周美川 著

策划编辑:康 序

责任编辑:段亚萍

封面设计:孢 子

责任监印:朱 玢

出版发行:华中科技大学出版社(中国·武汉) 电话:(027)81321913

武汉市东湖新技术开发区华工科技园 邮编:430223

录 排:武汉创易图文工作室

印 刷:武汉市洪林印务有限公司

开 本:889mm×1194mm 1/16

印 张:14

字 数:496 千字

版 次:2023 年 3 月第 1 版第 1 次印刷

定 价:88.00 元

PREFACE
序

麦积山石窟位于风景秀丽的甘肃省天水市东南方向约 40 公里的小陇山深处。天水麦积山石窟与敦煌莫高窟、大同云冈石窟和洛阳龙门石窟并称为我国的四大石窟。麦积山石窟是国务院第一批公布的全国重点文物保护单位，也是全国重点风景名胜区、联合国教科文组织世界遗产委员会认定的世界文化遗产。

对以麦积山石窟、瑞应寺古建筑为代表的历史文化古迹的信息化、数字化的保护，是我们从事建筑及相关领域研究、教学和实践工作者的责任。为此，由甘肃建筑职业技术学院主持，联合甘肃省长城建设集团有限责任公司、甘肃省文物局、麦积山石窟艺术研究所等四家企、事业单位的部分技术骨干，共同申报了 2019 年甘肃省教育厅产业支撑引导项目——“基于 BIM 与倾斜摄影测量技术的麦积山石窟历史文化遗迹信息化复原与 VR 展现的研究”（项目编号为 2019C-17）的研究课题。

在本课题研究中，首次将 BIM 技术、倾斜摄影测量技术、虚拟现实表现技术、3D 打印技术、VR 展现技术等现代化的技术手段综合运用到对历史文化遗迹的信息化复原与保护中。在课题研究过程中，不仅实现了对麦积山石窟、瑞应寺古建筑的信息化复原，也实现了对各种现代新技术综合应用的探索和对部分技术难题的突破。

研究团队成员包括甘肃建筑职业技术学院王娟丽、蔡兰峰、周美川、李斌、常乐、杨文娟、孙婧，甘肃省长城建设集团有限责任公司杨擘、梁军，麦积山石窟艺术研究所李天铭、董广强，甘肃省文物局苏靖、杨行健等，共计 13 人，历时 3 年终于完成了本课题所有研究任务，现将主要的研究成果总结为本书。

全书由蔡兰峰、王娟丽、杨擘、周美川 4 人在总结所有研究成果的基础上编撰而成。其中，蔡兰峰负责本书项目 1、3、4、7、8 的编写，王娟丽负责项目 2 及项目 5 部分内容的编写，杨擘负责项目 6 的编写，周美川负责项目 5 部分内容及附录的编写。全书由蔡兰峰负责统稿和修订等工作。

在此，首先感谢研究团队所有成员 3 年来的辛勤付出，同时感谢相关单位和社会各界领导、专家、朋友们的理解和支持。由于研究团队成员水平有限，书中难免有错误、遗漏和不足，欢迎广大读者、相关领域的专家批评指正。

编者

2022 年 10 月 28 日

PREFACE
前言

在信息技术的冲击下，建筑行业正面临巨大的挑战，BIM 技术的应用正深刻地改变着传统的建造模式。BIM 技术被认为是继 CAD 技术之后建筑业的第二次科技革命。

目前，从沿海到内地，从大型企业到中小型企业，从超大项目到普通项目，BIM 技术已经被广泛地应用于建设项目全生命周期的各个阶段，国家也在大力推广 BIM 技术，市场对 BIM 人才的需求呈现出井喷式格局。为此，不同的科研院所、高等院校、设计单位、监理咨询单位，甚至是施工单位也都开始建设各种 BIM 技术中心，并开展 BIM 技术咨询、BIM 培训和 BIM 教学及研究等业务。而对于高职高专院校来说，找准定位、建设合理的 BIM 技术中心并能够有效运行就显得尤为重要。

历史文化遗迹的数字化复原展现一直是甘肃省对历史文化遗迹保护的重点建设内容之一。目前 3D 数字化复原技术还只是以还原其三维外观和图像信息为主，其他更多的有价值的信息则需要通过摄影、手绘和 CAD 等技术以影像、图片和文字等方式分别加以记录和保存。这种技术还不能解决在三维模型上直接提取这些信息的瓶颈问题。

以麦积山石窟历史文化遗迹为案例，通过先进的 BIM、无人机倾斜摄影测量与 VR 等技术的综合应用，不但可以有效解决以上问题，实现通过移动端、电脑端和在 VR 设备直接读取存储到三维模型上的各种信息，还能实现打印 3D 模型。

其中，BIM 技术主要实现古建筑部分的信息模型创建；倾斜摄影测量技术主要实现对自然场景等信息的记录和复原；VR 技术则可以实现对叠加模型通过各种传感设备直接传递给用户一种逼真的虚拟环境。

本课题全面研究了“BIM＋倾斜摄影测量＋VR＋3D 打印”技术在历史文化遗迹复原领域的应用，研究成果不仅可以为甘肃省各重点景区、历史文化遗迹的数字化、信息化复原展现和恢复重建开辟一条全新的发展思路，提升甘肃旅游资源的知名度和影响力，发挥重要的社会效益，还可以通过开发文化旅游衍生产品发挥经济效益。

CONTENTS

目录

项目1 研究背景

1.1 历史文化保护概述

1.1.1 传统的保护方式

(1)保护的原则

“文物”一词在我国源远流长。最早见于《左传》,经历代发展,内涵不断丰富,至新中国成立前,凡古代遗存包括遗迹遗物统称为文物。近十多年来,随着我国文物保护事业的迅速发展及与国际的逐步接轨,文物的内涵、外延进一步扩大,逐渐向文化遗产演变。2005年12月,《国务院关于加强文化遗产保护的通知》发布,第一次在正式文件中用“文化遗产”代替了过去常用的“文物”,以此为标志,我国文化遗产保护进入了一个新的发展时期。

目前我国文物保护遵循的原则主要有:必须原址保护、尽可能减少干预、定期实施日常保养、保护现存实物原状与历史信息、使用恰当的保护技术、正确把握审美标准、必须保护文物环境、已不存在的建筑不应重建、预防灾害侵袭等。

必须原址保护:只有在发生不可抗拒的自然灾害或因国家重大建设工程的需要,使迁移保护成为唯一有效的手段时,才可以原状迁移,易地保护。易地保护要依法报批,在获得批准后方可实施。

尽可能减少干预:凡是近期没有重大危险的部分,除日常保养以外不应进行更多的干预。必须干预时,附加的手段只用在最必要部分,并减少到最低限度。采用的保护措施,应以延续现状、缓解损伤为主要目标。

定期实施日常保养:日常保养是最基本和最重要的保护手段。要制定日常保养制度,定期监测,并及时排除不安全因素和轻微的损伤。

保护现存实物原状与历史信息:修复应当以现存的有价值的实物为主要依据,并必须保存重要事件和重要人物遗留的痕迹。一切技术措施应当不妨碍再次对原物进行保护处理;经过处理的部分要和原物或前一次处理的部分既相协调,又可识别。所有修复的部分都应有详细的记录档案和永久的年代标志。

使用恰当的保护技术:独特的传统工艺技术必须保留。所有的新材料和新工艺都必须经过前期试验和研究,证明是最有效的,对文物古迹是无害的,才可以使用。

正确把握审美标准:文物古迹的审美价值主要表现为它的历史真实性,不允许为了追求完整、华丽而改变文物原状。

必须保护文物环境:与文物古迹价值关联的自然和人文景观构成文物古迹的环境,应当与文物古迹统一进行保护。必须要清除影响安全和破坏景观的环境因素,加强监督管理,提出保护措施。

已不存在的建筑不应重建:文物保护单位中已不存在的少量建筑,经特殊批准,可以在原址重建的,应具备确实依据,经过充分论证,依法按程序报批,在获得批准后方可实施。重建的建筑应有醒目的标志说明。

预防灾害侵袭:要充分估计各类灾害对文物古迹和游人可能造成的危害,制订应付突发灾害的周密抢救方案。对于公开开放的建筑和参观场所,应控制参观人数,保证疏散通畅,优先配置防灾设施。在文物古迹中,要严格禁止可能造成重大安全事故的活动。

(2)保护的方法

文物保护承载着见证历史、传承文明、资政育人、推动发展的重任，在构建人类命运共同体中具有重要地位。近年来，习近平总书记站在实现中华民族伟大复兴中国梦的战略高度，在国际国内不同场合就推动中华优秀传统文化传承弘扬、加强文物保护发表了系列重要论述，提出了一系列新思想、新观点、新要求，思想深邃，内涵丰富，为新时期文物事业发展指明了方向、提供了遵循。

按照"坚持保护第一、加强管理、挖掘价值、有效利用、让文物活起来"的工作方针，结合已有研究成果和实践经验，目前主要从价值阐释、文物安全、本体现状、环境风貌、基础设施、展示利用模式、管理水平等多方面开展文物保护。结合本体和环境现状，围绕保护、利用、管理、研究等核心内容，通过定量和定性分析相结合的方式，确定文物保护利用最低标准和必要保障条件，确定各类文化遗产保护利用的提升拓展要点和内容。按照分级、分层、分类施策的原则，系统研究文物安全、价值阐释、本体保护、展示利用和管理等多方面的问题，确定和提炼重要影响因子，分别制定相应的保护、研究和管理措施，形成系统的管理模式进行推广应用。

(3)传统保护方式的局限性

多年来，针对石窟寺、古文化遗址、古建筑、古墓葬和近现代重要史迹及代表性建筑的文物本体和载体险情，开展了一系列资源调查、保护加固工程、保护研究工作，积累了丰富的实践经验和科技成果，实现了从抢救性保护向预防性保护的转变，但由于保护任务繁重，目前仍有部分"国保"和大多数"省保"及以下级别的文物保护单位依然存在安全隐患和险情。开展保护加固工程和日常养护的需求依然迫切，管理水平不高、展示利用手段单一、周边环境和基础设施较差等问题较为突出。甚至，由于测量工具、技术水平的差异，导致文物保护单位进行重复测量，加大其测量误差，浪费人力、物力、财力，更是导致其完整性、真实性大打折扣。

1.1.2 历史文化遗迹的保护

(1)历史文化遗迹保护的概念

历史文化遗迹保护是指对具有历史价值、文化价值、科学价值的历史遗留物采取的一系列防止其受到损害的措施。这一过程通常包括野外考古(考古调查、勘探、发掘)、文物安全防护、检测、修复等活动。

历史文化遗迹的数字化保护的概念，可以从两个角度来理解：一种理解是数字化技术作为重要手段而开展的历史文化遗迹保护工作；另一种理解是对历史文化遗迹对象进行全息信息的数字化采集、保存、建模和展示。我们对麦积山石窟历史文化遗迹的信息化复原更倾向于建模、虚拟还原与 VR 展现等内容。

(2)科技在历史文化遗迹保护中的应用和发展

文化遗产保护是一项多学科交叉的工作。引入先进科技，科学地进行文化遗迹保护一直是文化遗迹保护机构的共识。随着 20 世纪 40 年代计算机的发明，现代信息技术更是给人类社会各个领域带来普遍的变革。计算机技术的发明及各类遥感技术、传感器技术、应用软件技术、虚拟现实技术的发展，极大地扩展和提升了人类观察世界、采集信息，进而利用信息的能力。

随着遥感测绘等基于各类传感器的信息采集技术及三维可视化、GIS、大数据分析等计算机技术的发展，人们采集和测度文物本体特征信息、环境信息的能力以及分析处理和利用数据的能力得到逐步提升，使得我们可以更为准确全面地获取文物的变化和损毁信息，也为文物保护从事后保护到预防性保护的转变等提供更为有力的科技支撑，并使之成为可能。

(3)信息化复原技术概述

对麦积山石窟历史文化遗迹的信息化复原是对麦积山石窟、瑞应寺及其地形地貌等对象，创建不仅包含三维数字模型，还包含各种构件其构造做法、材质、贴图、文字文本、音频影像等诸多信息的三维可视化信息模型。可以说，只要需要添加的任何信息都可添加到该模型中。这样，既还原了历史文化遗迹的三维模型，还基于该模型添加了诸多有价值的信息。

1.1.3 现阶段文物保护工作中数字化勘察研究

综合目前国内文物保护行业的情况来看，数字化勘察研究多应用于馆藏文物、壁画彩塑、石窟石刻、摩崖造像、旧址遗址的保护与展示利用工作等方面，而在古建筑的保护工作当中仍然少有涉及。数字化勘察研究不应仅仅停留在上述类型的文物保护工作与展示利用层面，而应该着眼于文物保护工作当中的各个类型和各个方面，诸如信息档案建设、数字化展示利用，甚至是建立区域性文物信息共享平台，等等。

数字化保护手段，可有效弥补传统测绘、调查记录等对文物信息记录的不足，有利于文物真实性、完整性的保护。通过对文物的主要特征如外观、结构、尺寸、颜色、纹理、质地及原始保存环境等信息进行数字化，能对文物进行数字化的信息管理与保存，将大大增加文物的数字化数据信息量和安全性，理论上可将已收集的数字化信息永久性地保存。这种数字化的信息管理与保存是数字时代对文物史料信息的必然要求。

数字化展示，在大众和文物之间建立了一个信息桥梁，大众不需要近距离接触物体，便可以获取他们想要得到的信息。这不仅避免了直接物理接触对不可移动文物所带来的损害，加强了对不可移动文物的保护，观众又可以不受时空限制，进入任何他们感兴趣的场景尽情地观赏，有效提高了文物对大众的影响力。

数字化传播已经深入人心，其带来的社会效益远超预期。互联网成为文物传播的最大增量，文物主题活动备受网民关注，依托网络广阔平台、借助数字转化动能，人民群众在瑰丽遗产中感知历史魅力、在文博课堂里汲取文化养分、在革命遗迹中坚守红色初心，文物数字化展示与传播已成为当下社会生活的亮点。

1.2 各种信息技术的概念

(1)倾斜摄影测量技术

倾斜摄影测量技术是国际摄影测量领域近十几年发展起来的一项高新技术，该技术通过从一个垂直、四个倾斜等五个不同的视角同步采集影像，获取丰富的建筑物顶面及侧视的高分辨率纹理。它不仅能够真实地反映地物情况，高精度地获取物方纹理信息，还可通过先进的定位、融合、建模等技术，生成真实的三维城市模型。倾斜摄影测量技术以大范围、高精度、高清晰度的方式全面感知复杂场景，通过高效的数据采集设备及专业的数据处理流程生成的数据成果直观反映地物的外观、位置、高度等属性，为真实效果和测绘级精度提供保证，倾斜摄影建模数据也逐渐成为城市空间数据框架的重要内容。

(2)BIM 技术

BIM 是 building information modeling 的缩写，即建筑信息模型，是指以建筑工程项目的各项相关信息数据作为模型的基础，进行建筑模型的建立，通过数字信息仿真模拟建筑物所具有的真实信息。它具有信息完备性、信息关联性、信息一致性、可视化、协调性、模拟性、优化性和可出图性八大特点。

(3)3D 打印技术

3D 打印技术(英语：3D printing)，是快速成型技术的一种，它是一种以数字模型文件为基础，运用粉末状金属或塑料等可黏合材料，通过逐层打印的方式来构造物体的技术。过去其常在模具制造、工业设计等领域被用于制造模型，现正逐渐用于一些产品的直接制造。

(4)全景图技术

全景图技术是一种基于图像绘制技术生成真实感图形的虚拟现实技术，具体来说是一种基于图像处理的 panorama(全景摄影)技术，它是把相机环绕四周进行 360°拍摄的一组照片拼接成一个全景图形，用一个专用的播放软件在单机或 Internet 上展示。

(5)虚拟现实技术

虚拟现实技术(virtual reality，VR)是一种能够创建和体验虚拟世界的计算机仿真技术，它利用计算机生成一种交互式的三维动态视景，其实体行为的仿真系统能够使用户沉浸到该环境中。

虚拟现实技术是仿真技术的一个重要方向，是仿真技术与计算机图形学、人机接口技术、多媒体技术、传感技术、网络技术等多种技术的集合，是一门富有挑战性的交叉技术前沿学科和研究领域。虚拟现实技术(VR)主要包括模拟环境、感知、自然技能和传感设备等方面。模拟环境是由计算机生成的、实时动态的三维立体逼真图像。感知是指理想的 VR 应该具有一切人所具有的感知。除计算机图形技术所生成的视觉感知外，还有听觉、触觉、力觉、运动等感知，甚至还包括嗅觉和味觉等，也称为多感知。自然技能是指人的头部转动，眼睛、手势或其他人体行为动作，由计算机来处理与参与者的动作相适应的数据，并对用户的输入做出实时响应，并分别反馈到用户的五官。传感设备是指三维交互设备。

(6)增强现实技术

增强现实(augmented reality，简称 AR)，也被称为扩增现实。

增强现实技术，它是一种将真实世界信息和虚拟世界信息“无缝”集成的新技术，是把原本在现实世界的一定时间空间范围内很难体验到的实体信息(视觉信息、声音、味道、触觉等)，通过计算机等科学技术，模拟仿真后再叠加，将虚拟的信息应用到真实世界，被人类感官所感知，从而达到超越现实的感官体验。真实的环境和虚拟的物体实时地叠加到了同一个画面或空间同时存在。

增强现实技术，不仅展现了真实世界的信息，而且将虚拟的信息同时显示出来，两种信息相互补充、叠加。在视觉化的增强现实中，用户利用头盔显示器，把真实世界与计算机图形多重合成在一起，便可以看到真实的世界围绕着虚拟世界。

增强现实技术包含了多媒体、三维建模、实时视频显示及控制、多传感器融合、实时跟踪及注册、场景融合等新技术与新手段。增强现实提供了在一般情况下，不同于人类可以感知的信息。

1.3 研究现状与发展趋势

1.3.1 总体现状

历史文化遗迹的数字化保护一直是我国研究和发展的重要领域，它对历史文化遗产的记录、传承和保护起到不可替代的重要作用。

目前，各科研院所对古建筑的数字化重建，采用的较为先进的技术是全景图热点技术、全景图自动生成技术以及虚拟现实和增强现实技术，实现交互性、自动生成三维全景图、增强三维全景图和社交分享功能。通过互联网、物联网、计算机视觉等技术手段转换成数字化形态，再利用大数据云服务平台，使历史文化遗产得以永久保存和再现。

1.3.2 典型案例介绍

2016 年通过验收的“重现辉煌——数字圆明园研究及文化旅游应用示范”项目，将复原研究、数字化建模、产品可视化等工作通过 VR(虚拟现实)技术、AR(增强现实)技术、移动互联网、物联网等现代化技术的转化，深入发掘历史文化资源价值，通过现代化技术手段将文化遗产数字化成果转化为多层次的旅游产品，完成包括基础地理信息平台、移动终端应用、Web 网站等数字化产品，研发了圆明园虚拟游园、圆明园移动导览、圆明园交互旅游网站等系统，申请专利 2 项，取得著作权 10 项，发表论文 52 篇。

该项目形成国际领先的遗产地文化旅游综合服务示范体系，创造文化创意产业发展的新经济模式，推进文化旅游产业、知识传播、文化交流的发展，并得到了国内外诸多遗产地的高度关注和认同，符合当前文化遗产转型发展的趋势，推广应用前景十分广阔，也为我国多达 33 万处的古遗址类遗产的展示与利用，开辟了一条全新的途径。

(1)研究背景

文化遗产领域内的数字化应用工作，在西方国家起步较早。其中数字化采集、数据存储和管理发展最为成熟，数字化虚拟和交互展示方面也进行了一些实践，但大多只停留在对现存文化遗产进行模仿、复制的简单展示阶段。整个文化遗产研究与保护领域的基本工作模式也比较封闭，行业术语的理解又需要一定的知识背景，因此虚拟复原和展示的尝试多由数字模型技术人员主导，缺乏专业严谨性。纵观国内外，都缺少真正实现“文化遗产”和“信息技术”跨行业集成创新的实践案例。圆明园具备考古遗存、历史文献、图档等多方证据，并有老中青三代学者数十年的研究基础，覆盖了历史、建筑、园林等专业方向，具备数字复原研究的基础与现实意义，也是最佳的研究试点案例。

(2)研究内容

本项目深入发掘历史文化资源价值，通过现代化技术手段将文化遗产数字化成果转化为多层次的旅游产品，完成包括基础地理信息平台、移动终端应用、Web 2.0 网站等数字化产品，并进行市场化推广和商业化运作，提高我国文化遗产领域的数字化工作水平，创建基于现代信息技术的文化遗产利用新模式，促进文化遗产与社会、经济和产业的融合协调发展。

项目分为“课题一：数字复原技术系统及应用”和“课题二：新技术手段的文化旅游应用示范”两个课题展开，分别由研究开发单位（北京清华同衡规划设计研究院有限公司）和应用示范单位（北京市海淀区圆明园管理处）联合承担，进行跨界融合和攻关。

(3)核心成果

该研究项目的核心成果主要有：

第一，数字建模技术研究及圆明园精细化数字复原成果。

通过科学严谨的遗址调查、历史考证和复原研究，全面、直观地采集和保存建筑遗产的多源数据。其中数字复原模型是本课题开发的综合信息平台和虚拟游园系统的核心内容，复原图片、视频、全景图则是课题二次开发的导览系统、网站和触摸屏系统使用的核心素材。

完成以西洋楼遗址为主的 30 个景区，基于严谨、准确、高精度，能充分反映历史建筑对象变迁的学术复原研究成果的数字复原全景模型，包含时空单元 100 个（供虚拟游园系统使用）；生成遗址复原图像 2000 张、圆明园复原动画 30 分钟（供虚拟游园系统、移动导览系统、Web 2.0 交互旅游网站等使用）。

第二，圆明园基础地理信息系统（圆明园建筑与遗址综合信息平台）。

“圆明园基础地理信息系统（圆明园建筑与遗址综合信息平台）”是供专业研究人员使用的建筑和遗址综合信息平台，覆盖圆明园全园二、三维数据的基础数据管理体系，旨在按照统一标准整合、集成圆明园地理空间信息资源，建成以数据仓库为基础，集数据交换、资源共享、应用服务于一体的软件系统，实现基于空间的信息管理、空间分析、空间服务。包含管理建筑模型 5000 个以上、构件模型 100000 个以上；充分利用再现场景的直观性来附载基本信息数据，在 VR+3D GIS 平台上实现多源异构数据的通用管理。

第三，圆明园移动导览系统。

利用 LBS 技术，结合移动互联网、二维码、增强现实等 IT 和新媒体技术，将以电子地图、移动导览终端和触摸屏系统为核心的旅游服务产品应用到圆明园遗址公园现场。

包含圆明园 40 个景区，400 余项景区信息，同时提供包含图片、文字、视频、音频和全景等多种形式的游览服务信息；系统现场布设 100 余个二维码及热点，与现场布设二维码互动响应时间在 1 s 以内，空间定位精度不大于 20 米。

圆明园数字化复原图如图 1.1 所示。

图 1.1 圆明园数字化复原图(图片来自网络)

(4)特色创新

第一，利用虚拟现实创造了文化遗产保护与利用的全新模式。

本项目从文化遗产角度出发，将文化遗产复原研究、数字化建模、产品可视化等工作通过 VR 技术、AR 技术、移动互联网、物联网等现代化技术的转化，在不触及文物遗址本体的情况下，创造了让消失遗产“重现辉煌”的高精度、全角度的数字内容(既包含遗址现状的精确模拟，也包含对遗产历史原貌的复原重现)。

第二，确立了文化遗产数字复原的核心准则和规范流程，提高了我国遗产保护领域的跨界创新和“产—学—研”发展模式水平。

按照“系统化”思维，从文化遗产研究、保护、管理与利用的多维视角，确立课题目标，设计技术路线，优化研究方法，技术标准统一。坚持“适度”的技术原则，以降低数字化建置成本为目标，强调使用常规的简单技术，重在技术集成创新，避免以往存在的一味追求先进技术手段的“炫技”倾向。

第三，创造了基于信息化的文化遗产研究、展示与数据管理的系列产品。

选取适用、适度的技术进行集成模式创新，完成了圆明园建筑与遗址综合信息平台、圆明园虚拟游园系统。从技术角度解决文化遗产时空多维海量数据管理、高仿真 VR(虚拟现实)渲染技术与高效动态调度的技术集成，是国内第一次从文化遗产内容角度出发，运用游戏引擎开展的行业领域内的技术集成、应用集成创新，具有很好的推广价值。

第四，实现了从文化遗产保护产业化应用到数字旅游公共服务的转化。

项目建立的互联网＋数字旅游公共服务平台为文化遗产资源的公众分享提供了可行性。项目在全国建成首个公共服务平台，与依据平台所构建的三大系统(智慧景区管理系统、3O 生态服务系统、数字展示阐释系统)对接，开创了文化遗址地数字旅游信息化、高效化的新模式，为其他遗址公园提供可资借鉴的经验，形成可复制的市场运营模式。

1.3.3 研究及发展趋势

未来研究发展趋势是跨学科、跨领域、跨行业、跨部门的合作，探索创新型的数字化文化旅游服务产品转化路径。

1.4 甘肃在文物数字化复原研究方面的主要成果

(1)总体现状

目前，甘肃省内对历史文化遗迹的数字化保护有着非常迫切的需求，其发展空间巨大，主要采用大数据平台技术手段，结合全息投影技术、3D 扫描技术、3D 打印技术、3D 全景图技术等实现对历史文化古迹的复原与数字化记录。

(2)相关研究成果

在甘肃省内，具有代表性的历史文化遗迹数字化复原成果有华夏文明传承创新区重点项目——“数字甘肃文化产业大数据平台”。该项目采用全息投影、3D 扫描、3D 打印、3D 全景图技术为敦煌月牙泉、兰州黄河母亲像、兰州三台阁等历史文化遗迹进行了大量、细致的数字化重建(见图 1.2)。通过触摸屏、移动终端触控式三维虚拟浏览，丰富游客的体验方式。该项目被列为国家级甘肃华夏文明传承创新区重点项目，基于解决物质和非物质文化遗产数字文化保护难题的甘肃省重大文化产业项目。项目通过建设数据库、文化数据云服务平台和文化应用交易平台，运用先进的现代化数字技术对文化遗产进行数字化保护，达到保护传承、创新共享的目的。

综上所述，有关将 BIM 技术、倾斜摄影测量技术、虚拟现实技术、3D 打印技术等先进的现代化信息技术综合应用于历史文化遗迹的保护方面的案例少之又少。因此，本课题研究具有重要意义。

敦煌月牙泉点云模型

敦煌月牙泉观音点云模型

兰州黄河母亲像点云模型

兰州三台阁点云模型

图 1.2　历史文化遗迹的数字化重建

项目2 课题研究目标、思路和实施的步骤

2.1 研究目标

①项目研发主要针对的问题和需求。

创建的信息化模型不仅可以实现VR全景观览展现和在3D模型上直接检索、查看或提取所需的各类信息，并且将历史文化遗迹的诸多信息直接存储到模型上，解决信息分散、丢失、不便查看等问题。

②将要解决哪些科学问题、突破哪些核心/共性/关键技术。

需要解决原始数据的搜集、比对和筛选，并进行分类整理的问题。

需要突破的关键技术主要有：各种信息化构配件族及族库创建；对点云数据筛选分析后的场景模型的重建；在VR设备上实现3D模型查看和VR全景观览，并且能够直接读取、检索和提取模型的信息数据。

③预期成果。

能够实现对历史文化遗迹、古建筑的信息化、数字化3D模型的复原展现和3D实体模型衍生产品的市场化运作。

④成果将以何种方式应用在哪些领域/行业/重大工程等，并拟在科技、经济、社会、环境和安全等方面发挥何种作用和影响。

成果将以信息模型、3D打印产品等方式应用在历史文化遗产保护、文旅产业开发等诸多领域。

拟在科技发展方面推动BIM技术、倾斜摄影测量技术和VR虚拟现实体验技术的发展；在文化古迹环境保护治理和安全管理方面提供可靠的数据信息支撑；在文旅经济产业方面制造出精细的商业衍生模型产品、影视产品等。

2.2 预期成果的形式及描述

(1)信息数据模型

创建出存储有各种历史文化遗迹信息数据的“信息化模型”，并根据需要生成多种数据格式，实现在电脑、

VR 等设备上随意进行场景漫游和提取信息，还可根据需要导出为任意播放格式的视频用以发布或传播。

(2)本课题相关研究的专业论文

计划涉及的研究论文方向包括利用 BIM 技术完成历史文化遗迹的数字化与信息化模型、族及族库的创建相关的专业论文、涉及无人机倾斜摄影测量技术的专业论文、涉及历史文化遗迹数据信息记录的专业论文。

(3)本课题的研究报告

涉及各个子课题和整体课题的研究报告。

(4)VR 体验数据

本课题涉及历史文化遗迹的 VR 数据格式，实现利用 VR 设备进行数字化复原展示与信息数据的直接读取。

(5)开发本课题相关文化旅游产品

与相关产品生产单位协同，开发与本课题相关的 3D 实体模型的文化旅游产品，进行成果的市场化、商业化转化。

(6)本课题相关的论著

本课题结题后，编撰本项目涉及的历史文化遗迹的数字化、信息化数据记录的论著。

2.3 项目研究内容

(1)完成 BIM 技术建模的关键技术要素

数据采集、存储及访问，数据交换标准，三维数字技术，信息集成平台。分析建模过程中发现的问题及遇到的困难和挑战，提出具体的解决策略。

(2)建筑物、构筑物及其附属设施的信息化、数字化模型的创建

利用先进的 BIM 技术，创建建筑物、构筑物及其附属设施等部分的各种模型。首先需要使用 Revit 软件创建带有数据信息的构件族、体量族文件等基本模型单元，并建成信息完整、数据丰富的族库文件，再将各种族文件通过 Revit 软件“组装”成建筑物、构筑物及其附属设施整体信息模型。该模型需要实现 3D 模型中记录各种信息数据的要求。

Revit 软件是为建筑信息模型(BIM)构建的，其参数化构件(亦称族)是在 Revit 中设计使用的所有建筑构件的基础。它们提供了一个开放的图形式系统，能够自由地构思设计、创建外形，并以逐步细化的方式来表达设计意图。可以使用参数化构件创建最复杂的组件，以及最基础的建筑构件。

(3)自然景观的数字化模型的创建

利用先进的倾斜摄影测量技术扫描生成点云数据文件，再通过采用 Smart3D、South3D 等软件研究区域真三维模型创建的技术路线，完成研究区域的真三维模型的创建。

Smart3D 等软件进行真三维模型创建的具体过程为：影像数据、POS 数据及像控点数据的获取，数据预处理及工程文件准备，空中三角测量，DSM 获取，纹理映射，模型编辑，完成研究区域的真三维模型。对于由于遮挡无人机无法采集影像数据的区域，采用地面三维激光扫描仪补测，获取真三维模型。

(4)建筑模型与自然景观模型整合的方式方法

需要通过 Revit、Fuzor、Dynamo、Lumion、Smart3D 或 Unity3D 等软件将以上两种形式创建的模型整合为

一个整体模型文件。该模型文件必须能够识别除 3D 尺寸数据以外的其他数据信息。

(5)VR 数据的创建

实现模型数据轻量化应用,支持 VR、全息投影等方式查看,景区、历史文化复原展现。一方面能够实现普通的 3D 实景视觉展示,更重要的是能够实现在虚拟场景中直接提取任何部位、任何构件的属性信息。如墙体内部构造、墙体材质、表面涂饰和抹灰等工程做法等任何被保存在模型上的数据信息(这些信息都是在 Revit 等信息建模软件中创建的)。

(6)3D 打印产品及其衍生的文旅产品

可以使用先进的彩色 3D 打印设备打印出历史文化遗迹的全部或者任意局部乃至剖切部位的 3D 模型。还可开发出衍生的文化旅游产品,实现项目研究成果的市场化运作,产生经济效益,推动地方旅游经济的发展。

2.4 研究思路及方法

(1)文献研究法

采用文献研究法可以根据本研究课题,通过调查文献来获得资料,从而全面地、正确地了解掌握所要研究的问题。其作用有:①能了解有关问题的历史和现状,帮助确定研究课题;②能形成关于研究对象的一般印象,有助于观察和访问;③能得到现实资料的比较资料;④有助于了解事物的全貌。

(2)调查法

采用调查法可以综合运用历史法、观察法等方法以及谈话、问卷、个案研究、测验等科学方式,对调查对象进行有计划的、周密的和系统的了解,并对调查搜集到的大量资料进行分析、综合、比较、归纳,从而为本课题研究提供有价值的信息。

(3)思维方法

采用思维方法中的归纳演绎、类比推理、抽象概括、思辨想象、分析综合等,它们对于本课题研究都具有较为普遍的指导意义。

(4)模拟法

模拟法是指首先依照原型的主要特征,创设一个相似的模型,然后通过模型来间接研究原型的一种形容方法。根据模型和原型之间的相似关系,模拟法可分为物理模拟和数学模拟两种。

(5)跨学科研究法

跨学科研究法是指运用多学科的理论、方法和成果从整体上对某一课题进行综合研究的方法,也称“交叉研究法”。科学发展运动的规律表明,科学在高度分化中又高度综合,形成一个统一的整体。

(6)系统科学方法

系统科学方法不仅突破了传统方法的局限性,而且深刻地改变了科学方法论的体系。这些新的方法,既可以作为经验方法,作为获得感性材料的方法来使用,也可以作为理论方法,作为分析感性材料上升到理性认识的方法来使用,而且作为后者的作用比前者更加明显,适用于科学认识研究对象和研究内容的各个阶段。

2.5 研究的技术路线

①建筑信息模型的创建,如图 2.1 所示。

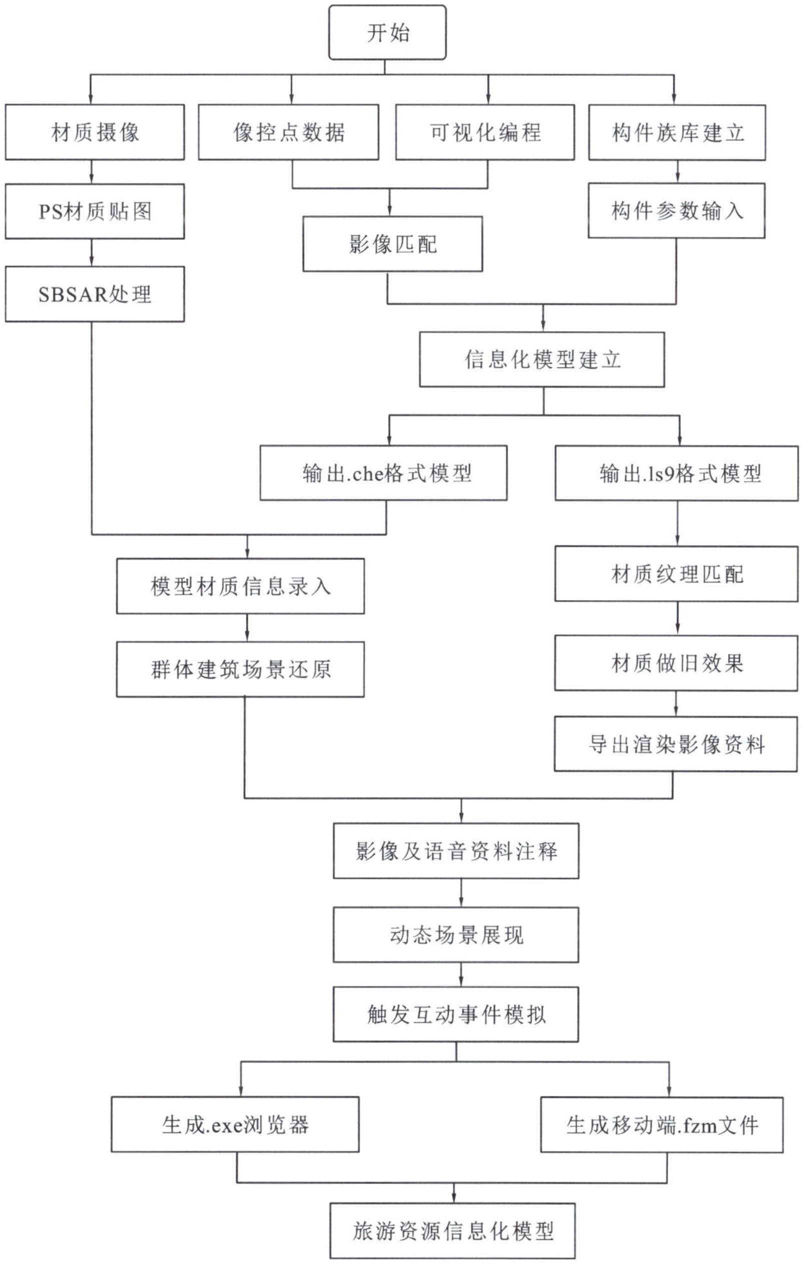

图 2.1 建筑信息模型的创建路线

②自然景观数字模型的创建方法,如图 2.2 所示。

③建筑模型与自然景观模型的叠加方法、原理、机理、算法、模型等,如图 2.3 所示。

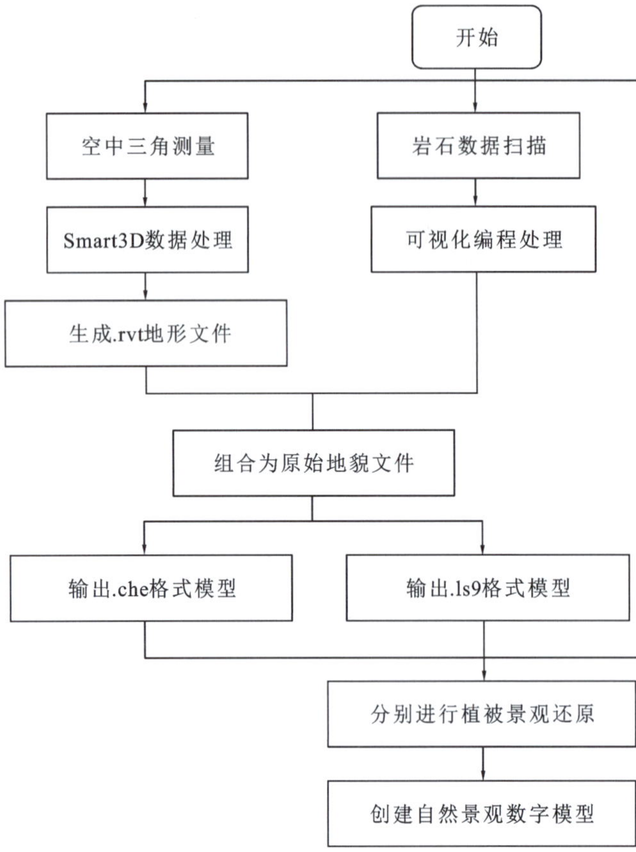

图 2.2 自然景观数字模型的创建路线

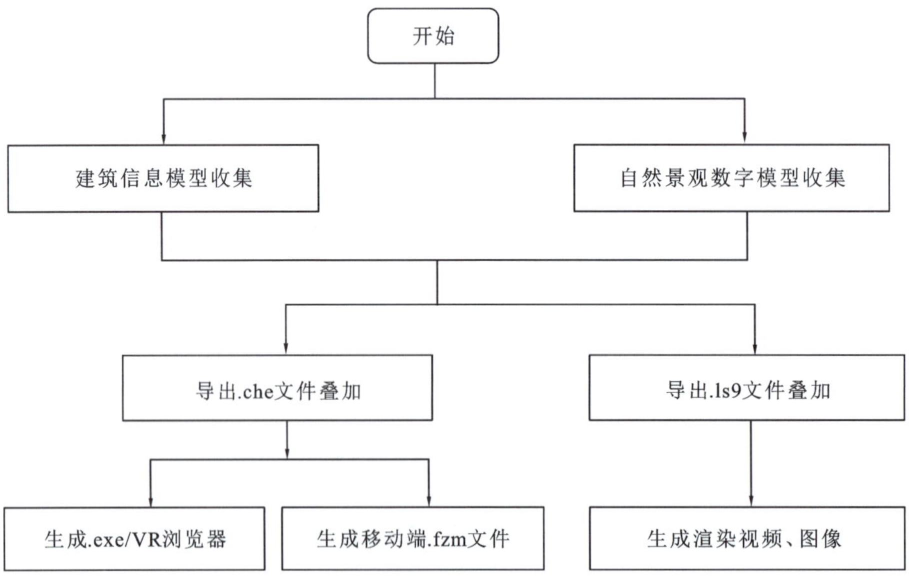

图 2.3 建筑模型与自然景观模型的叠加路线

④文化旅游衍生产品的开发。

可开发高清晰度介绍视频、高分辨率的宣传图册、. exe 互动格式场景模型、VR/AR 虚拟旅游场景、便于查看的手机移动端轻量化模型、历史遗迹三维模型存储档案。

2.6 研究任务的分解

子课题1:麦积山石窟历史文化遗迹的信息化模型与数字化模型的综合应用研究

任务描述:将历史文化遗迹中的古建筑信息化模型与其周围的自然场景数字化模型整合

测评与评价:测评与评价指标主要包括数量目标、技术指标、质量指标、应用指标和产业化指标,其具体内容与项目考核指标一致。

子课题2:BIM技术在麦积山石窟古建筑信息化模型创建中的应用研究

任务描述:利用先进的BIM技术,创建建筑物、构筑物及其附属设施等部分的各种模型。首先需要使用Revit软件创建带有数据信息的构件族、体量族文件等基本模型单元,并建成信息完整、数据丰富的族库文件,再将各种族文件通过Revit软件"组装"成建筑物、构筑物及其附属设施整体信息模型。该模型需要实现3D模型中记录各种信息数据的要求。

测评与评价:测评与评价指标主要包括数量目标、技术指标、质量指标、应用指标和产业化指标,其具体内容与项目考核指标一致。

子课题3:倾斜摄影测量技术对麦积山石窟历史文化遗迹自然场景的重建研究

任务描述:利用先进的倾斜摄影测量技术采集影像数据,再通过采用Smart3D、South3D等软件研究区域真三维模型创建的技术路线,完成研究区域的真三维模型的创建。Smart3D等软件进行真三维模型创建的具体过程为:影像数据、POS数据及像控点数据的获取,数据预处理及工程文件准备,空中三角测量,DSM获取,纹理映射,模型编辑,最终完成研究区域的真三维模型。对于由于遮挡无人机无法采集影像数据的区域,采用地面三维激光扫描仪补测,获取3D数据。

测评与评价:测评与评价指标主要包括数量目标、技术指标、质量指标、应用指标和产业化指标,其具体内容与项目考核指标一致。

研究团队部分成员照片如图2.4所示。

图2.4 研究团队部分成员照片

前排左起:杨擘(一)、王娟丽(三)、杨文娟(四)、孙婧(五)、李斌(六)

后排左起:常乐(一)、周美川(二)、蔡兰峰(三)

项 目 3

麦积山石窟及瑞应寺简介

3.1 麦积山石窟简介

甘肃天水的麦积山石窟与甘肃敦煌的莫高窟、山西大同的云冈石窟、河南洛阳的龙门石窟并称为我国的四大石窟。

1961 年，麦积山石窟被国务院公布为第一批全国重点文物保护单位，也是全国重点风景名胜区。2014 年，被联合国教科文组织世界遗产委员会正式认定为世界文化遗产。

麦积山石窟位于甘肃省天水市麦积区，秦岭主脉西端，是小陇山中的一座孤峰，因山形酷似农家麦垛之状，故名麦积。

远观麦积山石窟，苍翠之间，峭壁悬崖，镌石为佛，千窟万龛星罗棋布、密若蜂房，在烟雨缥缈中若隐若现，如人间仙境、似胜景凌空。若攀上山顶极目远望，四面全是郁郁葱葱的青山，只见千山万壑，青松似海，云雾阵阵，远景近物交织在一起，构成了一幅美丽的图景，令人叹为观止。

图 3.1 为 2019 年冬，在瑞应寺广场拍摄的麦积山石窟及瑞应寺照片。

图 3.1 麦积山石窟及瑞应寺

麦积山秋季多雨，天空云遮雾绕，山景蓊郁阴晦，让人流连忘返。尤其是烟雨笼罩，横云飞渡之际，犹如进入海市蜃楼的幻景。《玉堂闲话》和《秦州志》中也曾描写“连岗苍秀，深林茂草，细流交错，飞瀑如练，北跨清渭，南携嘉陵”，被誉为“西北山水林泉之冠”。

麦积烟雨航拍

每当阴雨霏霏或雨后初晴，山岚缭绕、烟雨蒙蒙，麦积奇峰时隐时现，呈现出秦州八景之首的“麦积烟雨”。图3.2和图3.3为采用无人机拍摄的麦积山及瑞应寺的“麦积烟雨”胜景。

图3.2 “麦积烟雨”中的麦积山石窟及瑞应寺奇观

图3.3 鸟瞰“麦积烟雨”胜景

3.1.1 石窟寺佛教文化的传播

在河畔山崖开凿的佛教寺庙，被称为石窟。我国的佛教石窟起源于印度，自中亚传入我国新疆地区。在新疆天山南麓塔里木盆地北沿一线，历史上佛教最盛的地点是古龟兹，即今天的库车、拜城一带。龟兹当时也成为西域佛教的中心，其最大规模的克孜尔石窟分布于现拜城与库车两地之间，开凿约始于3世纪，盛于5—8世纪。

佛教从新疆向东传播，到达河西地区。而河西的政治、经济、文化中心，魏晋以来在凉州，即今天的武威。

莫高、炳灵、麦积等石窟寺也相继发展，同时凉州僧人也多西行求法，各个区域虽各具特点，但又相互影响。中国各地石窟龛像的发展演变，尽管具有地方特征，但都不同程度地受到全国主要的政治中心或文化中心所盛行内容的影响。

各石窟寺呈现不同的造窟、造像等特点，根据洞窟形制和造像差异，我国石窟寺可分为新疆、中原北方、南方和西藏地区。其中，中原北方地区的石窟寺又可分为河西区、甘宁黄河以东区、陕西区、晋豫及其以东区域。河西地区的代表石窟就是敦煌莫高窟和武威的天梯山石窟，而麦积山石窟则属于甘宁黄河以东区，是比较典型的佛殿窟。

公元 5—6 世纪，盛行于中原北方的佛殿窟主要造像有三世佛、释迦、交脚弥勒、释迦多宝对坐像，其次有本生、佛传和维摩文殊对坐像，而七佛、无量寿(阿弥陀)、倚坐弥勒和观世音、骑象的普贤等则出现较晚。

3.1.2 麦积山石窟的开凿

(1)麦积山石窟的历史背景

对于麦积山石窟始凿，普遍的观点是始于十六国的后秦时期(公元 384—417 年)，大兴于北魏时期，特别是在孝文帝迁都洛阳后，佛教文化昌盛，麦积山石窟也得到很大的发展，所以宋代题记称麦积山石窟是“成于元魏(北魏)”。北魏的佛教继承重修禅的姚秦和北凉。麦积山石窟自十六国后秦时期，历经北魏、西魏、北周、隋、唐、五代、宋、元、明、清等十余个王朝 1600 余年的开凿和修缮，现存窟龛 221 个，各类造像 3938 件 10632 身，壁画 1000 余平方米。麦积山在周围群山映衬下一峰独立，窟龛绝大多数开凿在高 20～80 米、宽约 200 米的悬崖峭壁上，洞窟之间依靠悬空栈道相连，最高位置有 12 层之多，故民间有“十二龛架”之说。

后秦是由羌族建立起的王朝，于长安建都，其开国皇帝为姚苌，所以后秦又被称为姚秦。后秦王朝非常崇信佛教，弘始三年(公元 401 年)，国君姚兴把当时最有名的西域龟兹高僧鸠摩罗什从凉州(今甘肃武威)迎请到长安，以国师礼待，并在长安组织了规模宏大的译场，请鸠摩罗什主持译经事业。之后十余年间，鸠摩罗什悉心从事译经和说法。

鸠摩罗什(343—413 年)，东晋十六国时期后秦高僧，中国汉传佛教四大佛经翻译家之一。鸠摩罗什生于龟兹，其父是天竺望族。鸠摩罗什 7 岁随母出家，初学小乘，后到罽宾、沙勒，遇到莎车国大乘名僧，改学大乘。博读大小乘经论，名闻西域诸国，在汉地也有传闻。前秦建元十八年(382 年)苻坚遣吕光攻伐焉耆，继灭龟兹，将罗什劫至凉州。三年后姚苌杀苻坚，灭前秦后建国，吕光割据凉州，鸠摩罗什随吕光滞留凉州达十六七年。

当时的长安有数千名从印度及全国各地来的游方僧人，形成了有名的“长安僧团”。长安成为佛教翻译中心和文化传播中心。当时的秦州刺史姚嵩是开国皇帝姚苌之子，也是一个非常虔诚的佛教徒，在一封写给姚苌的信中，谈及秦州造佛像的事，说这尊造像非常庄严精美，就像是神灵建造的，四方百姓踊跃观看，争相供奉。而麦积山在这个时期出现开凿造像活动也是必然之举。姚嵩在信中所称的造像活动，极有可能是指麦积山石窟最早的开凿和造像。除此之外，宋代官方编撰的《方舆胜览》中描述:“瑞应院在麦积山，后秦姚兴凿山而修，千崖万象，转崖为阁，乃秦州胜境。”在遗存的碑碣和山崖间的题记中，也提到了麦积山石窟是“始于姚秦，成于元魏”，或者“东晋起迹”。

秦陇佛教有声望的名僧玄高，曾经跟随西域大禅师浮驮跋陀学习禅法，然后“隐居麦积山”，收徒授学，教习禅道。跟随他学习的僧徒多达百余人。

释玄高(公元 402—444 年)，简称玄高，凤翔万年人(今阎良区武屯街道境内)，俗姓魏，名灵育。玄高是北凉高僧，后入北魏。在北魏太武帝毁佛事件中被谗杀，是“太武毁佛”的殉道者。

北魏至隋代这数百年间，是麦积山石窟发展最辉煌、最鼎盛的时期。北魏是一个极度崇佛的王朝，佛教在社会民众中已经有了深厚的社会基础，信仰根深蒂固。上至王公贵族，下至普通百姓，纷纷焚香供佛，开窟造像。然而，这一时期天下并不太平。统治阶级内部斗争激烈、政局动荡，各地农民起义此起彼伏、民不聊生。为了躲避灾祸及寄托对美好生活的向往，民众剃度出家、开窟造像热情仍然很高。经过北魏时期的营建，麦积山石窟已是窟龛密布、香火鼎盛、名闻秦陇了。

麦积山石窟同莫高窟石窟一样，地理位置都是避开喧嚣的城市，远居山区，在石窟的附近有山泉或河流。《禅秘要法经》卷中经文说明，修禅定的人应当住在郊外山林静处。这种环境，正和北魏开凿石窟选择造窟地点的地理环境相同。这与麦积山石窟当今所处的小陇山密林深处完全一致，并且由于当时交通不便利，也使得麦积山石窟历经不同朝代的更替、人祸天灾（人为焚毁及多次地震）的影响仍能保存得相对完整。由于麦积山石窟远离当时的政治、经济中心，地处深山且开凿在山崖之上，其独特的地理位置并未受到帝王贵族的青睐，而成为一般官吏和百姓供佛祈福的绝佳场所。石窟多数洞窟都是民众所开的小型洞窟，雕塑和壁画风格都有明显的世俗化的倾向，这和雍容华贵、气质典雅的皇家造像有明显的区别，形成了独特的地区性佛教造像文化，这也是其区别于其他石窟的重要特征之一。西魏文帝元宝炬皇后乙弗氏死后，在这里开凿麦积崖为龛而埋葬（见图3.4）。北周的保定、天和年间（561—571 年），秦州大都督李允信为亡父建造上七佛阁。隋文帝仁寿元年（601年）在麦积山建塔“敕葬神尼舍利”。后经唐、五代、宋、元、明、清各代不断地开凿扩建，遂成为中国著名的石窟群之一。

由于担心佛教威胁政权，过多消耗国力、消减劳动力，历史上也曾发生了几次诸如“太武灭佛”的大规模灭佛运动，但因麦积山石窟远离当时的政治中心，所以对麦积山石窟的影响并不是太大。

继隋朝以来的几次大的地震后，唐开元二十二年（734 年），秦州又发生了一次特大地震，对麦积山石窟造成了毁灭性影响。史载“秦州地震，坼而复合，经时不止，坏庐舍殆尽，压死四千余人”，麦积山石窟被震落成东、西两崖（见图 3.5）。地震在古代被视为不祥征兆，于是僧人纷纷逃散，香火败落。加之秦州地处边塞，政权割据，社会动荡、战火不息，此后麦积山石窟逐渐没落。唐朝历经近三百年，麦积山石窟却几乎没有一个完整的洞窟，这和敦煌莫高窟、洛阳龙门石窟的盛大规模相比，显得萧然悲怆。

图 3.4　西魏皇后乙弗氏造像

图 3.5　麦积山石窟断裂后的东崖、西崖

宋朝虽然经济繁荣，麦积山石窟并未开凿洞窟，只是进行了大规模的重建与修缮，自此麦积山石窟又迎来了一个小的发展高潮时期。

明清时期也没有开窟造像和大规模的重修活动，多是附近乡村民间自行组织的小规模重建彩绘。山体栈道火焚雨淋、残破不堪，栈道损毁，少有登临者，使得香火稀疏、僧众寥寥。麦积山石窟失去了辉煌，逐渐暗淡，悄然无息地陨落在陇山密林之中，仿佛被尘封在历史的记忆中。

历经岁月沧桑，由于麦积山石窟地处西秦岭北麓，交通不便，致使“艺术瑰宝，以僻处深山、悬空万仞而沉睡千数百年，艺苑学林，莫知其异”。直到 1941 年，著名天水籍学者冯国瑞根据史料、传说，找到了隐蔽于山峦之间的麦积山石窟，为其遍布山崖的石刻、造像所震撼吸引，并撰写了《麦积山石窟志》，自此麦积山石窟重新走入人们的视野。图 3.6 为冯国瑞于 1953 年绘制的麦积山石窟全景。

图 3.6　冯国瑞所绘的麦积山及瑞应寺

(2)麦积山石窟的开凿

麦积山石窟历经西秦、北魏、西魏、北周、隋、唐、宋、元、明、清各代，历时一千六百余年，都有不断开凿和修缮。可以说，麦积山石窟也见证了中国古代泥塑的演变历程。

麦积山石窟开凿在峭壁上，有的距山基二三十米，有的达七八十米。其造像以泥塑为主，现存窟龛 221 个，造像 10632 尊，壁画有一千余平方米，最大的造像东崖大佛高 15.8 米，还有大量的经卷文书、碑碣等文物。洞窟形制主要有方形人字披顶、四面坡顶、平顶、盝顶、方楣平顶及方形四角攒尖佛帐式龛、圆形小浅龛等，各洞窟间以栈道相通。洞窟内部及外部大多仿木结构建筑。在如此陡峻的悬崖上开凿成百上千的洞窟和佛像，在我国的石窟中也是非常罕见的，被国内外专家誉为“东方雕塑馆”。

第 74、78 窟为麦积山最早的洞窟，多认为开凿于后秦(或西秦)，或认为凿于北魏文成帝复法之后。为平面方形平拱敞口大龛，窟内凿“凹”字形高坛基。两窟形制、规格均相同。三壁塑三佛，为三世佛题材。佛像面相方圆，细眉大眼，高鼻薄唇，躯体伟岸，着通肩或半披肩袈裟，为早期佛教艺术风格。窟内壁画大部分已脱落，内容难以辨认。第 74 窟内现存壁画两层，底层已模糊不清，上层仅存佛两侧所绘飞天数身。

北魏时期是麦积山开窟的大发展期，共有 88 个，占全部洞窟的近半数。早期洞窟代表有 80、128 两窟，以平面方形平顶中小型窟为主，窟壁出现上下分层开小龛或影塑造像的形式，造像题材除主体为三佛外，又开始出现了释迦、多宝二佛并坐说法的新题材。

中期洞窟代表有76、115、155窟。洞窟形制同早期无多大区别，造像风格有较大变化，面相趋于清俊。其中，115窟内出现佛弟子像，门楣上塑有七佛，均是新出现的内容。

北魏晚期，因当时社会佛教的发展近乎泛滥，故而麦积山这一时期的窟龛数量多、规模大，是麦积山开窟造像的最盛期。最有代表性的有121、127、133、135、142窟等，为平面方形或近方形的殿堂式窟，多有壁龛，造像题材仍以三佛为主，但同时出现了一佛二菩萨二弟子的组合。造像受中原影响，以褒衣博带、秀骨清像为主流。其中，133窟(万佛洞)有泥塑27尊，造像碑18通(尤以10号佛传故事碑珍贵)，飞天、千佛像共3000余尊，是麦积山石窟中造像最多的洞窟。壁画出现了大型经变画和本生故事画，以127窟的壁画保存最好。其重要作品有西方净土变、维摩诘变及萨埵那舍身饲虎、睒子本生等。特别是其经变画是国内石窟现存最早、最成熟的北朝大型经变画，对敦煌莫高窟隋唐以后的大型经变画产生了积极的影响。

西魏洞窟现存12个，以43、102、123窟为代表，以中小型窟为主，出现了崖阁式窟，如第43窟(被视为文皇后乙弗氏的“寂陵”)，造像出现一佛二菩萨二弟子二力士的组合。其102窟的文殊与维摩诘相对而坐、123窟的童男童女等均是水平极高的代表作品。

北周共有44个窟龛，以3、4、26、62窟为代表。第4窟(又名上七佛阁、散花楼)是麦积山规模最大、位置最高的石窟，为七梁八柱、平拱藻井、宽31.7米、高15米的单檐庑殿式洞窟，是现存规模最大的崖阁建筑，在中国古代建筑史上具有非常重要的价值。北周造像以七佛为主，继西魏秀骨清像之后，变为“面短而艳”的风格，开启了唐代造像丰满圆润的先河。

隋唐时期洞窟由于地震塌毁保留甚少，以第5窟(牛儿堂)为代表。该窟外壁壁面上成排的供养人壁画是研究唐代服饰等方面的珍贵资料。

宋代在麦积山的开窟甚少，但对许多早期造像进行了重修。第165窟的宋代重塑观音菩萨像及供养人像具有较高的水平，反映了宋代造像世俗化的特点。

3.1.3 麦积山石窟的病害

麦积山石窟面临的隐患及病害主要有：

(1)地震隐患

麦积山所处的天水地区，属地震多发带，地震基本烈度为七度。据史料记载，隋开皇二年(582年)和唐开元二十二年(734年)，天水地区曾经发生两次大的毁灭性的地震，造成麦积山大面积山体塌陷，第4窟(散花楼，为北周开凿)、第5窟(牛儿堂，为隋末唐初开凿)前部柱檐大面积塌毁，中部窟群大部分塌毁，被分为东崖、西崖两部分，山体崖面裂隙纵横，危岩高耸。至今仍可以看到当初地震对石窟造成的毁坏痕迹。有些窟龛残留在断崖上，在西崖中下部洞窟内有时断时续平行于崖面的贯通裂隙，部分岩体存在崩塌之险。众多的洞窟在地震中被破坏，空臌的壁画受震坠落，塑像内部木质骨架与主牵拉桩年久松动，受震后整个塑像发生位移向前倾斜，部分已脱离崖面。

如果再次发生较大规模的地震，是人力所不能消除其影响的。

(2)岩体风化

麦积山石窟山体呈85度倾斜角，地质构造属于侵蚀性低山丘陵区，崖体岩石裸露，为第三纪紫红、砖红色沙砾岩。沙砾岩主要胶结物为泥，且含有铁和钙质，分布极不均匀，质地粗糙，易风化，胶合程度差，难以精刻细雕。主要成分为黑云母花岗岩、闪长岩、云母石英片岩、少量石英岩和变质砂岩等古代变质岩。这种岩体整体性、稳定性较差。麦积山的石质皆为紫褐色的水成岩，即沉积岩，由于其质地疏松，石像不易精雕细琢，因此多以泥塑彩绘。

岩体风化的因素很多，但主要为两个方面：一个是岩体本身的质地，另一个便是外部环境的影响。这两个因素中岩体本身的质地是风化与侵蚀的内在因素和主要因素。麦积山石窟岩体主要是由泥质胶结的沙砾岩组成，而石窟所在地湿度较大，再加之昼夜温差大，很容易引起蒙脱石等黏土矿物吸水膨胀，失水收缩，由于体积的变化最终会导致砂岩的胶结状态受到破坏，即岩石风化。另外一个引起风化的原因是，岩体中所含的可溶性盐由于石窟温湿度的反复变化而出现结晶—溶解—再结晶，这样会产生周期性的内在应力，最终也会使岩体风化。

(3)崖体混凝土加固

二十世纪八十年代对麦积山石窟崖体进行的喷射混凝土式的保护，虽然一定程度上使得崖体整体性得到了改善，避免了再次坍塌的风险，但是这种方式下，混凝土堵塞了崖体内的水向外排出崖体，破坏了崖体原来的水路水道和渗透雨水系统。

(4)自然因素影响

石窟地处秦岭山脉西端小陇山林区的边缘地带，雨水丰沛，常年阴雨潮湿，洞窟内渗水严重，沙砾岩风化，大量碎石和鸟鼠粪便填入壁画，使壁画内聚力减弱，颜色层与地仗层酥碱风化严重，并产生裂隙，造成大面积起甲、空臌和脱落。另外，光照、渗水、潮湿、风化、鸟雀、虫窝、鼠患等自然因素对麦积山山体及洞窟文物造成极大危害。

(5)人为破坏

人为破坏分为有意识的破坏和无意识的破坏两种，麦积山石窟发现的大多为无意识的破坏。甚至一些题字、刻画、烟熏等因素也会造成石窟的破坏(明清时期的游客题记、刻画以及一些无意识的触摸等都对造像产生了一定程度的破坏，还有一些信徒的重修活动也是在破坏前代塑像的基础上进行的。一些意外的火灾以及洞窟内烧香等产生的大量烟炱也对壁画造成了完全的覆盖而无法辨识)。

(6)壁画的病害

壁画的病害主要表现在壁画的起甲、空臌、酥碱、彩塑断裂等因素引起的脱落。麦积山石窟虽然在新中国成立初期及改革开放以后做了大量的保护工作，如清理洞窟内积存的鸟粪、垃圾，安装洞窟铁纱窗，搭设防雨遮檐，对塑像、壁画、碑刻采取加固等措施，在一定时间内起到了一定的效果。但随着近年来工业污染及游客人数的增加，麦积山石窟又遇到了新的问题，如石窟寺周围环境的恶化、石窟温湿度的提高、游客的肆意破坏等，都会严重危害石窟寺。

(7)制作因素引起的病害

由于麦积山石窟内的佛龛塑像都属于石胎泥塑雕像或木骨泥塑，砂砾石胎具有不稳定性，而泥塑的工艺耐久性也存在问题。加之壁画、塑像的制作工艺粗糙，胶合材料老化，也会造成壁画颜色层与地仗层结构脆弱，塑像开裂。

以上这些因素的影响，使得麦积山石窟历史文化遗迹的保护面临非常大的挑战。

3.1.4 麦积山石窟的保护与修缮

早期麦积山石窟的保护和管理主要由附属寺院瑞应寺的僧人负责。民间的善男信女和地方官吏也经常参与石窟寺院的保护与修缮。

二十世纪四十年代，为了保护麦积山石窟艺术，冯国瑞提出修建保存文物的博物馆，“供世观览”的建议。1944 年 2 月，冯先生携同刘文炳教授再次赴麦积山石窟考察。随后写成《调查麦积山石窟报告书》，提出保护和维修方案与意见，并呈报国民党甘肃省政府。为了规划修补栈道围栏工程，冯先生多次游说当时的天水专员胡受谦，争取保护资金。1946 年 10 月终获胡受谦的支持，由冯先生主持，历时两月之久，修补了东崖卧佛洞到牛儿堂的栈道工程，并修筑“麦积山馆”五楹，供考察研究者起居用。在冯先生的多方倡议下，1947 年 2 月成立了“天水麦积山石窟建修保管委员会”，拟定了重要史迹洞窟的修补计划，内容涉及多处洞窟的加固、寺院建筑维修及麦积山周边景观和相关佛教遗迹的治理等。后因各种原因未能实现。

新中国成立后，国家接管了麦积山石窟及寺院。1952年至1953年，天水专署组织资金与人力，对山体上糟朽的栈道重新进行了修缮。西北局文化部和中央人民政府文化部先后委派专家对石窟全面勘察，“为了配合栈道修建、勘察工作，成立了临时性的管理修理机构，把东、西两崖窟龛内所有剥落的影塑和残头断臂及一些零星文物，全部清点造册移存山下瑞应寺东配殿后坡上的麦积山馆里，后续工作由修建委员会驻山干部负责继续清点保管，文物移存清册工作之后，上报中央人民政府文化部社会文化事业管理局。”1953年9月1日正式成立天水麦积山文物保管所。文管所对洞窟中由于地震、潮湿、风化、空臌、支架糟朽造成的脱落塑像和壁画进行收集、编号、整理，存入作为临时性存放地的瑞应寺、第44窟和第2窟，后在寺院东北角建立简易文物库房。正式建造文物库房是在20世纪70年代，所有洞窟中移下的塑像和壁画，以及收集、捐赠、征集的文物才得以存入库房保存。1961年3月4日，国务院公布麦积山石窟为第一批全国重点文物保护单位。

1976年，为了挽救麦积山石窟，国家文物局召集专家对石窟提出了维修方案，确定了使用“喷、锚、粘、托”综合工程技术对山体进行加固，以保存完整的石窟风貌方案。这个方案是在崖体上用锚杆把表层破碎岩石和山体基岩固定在一起，并在外层用钢筋作网，喷上十厘米左右的水泥砂浆，最后把表层用当地红砂做旧。国家文物局投入300万元人民币开始对石窟进行维修，维修工作于1984年结束，工程技术获得了国家科技进步三等奖。维修工程结束后，麦积山西崖石窟被紧紧地钉在了山崖上，至今已近40年。

20世纪80年代初，也就是石窟维修加固工程后期，由于东、西崖大佛长期受风雨侵蚀，面临塌毁的危险。第98窟摩崖大佛腰部横向断裂，缝隙在10厘米以上，左臂下垂，服饰脱落缺失；右侧菩萨胸部、腹部断裂严重，裂缝有15厘米以上，右臂大部分缺失，仅存手部；佛与菩萨发髻残缺不全，双足缺失严重，足下云头残破。针对洞窟残损状况，特邀请敦煌研究院修复专家研究制定第98窟（即西崖摩崖大佛）加固维修方案，并对有根据的部位进行必要的复原。对濒临倒塌的部位进行前期的捆绑防护，在已脱离崖壁或即将脱离崖壁的残损塑像上钻孔，超越塑像本身直达崖壁深处，然后插入螺纹钢筋，再在孔内注入加膨胀剂的高标号水泥砂浆，使其凝固后与山体紧密托连，再将脱离崖壁的塑像复位，在塑像表面拉锚的位置，通过黏结修补等一系列重要措施，在锚杆末端处卡上钢板，最后用螺丝旋紧固定，从而达到加固维修目的。其中主佛有14处，右侧菩萨9处，共计23处锚固点。这样使裂隙恢复了稳固性，同时对主佛及右侧菩萨和衣饰进行了复原修复，还有两尊造像的边缘进行了加固。其余部位残损严重，以保持现状为主。

麦积山石窟全景如图3.7所示。

麦积山多雨潮湿，山体渗水严重，大气降雨沿山体裂隙渗入洞窟内。为了改善麦积山文物保护环境，尽可能延长石窟的历史寿命，1998年麦积山石窟艺术研究所与铁道部第一勘测设计院共同进行麦积山渗水治理一期工程。通过现场勘察，提出方案：“堵截与疏排相结合，远堵近疏、上截下排的多项试验性工程”，该工程于2000年正式施工。在具体施工过程中，首先对大裂隙进行防渗注浆（注浆材料以超稀水泥为基本材料，掺适当膨润土和附加剂配制的具有缓凝和高流动性的灌浆材料）。其目的是堵塞地表水向山体深层次运移重要通道，减少石窟渗水来源，进一步消除山体不稳定因素。其次完善石窟渗水处引水孔（施工对象是1984年石窟喷锚加固工程预留的渗水孔部位），在渗水层位与受害洞窟相同位置，调整引水孔的数量、孔位、孔深，钻孔引水，降低窟内渗水，缓解湿度。对山顶细微裂隙进行防渗注浆。其目的是截断地表水通过细微裂隙的运移，减少石窟渗水源。注浆材料以水玻璃为基本材料，掺以适当附加剂配制而成的具有缓凝和高渗透性的灌浆材料。通过近两年来的观测数据显示，基本缓解了洞窟渗水问题，但要彻底解决还需做大量的工作。修复保护工作有了长足的进步和发展。

进入21世纪，麦积山石窟的保护修复工作，进入了更科学、更多元的外延扩展阶段和开展科学保护研究阶段。通过总结20世纪80年代以来石窟、壁画及塑像病害的修复材料和加固工艺的工作实践，通过与日本筑波大学及林学院（甘肃林业职业技术学院）、气象局、林业局等其他单位不断地进行合作与交流，借鉴其他石窟寺

图 3.7 麦积山石窟全景(旧照)

的保护修复工程经验,逐渐形成了一套较为规范、科学的石窟壁画塑像保护加固工艺和方法,科学化、现代化、数字化的管理也全面展开,“四有”档案、洞窟监测、传统工艺和化学材料结合修复技术的运用,使麦积山石窟的保护上了一个新的台阶,先后修复了大量壁画和塑像,取得了很好的效果,并形成了自身的保护特色。

3.2 瑞应寺简介

3.2.1 瑞应寺简介

麦积山石窟以南 200 米处,有一座红墙灰瓦、古色古香的寺庙,这就是有着千余年历史的瑞应寺。其面积约 2500 平方米,坐北向南。寺内现存山门、大雄宝殿、天王殿、娘娘殿、财神殿及钟鼓楼等建筑。麦积山石窟开凿之初,便有寺院。据碑碣记载,东晋时寺庙名为无忧寺;北魏名为石岩寺;到了隋代,由隋文帝赐名为净念寺;唐代更名为应乾寺;宋代因为有人进献灵芝,于宋徽宗大观元年(1107 年)赐名“瑞应寺”,沿用至今。

由于年代久远,瑞应寺损毁、病害非常严重,从历史老照片可以依稀看到麦积山石窟及瑞应寺。新中国成立后,国家对瑞应寺进行了多次修缮,但很多已经是重建,留存下来的古建筑部分也是其中很少的一部分,如图 3.8 和图 3.9 所示。

作为千年古刹,这里曾有无数高僧传经布道、开坛说法,仅有据可查的就有玄高、昙弘、法秀、重遇等。无数贵族官僚、善男信女不远万里跋山涉水来此顶礼拜佛、布施供养;文人雅士竞相挥毫洒墨,留下众多诗篇及画作。

据现有文献记载,麦积山寺院规模最大时是在北宋,宋神宗年间(1068—1085 年),神宗皇帝宣诏本寺得道高僧法秀(1027—1090 年,俗姓辛,秦州陇城人,时人皆称其为“秀铁面”)到皇宫内为皇室讲演佛法,赐名圆通禅师,并给寺院赐田二百余顷以供僧众,从这可以看出当时寺院的规模及僧众数量之众。至宋徽宗大观元年

图 3.8 麦积山石窟及瑞应寺老照片

图 3.9 修复后的瑞应寺

(1107 年),麦积山顶舍利塔旁产灵芝 38 棵,经秦州经略陶节夫进贡给皇帝,赐名“瑞应寺”并特许本寺建一为皇帝祈福延寿的道场,同时赐有御香、度牒等物,给予了很高的待遇。

现今的寺院建筑为明代后期所建,清乾隆八年(1743 年)和嘉庆二十五年(1820 年)对部分建筑进行了重修。因古代佛寺多位于山林之间,所以第一道门也称为山门。面阔三间、进深两间的悬山顶建筑,中间屋脊高于两侧,于中柱立门,开三门,分别称为空门、无作门、无相门,是三解脱门之意,其意为踏入此门,将会解脱多种苦难。中门称为“空门”,故古代僧人出家也称为“遁入空门”。门两侧有 1944 年罗家伦先生来天水游麦积山时为寺僧撰书的“行经千折水,来看六朝山”的楹联(见图 3.10)。

图 3.10　瑞应寺山门

天王殿里原供奉四大天王及弥勒、韦陀。天王殿前檐正中悬一匾额,上书“寺古云深”,其意取自“深山藏古寺”和“云深不知处”,格调高古雅致,字为行书,无款识,作者不详(见图 3.11)。后檐有“瑞应丰年”匾,此匾额悬于天王殿后,是于右任先生于 1942 年在重庆时所书,与天王殿内供奉四大天王乞求风调雨顺的含义暗合,同时又与瑞应寺的名称相互呼应(见图 3.12)。

天王殿后西侧,廊墙中置《四川制置使司给田公据》碑,此碑立于南宋嘉定十五年(1222 年),是麦积山石窟中文字最长的一块碑刻,碑刻中不仅记载了麦积山石窟的历史沿革,更是涉及军事、诉讼、典章制度、行政制度、寺院经济等多方面内容,具有极为重要的研究价值。碑刻内容叙述的是,南宋嘉定年间,有一支抗击金兵入侵而组建的农民起义军队为铸造兵器和筹集军粮,将寺院中的大铁钟、铁锅、粮食打劫一空,致使寺中僧人生计艰难;与此同时,出于对金朝战争的需要,为满足军队粮食供给,负责军队屯田的官员又将瑞应、胜仙两寺湫池一带的常住地拘为屯田,使寺中情形更加雪上加霜。于是寺院住持紫明觉大师重遇和胜仙寺僧智演便层层上诉,两人不顾年高体迈,经由甘肃、四川等省千里迢迢,经过十多年坚持不懈的反复申诉,长途跋涉来到杭州,将诉状递至户部,户部责成四川制置使司立案并解决此事,最后由四川制置使司判准退还,发给《给田公据》,并刻石立碑。

天王殿两侧为钟楼、鼓楼,一般配置为东钟西鼓,晨起鸣钟,日落敲鼓,即所谓的晨钟暮鼓。钟楼所悬之钟为明宪宗成化二十四年(1488 年)四月初一铸造,距今已有五百余年历史。

东西配殿是供奉菩萨之处,东配殿供奉的是送子观音,名为娘娘殿;西配殿为财神殿。

瑞应寺院内正中是大雄宝殿。大雄是释迦牟尼的十大尊号之一,是佛具有伟大力量,无可畏惧,不可战胜之意。檐下悬置的牌匾是著名书法家徐祖蕃题写的。殿内左右山墙上现存大面积的明代壁画,以五色祥云、碧

图 3.11 天王殿前檐的“寺古云深”匾额

图 3.12 天王殿后檐的“瑞应丰年”匾额

波海浪为界，分为上下两部分。中绘十方佛、八大菩萨、诸罗汉图。画面划分有序而又紧密相连，色彩艳丽，线条明快，是麦积山明代艺术作品中的上乘之作。

3.2.2 大雄宝殿的壁画

瑞应寺各大殿内的造像、壁画等均无存，仅有大雄宝殿内左、右山墙墙壁现存明代绘十方佛、八大菩萨、十八罗汉壁画，总面积约54平方米。其大小规模相同，各面高3.35米，长5.35米，其旁又各绘单身多臂人物形象（一说为天王）一幅，高3.35米，长1.5米。画面鲜艳壮阔，人物众多，线条精细。两面山墙壁画均以彩色祥云为界，分上下两部分。上部第一排各平行绘五佛。佛像均低平肉髻，有红色天眼，椭圆面形，留有胡须。均内着僧祇支，外披袒右肩鲜红色袈裟，结跏趺坐于红白间色仰莲座上。左壁身着棕、黑绿、灰、淡黄色裙。右壁分别着灰、棕、黄、蓝色裙。手印呈密教仪轨印契标记。佛身有“凸”字形头光和背光，四周绘彩色祥云围绕。

左、右壁第二排各绘坐姿且神态各异的四大菩萨。均为椭圆形面形，戴华丽高宝冠，眉间有白毫相，发披双肩，分别内着僧祇支，披白、绿、土黄色袈裟，下穿绿、红、灰、白裙。其中有手持羽毛扇、白拂和身倚经匣的菩萨形象。一骑象菩萨，手持经卷，艳丽细腻。另一身乘狮菩萨，端丽秀美，整幅画面华丽工整。

壁画下部在彩色祥云之下绘制生动的罗汉及侍童群像，呈长卷式。两壁共绘各色人物 46 身。人物形貌姿态不同，衣冠服饰各异。

左壁后侧绘八臂明王形象一身，其形象三面八臂，赤眼暴齿，有三目，红色竖发如火焰。身穿黑色虎皮裙，八臂分别持宝剑、化佛、宝印等。身着玄青色天衣，系黑丝带，两胯着棕黑色虎皮裙。右边四臂分别持宝剑、化佛、宝镜、金刚杵。左边四臂分别持宝印、红缨长枪，其第三臂绕胸前交叉于右臂第三臂上。袒露的胸及臂肌突出，呈团云状。整体形象个性鲜明，呈愤怒相，从整体面相、衣着、持物特征看应为大日如来为教化众生以智能光明、无比自在神力摧毁三毒，降伏众生烦恼魔障而显化的不动尊明王。

右壁后侧绘乘象人物形象也为明王，其形象遍身着红、青二色衣裙。残留红色竖发。两眼怒睁。右臂可见持部分法器、索、戟等，右侧画已残失。下身双脚踏一回首长牙大白象。以上残迹画有许多与释迦牟尼佛之教令轮身无能胜明王相近之处。此明王是释迦牟尼佛于菩提树下成道时，以明咒降伏魔军，退治障碍之尊。

大雄宝殿东侧壁画如图 3.13 所示。

图 3.13　大雄宝殿东侧壁画

3.2.3　瑞应寺的修缮

瑞应寺各大殿多为重建或修复，现存最有文物研究价值的是仅存于大雄宝殿内两面山墙上的壁画。2001 年，国家文物局拨付专项资金，对麦积山瑞应寺实施抢救性维修。首先对大雄宝殿左右山墙进行了维修。经过调查发现，南北山墙下部分青砖由于潮湿，造成风化，结构酥松。壁画与青砖接合处呈现 20 厘米左右、形状不同的带状酥碱，山柱骨架下部糟朽，造成墙体结构变化，出现自上而下宽为 1～2.5 厘米不规则的裂隙，墙体土坯酥松，壁画与地仗层不能牢固地接合在土坯上，壁画脱落严重。壁画表面千疮百孔，部分壁画颜色层破损，呈鱼鳞片状，龟裂起甲。

由于潮湿和通风不良，山墙内侧天王壁画表层发生霉变，呈黑色斑点或片状。因自然力的影响和颜色层颜料的变化，壁画画面褪色。通过进行病害分析，并结合修复前有关资料的收集，制订专门的修复方案。查清石窟文物的病害，找出病因，使用适合的修复材料，如聚乙烯醇和聚醋酸乙烯乳液，在不损害文物原始面貌的前提下，将病害缩减到最小化程度。实践证明，该材料具有较好的适用性和稳定性，能够达到修复的目的。

项目 4 BIM技术概述

4.1 BIM 的概念

进入二十一世纪，中国正以前所未有的速度高速发展。建筑业也进入了信息量大、系统性强、综合性要求高的全新阶段，传统的设计、建造与管理模式已无法胜任这种变化，信息技术的出现使得改变建筑行业传统思维模式成为必然。BIM 技术作为一项全新的信息技术，最初起源于美国，是建筑工程信息化管理的一个新阶段，它提供了一种全新的生产方式，运用数字化的方式，对项目中不同阶段的信息实现集成和共享，为项目各参与方提供协同工作的平台，使生产效率得以提升、项目质量有效控制、项目成本大大降低、工程周期得以缩减，尤其在解决复杂形体、绿色建筑、管线综合、智能加工等难点问题方面显现了不可替代的作用。

BIM(building information modeling)即建筑信息模型，是指以建筑工程项目的各项相关信息数据作为模型的基础，进行建筑模型的建立，通过数字信息仿真模拟建筑物所具有的真实信息。

美国的国家 BIM 标准对 BIM 的定义为："BIM 是建设项目兼具物理特性与功能特性的数字化模型，而且是从建设项目的最初概念设计开始的整个生命周期里做出决策的可靠共享信息资源"。

我国住房和城乡建设部发布的《建筑信息模型应用统一标准》(GB/T 51212—2016)中对建筑信息模型的定义为："在建设工程及设施全生命周期内，对其物理和功能特性进行数字化表达，并依此设计、施工、运营的过程和结果的总称。简称模型。"

关于 BIM 的定义还有很多，也各有不同，但是对 BIM 技术的理解都包含了以下几点：

①BIM 是以三维数字技术作为模型的基础，集成了建筑工程项目各种相关信息的工程数据模型，是对工程项目设施实体和功能特性的数字化表达。

②BIM 是一个完善的信息模型，能够连接建筑项目生命周期不同阶段的数据、过程和资源，是对工程对象的完整描述，提供可自动计算、查询、组合拆分的实时工程数据，可被项目各参与方普遍使用。

③BIM 具有单一工程数据源，可解决分布式、异构工程数据之间的一致性和全局共享问题，支持建设项目生命周期中动态的工程信息创建、管理和共享，是项目实时的共享数据平台。

要理解 BIM，需要阐述如下几个关键理念：

①BIM 不等同于三维模型，也不是三维模型和建筑信息的简单叠加。虽然 BIM 称为建筑信息模型，但 BIM 实质更关注的并不是模型，而是蕴含在模型中的建筑信息，以及如何在不同的项目阶段由不同的人来应用

这些信息。三维模型只是 BIM 比较直观的一种表达方式。

②BIM 不是一个具体的软件，而是一种流程和技术。BIM 的实现需要依赖多种软件产品的相互协作。有些软件适用于创建 BIM 模型(如 Revit)，而有些软件适用于对模型进行性能分析(如 Ecotect)或者施工模拟(如 Navisworks、Fuzor、Lumion 等)，还有一些软件可以在 BIM 模型基础上进行造价概算或者设施维护，等等。一种软件不可能完成所有工作，关键是所有软件都应该能够依据 BIM 的理念进行数据交流，以支持 BIM 流程的实现。

③BIM 不仅是一种设计工具，更明确地说，BIM 不是一种画图工具，而是一种先进的项目管理理念。BIM 的目标是在整个建筑项目周期内整合各方信息，优化方案，减少错误，降低成本，最终提高建筑物的可持续性。尽管 BIM 软件也能输出图纸，并且熟练的 BIM 用户可以达到比 CAD 方式更高的出图效率，但"提高出图速度"并不是 BIM 的出发点。

④BIM 不仅是一个工具的升级，更是整个行业流程的一次革命。BIM 的应用不仅会改变设计院的内部工作模式，也将改变业主、设计、施工方之间的工作模式。在 BIM 技术支撑下，设计方能够对建筑的性能有更多掌控，而业主和施工方也可以更多、更早地参与到项目的设计流程中，以确保多方协作，创建更好的设计，满足业主的需求。

综上所述，BIM 是整合整个建筑信息的三维数字化的新技术，是支持工程信息管理的最强大的工具之一。

从理念上说，BIM 试图将建筑项目的所有信息纳入一个三维的数字化模型中，但这个模型不是静态的，而是随着建筑生命周期的不断发展而逐步演进的，从前期方案到详细设计、施工图设计、建造和运营维护等各个阶段的信息都可以不断集成到模型中，因此可以说 BIM 模型就是真实建筑物在计算机中的数字化记录。

从技术上说，BIM 不是像传统的 CAD 那样，将建筑信息存储在相互独立的成百上千的 DWG 文件中，而是用一个模型文件来存储所有的建筑信息。当需要出现建筑信息时，无论是建筑的平面图、剖面图还是门窗明细表，这些图形或报表都是从模型文件实时动态生成出来的，可以理解成数据库的一个视图。因此，无论在模型中进行任何修改，所有相关的视图都会实时动态更新，从而保持所有数据一致和最新，从根本上消除 CAD 图形修改时版本不一致的现象。

BIM 技术作为一项新的信息技术，已在业界得到了普遍的认可，被认为是继 CAD 技术之后建筑业的第二次科技革命。

传统的项目管理模式下的信息交叉如图 4.1 所示；BIM 技术在工程建设中的价值如图 4.2 所示。

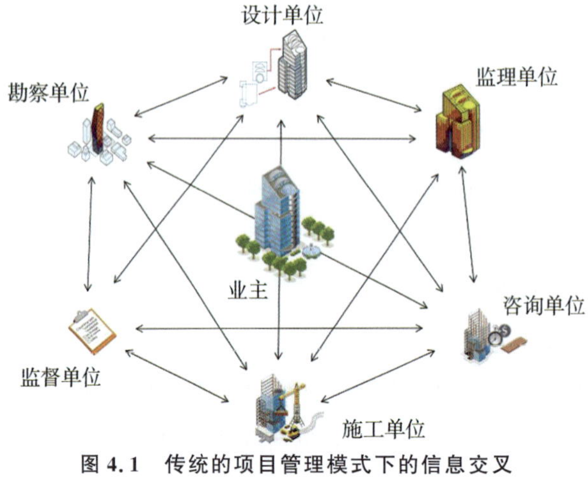

图 4.1　传统的项目管理模式下的信息交叉

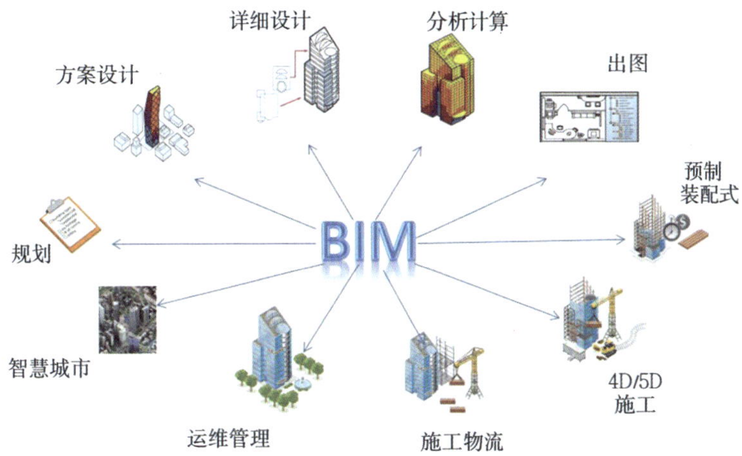

图 4.2 BIM 技术在工程建设中的价值

4.2 BIM 技术的特点

(1)可视化

BIM 技术可以利用信息模型,展现工程项目的三维实体图形,实现在设计、建造和运维等各个阶段的过程可视,方便进行方案的比选、优化和实施(见图 4.3)。

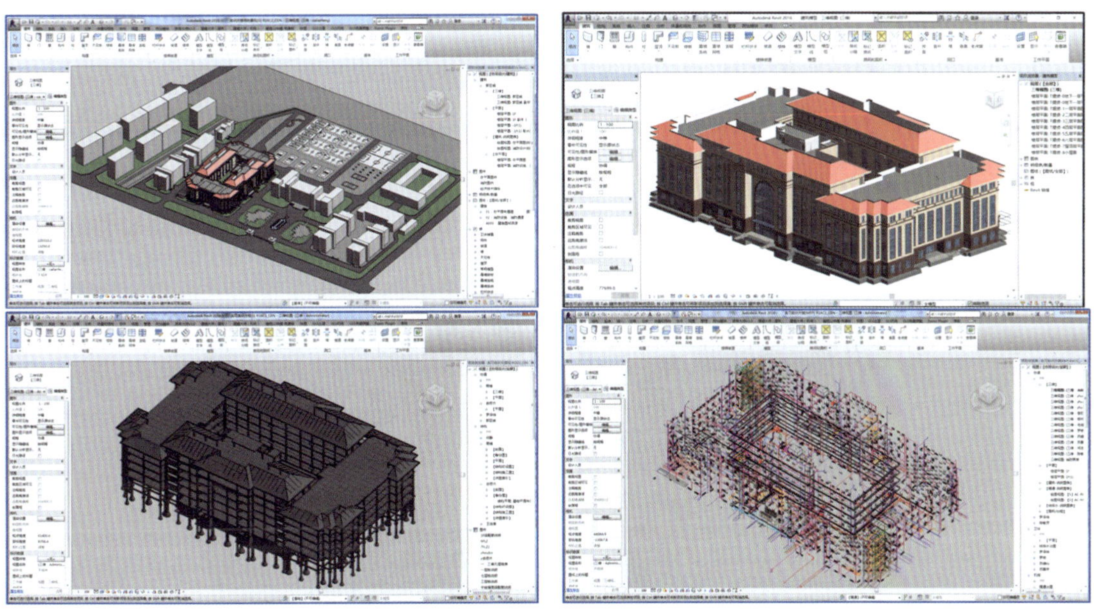

图 4.3 甘肃建院实训大楼项目的场地、建筑、结构、机电 Revit 模型

除了可以展示静态的可视效果以外,BIM 模型还可以实现项目的虚拟施工、设备可操作、碰撞检查等诸多的可视化。

(2)参数化

参数化建模指的是通过参数化(变量)而不是数字建立和分析模型,简单地改变模型中的参数值就能建立和分析新的模型(见图 4.4)。

在 BIM 设计中,项目模型将和数据库精密关联,模型中任何信息,将通过数值精确体现。设计也不仅仅是绘图的过程,而是可以通过修改相关的参数值来实现图纸的自动更新。

图 4.4 参数化设计的 BIM 模型

(3)标准化

所谓的标准化设计,就是将相关的设计规范和出图要求等集成到 BIM 的模板和族库当中,而各个专业通过项目模板和族库的共享,可以轻松地实现设计的一致性。

(4)模块化

模块化设计,则是指同种类型的项目,可以通过制定项目模块来实现项目经验的传承。项目模块中包好以往的设计方式,可以通过产生的修改来实现类似项目的快速设计,并最大限度地保障以往的设计经验不丢失。

(5)优化性

BIM 技术不但可以对设计方案进行优化设计,如管道综合、碰撞检查、净空分析等,还可以对施工方案、进度计划等进行优化,以避免或减少设计或施工方案的缺陷(见图 4.5)。

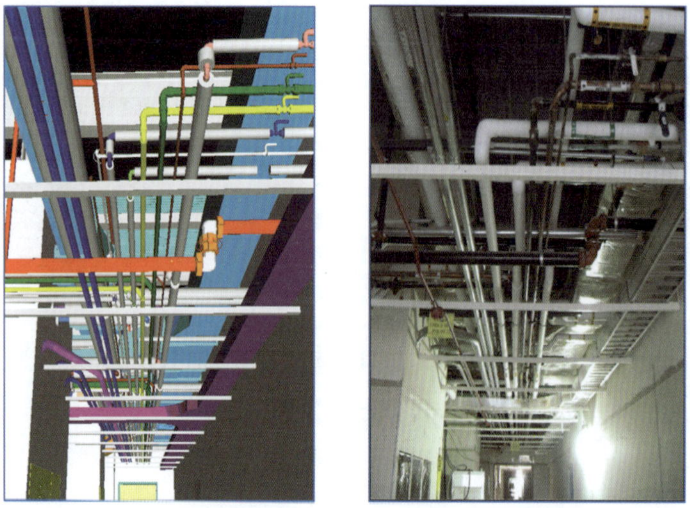

图 4.5 管道综合优化 BIM 模型与实体对比实例

(6)协同性

传统设计中的专业提资要求主要是靠口头沟通和图纸实现的,因为每个专业均需向多个不同的专业提资,难免会出现疏漏和错误,而 BIM 的数据共享平台则严格保障了专业间提资的一致性,同时网络的发展也使得专业提资日趋实时化,这大大提高了专业沟通的效率和准确度,降低了沟通成本(见图 4.6)。

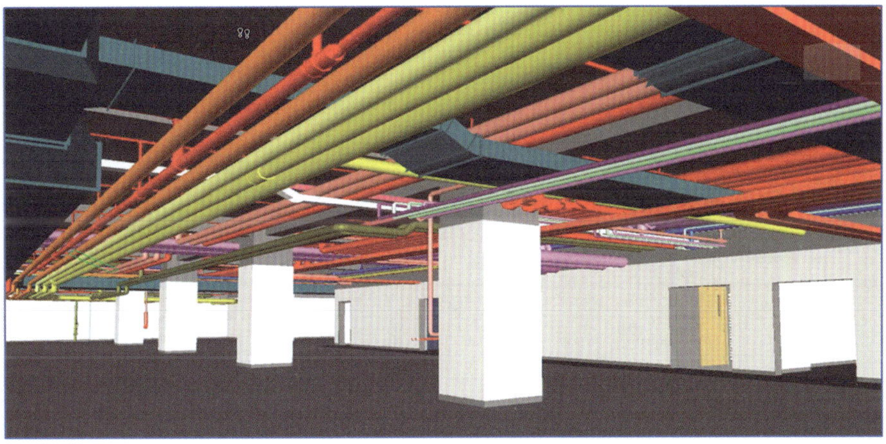

图 4.6 基于 BIM 技术的专业协同设计

(7)模拟性

在建设项目的不同阶段,均能使用 BIM 技术的模拟性来解决问题。在规划设计阶段,可以利用 BIM 技术进行日照分析、节能分析、暖通负荷分析等。在施工阶段可以进行“三维模型+进度控制”的 4D 模拟、“三维模型+进度控制+造价控制”的 5D 模拟、施工工艺模拟等。在运营维护阶段还可以进行紧急状态下的人员疏散模拟、运维状态模拟等(见图 4.7)。

图 4.7 利用 BIM 模型进行施工进度模拟

(8)可出图性

BIM 模型通过协调、模拟、优化后，以三维模型为基础生成符合要求的成果，这种成果可以以传统的二维图纸的方式进行输出，不但可以一键输出为平面图、立面图、剖面图、节点详图，还可以以任意想要的方式出图(见图 4.8)。

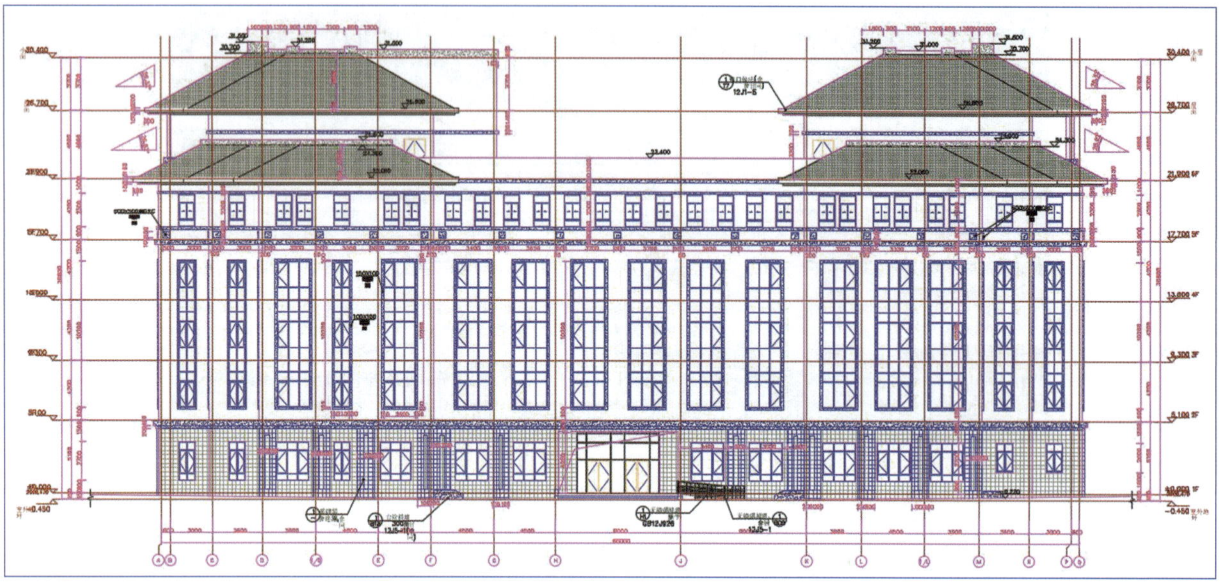

图 4.8　甘肃建院实训大楼项目 CAD 图

(9)精确工程量统计

BIM 模型中包含的所有工程信息，都可以通过软件自动统计。这既减轻了工程师的负担，也可以较为精确地估计出材料和设备的数量和成本(见图 4.9)。

A	B	C	D	E
设计编号	洞口宽度(mm)	洞口高度(mm)	数量	备注
BYC0610	600	1000	2	井道百叶窗
BYC2210	2200	1000	1	井道百叶窗
BYC2710	2700	1000	2	井道百叶窗
BYC4010	4000	1000	1	井道百叶窗
C1220	1200	2000	6	隔热铝合金型材多腔密封(6mm中透光Low-E+12空气+6mm透明)外窗
C1223	1200	2300	182	隔热铝合金型材多腔密封(6mm中透光Low-E+12空气+6mm透明)外窗
C1227	1200	2700	11	隔热铝合金型材多腔密封(6mm中透光Low-E+12空气+6mm透明)外窗
C1512	1500	1200	2	隔热铝合金型材多腔密封(6mm中透光Low-E+12空气+6mm透明)外窗，窗台高120
C2409	2400	900	79	铝合金内高窗，窗台1800
C2420	2400	2000	10	隔热铝合金型材多腔密封(6mm中透光Low-E+12空气+6mm透明)外窗
C2427	2400	2700	38	隔热铝合金型材多腔密封(6mm中透光Low-E+12空气+6mm透明)外窗
MQ1210	1200	10200	18	隔热铝合金型材多腔密封(6mm中透光Low-E+12空气+6mm透明)幕墙
MQ1213	1200	13500	2	隔热铝合金型材多腔密封(6mm中透光Low-E+12空气+6mm透明)幕墙
MQ1214	1200	14400	8	隔热铝合金型材多腔密封(6mm中透光Low-E+12空气+6mm透明)幕墙
MQ2410	2400	10200	38	隔热铝合金型材多腔密封(6mm中透光Low-E+12空气+6mm透明)幕墙
MQ2413	2400	13500	16	隔热铝合金型材多腔密封(6mm中透光Low-E+12空气+6mm透明)幕墙
MQ2414	2400	14400	16	隔热铝合金型材多腔密封(6mm中透光Low-E+12空气+6mm透明)幕墙
MQ2493	2400	9300	6	隔热铝合金型材多腔密封(6mm中透光Low-E+12空气+6mm透明)幕墙

图 4.9　甘肃建院实训大楼项目 Revit 模型自动统计生成门窗统计表

4.3 BIM 技术应用的价值

为了更好地理解 BIM 的价值，可以参看图 4.10，它是由 HOK 公司的 Patrick McLearny 先生创建的，因此被称为“McLearny 曲线”。

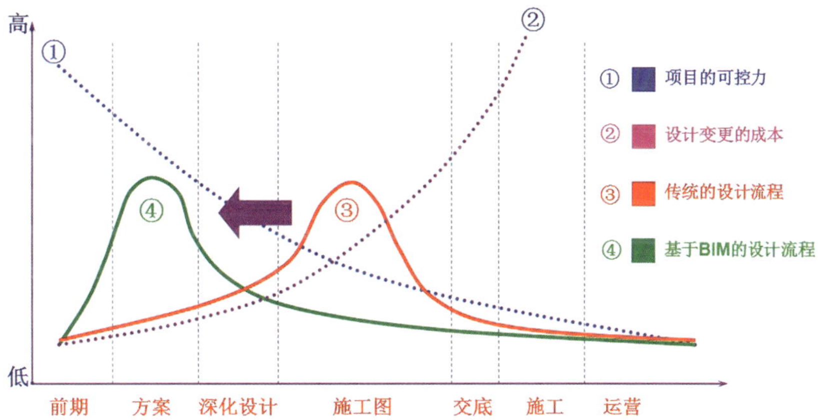

图 4.10 McLearny 曲线——项目不同阶段 BIM 的影响力曲线

可以看到，随着项目的推进，设计师对项目的可控力（曲线①）愈加降低，而设计变更的成本（曲线②）愈加增大。传统设计流程（曲线③）中，设计把大部分的时间精力都花在施工图阶段，但这时已经错过了优化项目的最佳时期。而理想的设计流程（曲线④）允许设计师把大部分精力放在方案的深化设计阶段，同时减少在枯燥的施工图设计阶段的时间投入。BIM 的应用正是为了达到这一目的，提高设计师对建筑项目的控制能力，帮助设计师创建性能更好、成本更低的成果。

BIM 的作用是使工程项目信息在规划、设计、施工和运营维护全过程充分共享、无损传递，使工程技术和管理人员能够对各种建筑信息做出高效、正确的理解和应对，为多方参与的协同工作提供坚实基础，并为建设项目从决策到拆除的全生命周期各参与方的决策提供可靠依据。

(1)BIM 技术让决策更科学

在可行性研究阶段，业主需要确定方案在满足类型、质量、功能等要求的前提下是否具有技术与经济可行性。BIM 技术可以对建设项目方案进行分析、模拟，从而为整个项目的建设降低成本、缩短工期并提高决策质量。

(2)BIM 技术让设计更绿色

在二维图纸时代，各个设备专业的管道综合是一个烦琐、费时的工作，做得不好甚至经常引起施工的反复变更。而 BIM 将整个设计整合到一个共享的建筑信息模型中，建筑与结构、结构与设备、设备与设备之间的冲突会直观地显现出来，通过 BIM 技术进行三维碰撞检测，能及时发现问题并调整设计，从而极大地避免了施工中的浪费。此外，BIM 技术使得设计修改更容易。只要对项目做出更改，由此产生的所有结果都会在整个项目中自动协调，各个视图中的平、立、剖面图自动修改，不会出现平、立、剖面不一致的错误。BIM 技术使建筑、结构、给排水、空调、电气等各个专业基于同一个模型进行工作，从而使真正意义上的三维集成协同设计成为可能。

(3)BIM技术让建造更高效

在施工阶段,BIM可以同步提供施工虚拟模拟,并且提供有关施工进度以及成本信息。它可以方便地提供工程量清单、概预算、各阶段材料准备等施工过程中需要的信息,甚至可以帮助人们实现建筑构件的直接无纸化加工建造,实现整个施工周期的可视化模拟与可视化管理。施工人员可以迅速为业主制定展示场地施工情况或更新调整情况的规划,从而和业主进行沟通,将施工过程对业主的运营和施工人员的影响降到最低。BIM还能提高文档质量,改善施工规划,从而节省施工中在过程与管理问题上投入的时间与资金。

(4)BIM技术让运维更智慧

对于公共建筑和重要设施而言,设施运营和维护方面耗费的成本相当高。BIM的特点是,能够提供关于建筑项目的协调一致、可计算的信息。因此,该信息非常值得共享和重复使用。这样,通过在建筑生命周期中的时间较长、成本较高的维护和运营阶段使用数字建筑信息,业主和运营商便可大大降低由于缺乏互操作性而导致的成本损失。目前,BIM在设施维护中的应用案例并不是很多,尚未得到有效挖掘。但是我们相信,在运营维护阶段其需求非常大,尤其是对于公共设施、文物保护等工程,其应用将非常有价值。

在可见的未来,BIM技术必将成为推动建筑工业化生产、装配式建筑、钢结构工程高效快速发展的驱动力。

4.4 BIM技术的发展现状

美国是较早启动建筑业信息化研究的国家,发展至今,BIM研究与应用都走在了世界前列。目前,美国大多建筑项目已经开始应用BIM,BIM的应用点种类繁多,而且存在各种BIM协会,也出台了各种BIM标准,如图4.11所示。

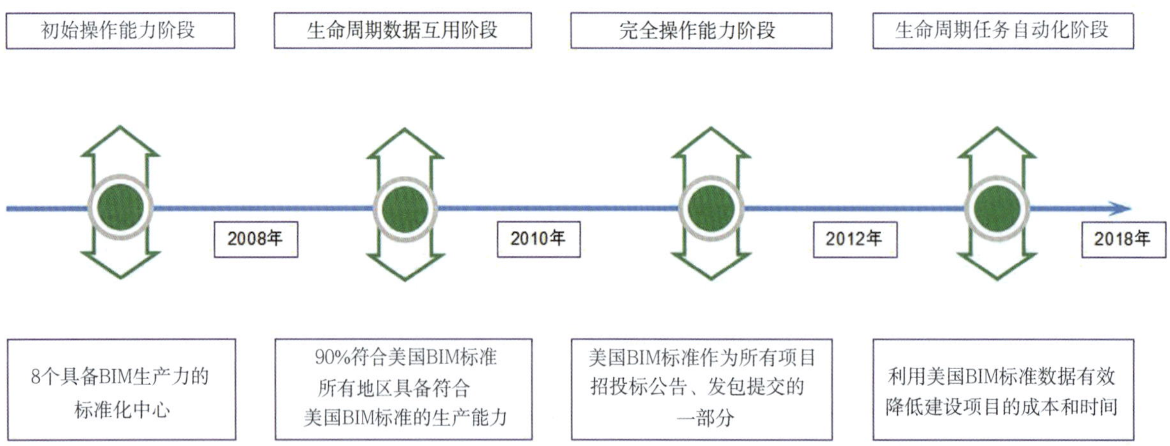

图4.11 USACE的BIM发展图

英国与大多数国家不同,英国政府要求强制使用BIM。2011年5月,英国内阁办公室发布了政府建设战略文件,明确要求:到2016年,政府要求全面协同的3D·BIM文件,并将全部的文件以信息化管理。

在新加坡,在BIM这一术语引进之前,新加坡当局就注意到信息技术对建筑业的重要作用。早在1982年,“建筑管理署”就有了规划审批的想法,2000—2004年,发展CORENET项目,用于电子规划的自动审批和在线提交,是世界首创的自动化审批系统。2011年,“建筑管理署”发布了新加坡BIM发展路线规划,规划明确推动整个建筑业在2015年前广泛使用BIM技术。在建立BIM能力与产量方面,“建筑管理署”鼓励新加坡的大学开设BIM的课程,为毕业生组织密集的BIM培训课程,为行业专业人士建立了BIM专业学位。

在北欧,如挪威、丹麦、瑞典、芬兰,这些国家是一些主要的建筑业信息技术的软件厂商所在地,因此,这些国家是全球最早一批采用基于模型的设计的国家,也在推动建筑信息技术的互用性和开放标准。北欧四国政府并未强制要求全部使用BIM,BIM技术的发展主要是企业的自觉行为。

在日本,有2009年是日本元年之说,大量的日本设计公司、施工企业开始应用BIM,而且日本国土交通省也在2010年3月表示,已选择一项政府建设项目作为试点,探索BIM在设计可视化、信息整合方面的价值及实施流程。

在韩国,在运用BIM技术上十分领先,多个政府部门都致力于制定BIM的标准。韩国公共采购服务中心先后发布了BIM路线图:自2010年开始计划到2016年以后,短期目标是通过扩大BIM应用来提高设计质量,中期目标是构建4D设计预算管理系统,长期目标是设施管理全部采用BIM,试行行业革新。

在中国香港,BIM的发展也主要靠行业自身的推动,早在2009年,香港便成立了香港BIM学会。2010年,香港的BIM技术应用已经完成从概念到实用的转变,处于全面推广的最初阶段。香港房屋署自2006年起,已率先试用建筑信息模型;为了成功地推行BIM,自行订立BIM标准、用户指南、组建资料库等设计指引和参考。这些资料有效地为模型建立、管理档案,以及用户之间的沟通创造了良好的环境。2009年11月,相关房屋署发布了BIM应用标准,并提出在2014—2015年该项技术将覆盖相关房屋署所有项目。

在中国台湾,政府层级对BIM的推动有两个方向。首先,对于建筑产业界,政府希望其引进BIM应用。对于新建的公共建筑和公有建筑,其拥有者为政府单位,工程发包监督都受政府管辖,则要求在设计阶段与施工阶段都以BIM完成。

在我国大陆,近年来在建筑业形成了一股BIM热潮,除了前期软件厂商的大声呼吁外,政府相关单位、各行业协会与专家、设计单位、施工企业、科研院所等也开始重视并推广BIM,政府也密集出台各种政策、标准,市场出现学习BIM的热潮,并呈现出“井喷式”发展态势。

4.5 我国BIM技术相关的主要政策文件及标准

目前,我国BIM技术的发展仍处于初级阶段。但从以下摘录的部分政策文件中可以看出,政府对于BIM技术的支持与推广力度相当大,这也是推动BIM技术健康、快速发展的原动力。

2011年5月10日,住房和城乡建设部发布的《2011—2015年建筑业信息化发展纲要》中,首次提及BIM概念:“‘十二五’期间,基本实现建筑企业信息系统的普及应用,加快建筑信息模型(BIM)、基于网络的协同工作等新技术在工程中的应用,推动信息化标准建设,促进具有自主知识产权软件的产业化,形成一批信息技术应用达到国际先进水平的建筑企业。”

2012年1月,住房和城乡建设部发布《关于印发2012年工程建设标准规范制订修订计划的通知》,五项BIM相关标准《建筑工程信息模型应用统一标准》《建筑工程信息模型存储标准》《建筑工程设计信息模型交付标准》《建筑工程设计信息模型分类和编码标准》《制造工业工程设计信息模型应用标准》的制订工作宣告正式启动,这标志着我国BIM技术的发展进入了具体实施阶段。

2013年8月29日,住房和城乡建设部质量安全监管司发布的《关于征求关于推荐BIM技术在建筑领域应用的指导意见(征求意见稿)意见的函》中指出:"2016年以前政府投资的2万平方米以上的大型公共建筑以及省级绿色建筑项目的设计、施工采用BIM技术;截止2020年,完善技术应用标准、实施指南,形成BIM技术应用标准和政策体系;在有关奖项,如全国优秀工程勘察设计奖、鲁班奖(国际优质工程奖)及各行业、各地区勘察设计奖和工程质量最高奖的评审中,设计应用BIM技术的条件。"

2014年7月1日,《关于推进建筑业发展和改革的若干意见》中指出:"推进建筑信息模型(BIM)等信息技术在工程设计、施工和运行维护全过程的应用,提高综合效益。推广建筑工程减隔震技术。探索开展白图替代蓝图、数字化审图等工作。"这就意味着应用BIM技术成为建筑行业的准入门槛。

2015年6月16日,《关于推进建筑信息模型应用的指导意见》中,包含两条:"到2020年末,建筑行业甲级勘察、设计单位以及特级、一级房屋建筑工程施工企业应掌握并实现BIM与企业管理系统和其他信息技术的一体化集成应用。""到2020年末,以下新立项项目勘察设计、施工、运营维护中,集成应用BIM的项目比率达到90%:以国有资金投资为主的大中型建筑;申报绿色建筑的公共建筑和绿色生态示范小区。"

2016年8月23日,《2016—2020年建筑业信息化发展纲要》中提到:"'十三五'时期,全面提高建筑业信息化水平,着力增强BIM、大数据、智能化、移动通讯、云计算、物联网等信息技术集成应用能力,建筑业数字化、网络化、智能化取得突破性进展,初步建成一体化行业监管和服务平台,数据资源利用水平和信息服务能力明显提升,形成一批具有较强信息技术创新能力和信息化应用达到国际先进水平的建筑企业及具有关键自主知识产权的建筑业信息技术企业。"

2016年12月2日,住房和城乡建设部发布了《建筑信息模型应用统一标准》GB/T 51212—2016,自2017年7月1日起实施。标准包括总则、术语与缩略语、基本规定、模型结构与扩展、数据互用、模型应用等。

2017年2月21日,国务院办公厅发布《关于促进建筑业持续健康发展的意见》,指出积极支持建筑业科研工作,提高技术创新对产业发展的贡献率。加快推进建筑信息模型(BIM)技术在规划、勘察、设计、施工和运营维护全过程的集成应用,实现工程建设项目全生命周期数据共享和信息化管理,为项目方案优化和科学决策提供依据。

2017年5月4日,住房和城乡建设部发布了《建筑信息模型施工应用标准》GB/T 51235—2017,自2018年1月1日起实施。标准包括总则、术语、基本规定、施工模型、深化设计、施工模拟、预制加工、进度管理、预算与成本管理、质量与安全管理、施工监理、竣工验收等,这是国家颁布的指导BIM技术模型应用的统一标准。

2017年10月25日,住房和城乡建设部发布《关于做好〈建筑业10项新技术(2017版)〉推广应用的通知》,明确将"6.1基于BIM的管线综合技术""10.1基于BIM的现场施工管理信息技术"列为建筑业新技术内容。从技术内容、技术指标、适用范围及工程案例等方面对BIM技术进行了详细介绍。

截止到2017年12月底,国内共有十几个省市自治区陆续发布了BIM相关的应用标准和准则。

目前,BIM技术应用发展较快的省市包括北京、上海、广东、深圳、辽宁、浙江、陕西和重庆等,随着国家及各地政府对BIM技术的不断推进,BIM技术将在全国范围内广泛推广和实施。

4.6 BIM技术相关软件简介

涉及BIM的软件多达数十种,每种软件也只是实现BIM技术中的某一个或几个功能。要想了解或者熟悉所有软件几乎是不可能的,为了方便初学者根据工作需要或者兴趣爱好选择合适的软件学习,以下列举了认可度比较高的、常用的数种 BIM 相关软件(见表 4.1)。

表 4.1 常用 BIM 相关软件及应用

软件类别	开发公司	软件名称	应用
建模类	Autodesk	AutoCAD	优势在于平面绘图
		Revit	建筑、结构、机电
		3ds Max	三维建模与渲染
	Last Software	SketchUp	草图大师
	Bentley	Bentley	建筑、结构、机电、场地、复杂造型、碰撞检查等
	GraphiSoft	ArchiCAD	三维设计、结构、暖通、施工及建筑力学、物理分析等
	Dassault	CATIA	航空航天、汽车制造、造船、机械制造、电子、电气等
	广联达	MagiCAD	机电
	其他	鸿业、橄榄山、红瓦、建模大师等	建模插件
分析类	中国建科院	PKPM	建模与结构计算等
	盈建科	YJK	建模与结构计算
	Tekla	Tekla、Xsteel	钢结构设计及分析
	鸿业科技	鸿业 MEP	建模、结构计算、有限元分析
	斯维尔	uniBIM	日照、采光、节能、暖通负荷等
虚拟现实类		Fuzor	三维渲染、施工动画、进度模拟、碰撞检查等
	Act-3D	Lumion	实时的三维可视化工具,可渲染、制作施工动画等
	Autodesk	Navisworks	碰撞检查、施工模拟
	Chaos Group	VRay	for 3ds Max、for Revit
		Twinmotion	for Revit
		AR、VR	虚拟现实体验技术
	Adobe	Ae、Pr	视频制作软件
施工管理类	Bentley	ProjectWise Navigator	三维建模、碰撞检查、实时漫游、整体设计
	广联达	GGJ、GCL、GQI、GBQ	土建、安装预算、钢筋算量、进度计划、BIM5D 等
		斑马 · 梦龙网络计划	编制进度计划
	品茗	for Revit	安全计算、三维场布、脚手架、模板、预算、BIM5D 等
	斯维尔	BIM for Revit	绿建分析、算量、BIM5D 等
	鲁班	鲁班算量	土建、安装预算、施工管理等
	晨曦科技	晨曦	算量软件
	Epoint	新点	算量、施工组织、网络计划、工程资料等
其他		蓝色星球	运维管理平台
	Adobe	Photoshop	图像扫描、编辑修改、图像制作等

4.7 BIM 技术在历史文化遗迹保护方面的应用探索

BIM 技术是近年在我国发展起来的新技术，不但从政府层面出台了很多政策、办法，也逐渐受到了工程建设各个单位的重视和大力推行。但 BIM 技术的应用范围仍然局限在在建现代项目中，对于利用 BIM 技术的特点、优势对历史文化遗迹的信息化复原方面的研究与实践缺少成熟的案例，也缺少探索尝试及技术突破。

基于 BIM 技术的历史文化遗迹信息化复原研究，以麦积山石窟及瑞应寺古建筑为研究对象，开展技术探索及技术突破就是一个非常好的契机。

结合课题研究内容，本项目具有以下鲜明特点：

(1)多领域交叉应用

课题涉及佛教、石窟寺、古建筑、文旅以及信息化建模、倾斜摄影测量技术、无人机测绘技术、虚拟现实表现技术、VR 展现技术及 3D 打印等技术。

研究团队成员需要学习更广泛的领域，才能真正完成本课题的研究内容。

(2)多软件协同应用

本课题所涉及的软件种类非常多，在进行课题研究的同时，也是研究团队成员学习和熟悉这些软件的过程。

倾斜摄影测量技术软件包括 Smart3D、South3D。

BIM 技术软件包括 AutoCAD、3Dmax、Revit、Lumion、Fuzor、Twinmotion、Dynamo、Python、C＃等。

3D 打印技术应用软件包括 Geomagic Studio。

(3)程序开发应用

某些复杂的建模工作，还需要大量的编程知识，利用 Dynamo、Python、C＃等软件或程序，完成建模任务。

(4)人才培养

课题的一个重要成果就是通过课题的研究，使得参与者更为广泛地学习跨行业的知识内容。

(5)文物保护方式的多样化

通过数字化、信息化的建模，遗迹虚拟现实表现、VR 展现等现代化的信息技术的应用，增加了文物保护的方式。

(6)探索将技术创新成果转化为文旅产品

通过完成的虚拟现实模型、3D 打印成果，探索文旅产品的开发思路。

项目5 倾斜摄影测量技术应用

5.1 三维激光扫描技术应用

三维激光扫描技术是诞生于20世纪90年代的一项高新技术，是测绘领域继GPS技术之后的又一次技术革命。经历几十年的发展，该技术日趋成熟。三维激光扫描技术又被称为实景复制技术。它利用激光测距原理，以每秒数万乃至百万次的测量速度，快速获取物体表面点的三维坐标值、反射率和纹理等信息，并通过计算机加工处理，可以快速构建被测物体的点、线、面以及三维模型等各种信息。三维激光扫描技术已经成功且广泛应用于文物保护、城市建筑测量、地形测绘、采矿业、变形监测、工厂、大型结构、管道设计、飞机船舶制造、公路铁路建设、隧道工程、桥梁改建等各个行业。

三维激光扫描仪是指利用激光测距的原理，密集地记录目标物体的表面三维坐标、反射率和纹理信息，对空间进行真实的三维记录，瞬时测得空间三维坐标值的仪器。它具有采样速率高、非接触式测量、自动化等特点。随着激光技术和电子技术的发展，激光测量已经从静态的点测量发展到动态的跟踪测量和三维测量领域。

三维激光扫描仪的具体工作原理是由激光发射器主动发出一个激光脉冲信号，再由匀速旋转的反射棱镜引导至物体表面点，信号经物体表面反射后由接收器接收，计算测点与扫描仪的距离，同时角度编码器同步记录旋转反射棱镜纵向测量角度β和扫描仪水平旋转角度α，由此便可计算出激光扫描点的三维坐标值(x,y,z)。

三维激光扫描仪有如下优点：

①速度快，密度高，精度高，特别适合大面积或者表面复杂的物体测量及物体局部细节测量；

②不需要接触物体，在昏暗的环境和夜间都不影响外业测量；

③快速和准确地获取坐标、尺寸、面积、体积等；

④方便将3D模型转换到CAD系统中，直接供工程设计使用。

5.1.1 基于三维激光扫描技术的点云数据采集方案设计

麦积山历史文化遗迹的地理环境复杂，石窟开凿在百余米的悬崖绝壁上，石窟本身大小不一、结构复杂，外业数据采集十分困难。另一方面，由于岁月侵蚀，在自然因素和人为因素的共同作用下，很多石窟壁画、佛造像和古建筑面临着流失损毁，完整性遭到严重破坏。为长久保留麦积山历史文化遗产，运用三维激光扫描技术将珍贵的文物数字化。主要目标如下：

①以麦积山历史文化遗迹中第4窟上七佛阁（见图5.1）为例，利用三维激光扫描技术研究石窟文物数据采集的最佳模式，实现石窟文物信息的翔实记录。

②以麦积山历史文化遗迹中瑞应寺（见图5.2）为例，利用三维激光扫描技术研究古建筑文物数据采集的最佳模式，实现古建筑文物信息的翔实记录。

图 5.1　麦积山及第 4 窟上七佛阁航拍照片

图 5.2　麦积山瑞应寺航拍照片

实施方案包括现场准备、扫描测试、仪器检查与准备、数据采集实施（见图 5.3）。下面先介绍现场准备和扫描测试。

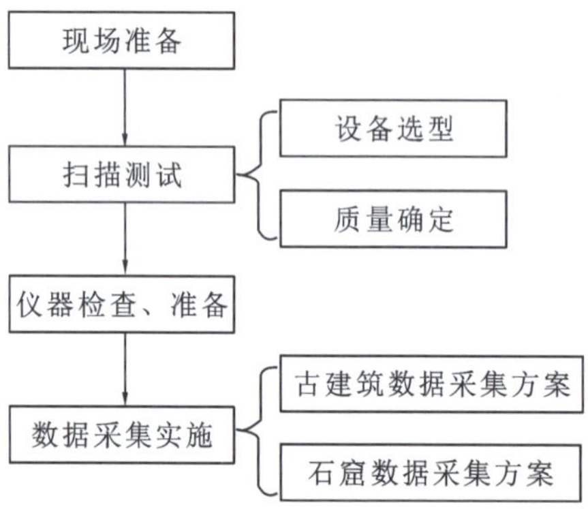

图 5.3　实施方案制订

(1)现场准备

在扫描现场，搭设了脚手架，准备了 220 V 电源等，为三维激光扫描创造了适宜的扫描环境，同时准备了两款三维激光扫描仪和配套设备。

(2)扫描测试

在正式进行数据采集前，为节约时间、经费和人力，需要根据文物保护具体需求，确定数据采集的密度和精度，对于复杂文物对象或复杂环境下的三维扫描宜先进行预试验扫描工作。

根据扫描距离，大场景扫描试用地面式中距三维激光扫描仪，使用法如 FocusS 350、思拓力 X300 等；精细扫描试用短距手持式三维激光扫描仪，使用 EinScan Pro 2X 2020。

(3)石窟整体扫描

对于石窟文物数据采集，以位于麦积山石窟东崖的第 4 窟上七佛阁中第 6 龛为例开展三维激光扫描预试验工作。龛内高 5.42 m，宽 3.55 m，深 3.91 m。龛内有一佛二弟子六菩萨，主佛高 3.61 m，二弟子和六菩萨高 2.8～3 m。

初步选取主佛采用 FARO FocusS 350 扫描（见图 5.4），扫描目标距扫描仪一般均小于 4 m，设置不同参数，对比扫描成果质量，选取最佳扫描参数。

采用 FARO FocusS 350 扫描仪，设置不同扫描参数，设置界面如图 5.5 所示，试验选取的参数见表 5.1。对比分析 A 组与 B 组扫描成果，质量差别很小，A 组和 C 组相比，C 组扫描结果在细节方面不如 A 组，综上选取最佳 B 组扫描参数。从 B 组扫描结果来看，质量参数选择 3×、4×和 5×几乎看不出差别，故选取最佳扫描参数 B1，即分辨率选取 1/2、质量选取 3×、测站扫描范围垂直方向 −60°～ 90°、测站扫描范围水平方向 0°～360°、彩色模式、测光模式为天顶加权光。

图 5.4 FARO FocusS 350 扫描作业(右 1 为主佛)

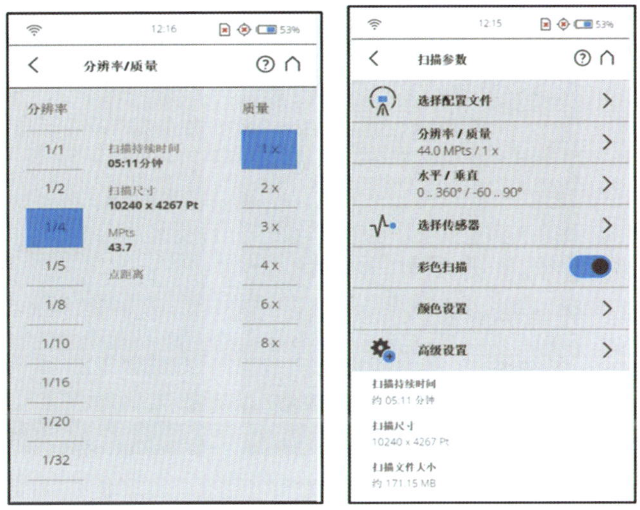

图 5.5 FARO FocusS 350 扫描参数、分辨率、质量设置界面

表 5.1 FARO FocusS 350 扫描仪扫描参数的选取

组别	参数编号	分辨率	质量	其他参数	点数/MPts	点距离	色彩
A 组	参数 A1	1/1	3×		699.1	1.5 mm/10 m	彩色
	参数 A2	1/1	4×		699.1	1.5 mm/10 m	彩色
	参数 A3	1/1	5×		699.1	1.5 mm/10 m	彩色
B 组	参数 B1	1/2	3×		174.8	3.1 mm/10 m	彩色
	参数 B2	1/2	4×	扫描范围： 垂直−60°～ 90° 水平 0°～ 360° 测光模式：天顶加权光	174.8	3.1 mm/10 m	彩色
	参数 B3	1/2	5×		174.8	3.1 mm/10 m	彩色
C 组	参数 C1	1/4	3×		43.7	6.1 mm/10 m	彩色
	参数 C2	1/4	4×		43.7	6.1 mm/10 m	彩色
	参数 C3	1/4	5×		43.7	6.1 mm/10 m	彩色

(4)龛内佛像高精度补充扫描

采用先临三维公司出品的 EinScan Pro 2X 2020 手持式多功能 3D 扫描仪，设置不同扫描参数，对主佛头部再次扫描，分别选用了三种参数进行了三次扫描测试，具体扫描参数见表 5.2。三次扫描封装后的效果如图 5.6 所示。经对比佛像发髻局部放大效果(见图 5.7)，显然扫描测试 D1 质量较差，扫描测试 D2 和 D3 质量较好，目视基本无差别，但 D2 的数据量适中，便于数据处理和保存。综上选取扫描测试最佳 D2 扫描参数作为本项目 EinScan Pro 2X 2020 扫描仪佛像扫描参数。

表 5.2 EinScan Pro 2X 2020 扫描仪扫描参数的选取

参数编号	分辨率	拼接模式	操作模式	纹理选择	点距	扫描精度
D1	中细节	混合拼接	普通	纹理扫描	0.5 mm	0.1 mm
D2	高细节	混合拼接	普通	纹理扫描	0.3 mm	0.1 mm
D3	高细节	混合拼接	普通	纹理扫描	0.2 mm	0.1 mm

(5)古建筑扫描

研究团队按照文物建筑的重要性和数据用途，把三维激光扫描信息采集精度等级划分为一等、二等、三等、四等，根据采集目标的不同，根据院落、单体、构件、雕刻花纹，以及设计、施工和制作精度，研究了每个等级采集

D1扫描测试封装后效果　D2扫描测试封装后效果　D3扫描测试封装后效果

图 5.6　EinScan Pro 2X 2020 扫描仪扫描测试封装后效果

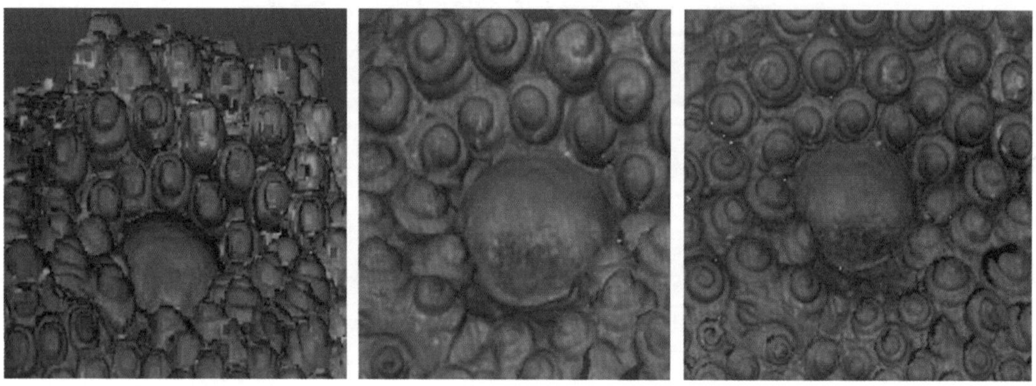

D1扫描测试　D2扫描测试　D3扫描测试

图 5.7　佛像发髻局部放大效果

目标的特征点间距中误差和点云采集最大点距，如表 5.3 所示。

表 5.3　文物建筑三维技术扫描采集技术指标

单位：mm

精度等级	适用情况	院落		单体		构件		雕刻、花纹	
		特征点间距中误差	点距	特征点间距中误差	点距	特征点间距中误差	点距	特征点间距中误差	点距
一等	全国、省级重点文物建筑修缮、复建、档案建立、建立数字化模型等	≤30	≤15	≤5	≤5	≤3	≤3	≤0.3	≤0.3
二等	一般文物建筑、历史建筑修缮、复建、档案建立、建立数字化模型等	≤40	≤30	≤10	≤10	≤5	≤5	≤0.5	≤0.5
三等	文物建筑、历史建筑普查、保护规划等	≤50	≤50	≤25	≤25	—	—	—	—

续表

精度等级	适用情况	院落		单体		构件		雕刻、花纹	
		特征点间距中误差	点距	特征点间距中误差	点距	特征点间距中误差	点距	特征点间距中误差	点距
四等	无等级文物建筑、仿古建筑修缮、复建、档案建立、建立数字化模型等	≤50	≤50	≤50	≤30	—	—	—	—

注 1：当采集条件困难时，采集指标可酌情放宽，但不应超过标准的 2 倍。

注 2：表中“—”表示不要求。

对瑞应寺古建筑群大场景测绘数据采集，采用 FARO FocusS 350 扫描，按照建筑室内、寺院内室外、寺院外三种情景考虑，设置不同扫描参数进行扫描试验，扫描参数如表 5.4 所示。

表 5.4　FARO FocusS 350 扫描仪瑞应寺扫描参数的选取

情景	参数选取	分辨率	质量	其他参数	点数/MPts	点距离	色彩
建筑室内	参数 E1	1/2	3×	扫描范围：垂直 −60°～90° 水平 0°～360° 测光模式：天顶加权光	174.8	3.1 mm/10 m	彩色
	参数 E2	1/4	3×		43.7	6.1 mm/10 m	彩色
	参数 E3	1/5	3×		28	7.7 mm/10 m	彩色
单体建筑室外	参数 F1	1/2	4×	扫描范围：垂直 −60°～90° 水平 0°～360° 测光模式：平均加权光 传感器状态：倾角仪打开、GPS 打开、罗盘打开、高度计打开	174.8	3.1 mm/10 m	彩色
	参数 F2	1/4	4×		43.7	6.1 mm/10 m	彩色
	参数 F3	1/5	4×		28	7.7 mm/10 m	彩色
院落	参数 G1	1/4	4×		43.7	6.1 mm/10 m	彩色
	参数 G2	1/5	4×		28	7.7 mm/10 m	彩色
	参数 G3	1/8	4×		10.9	12.3 mm/10 m	彩色

对于古建筑室内，由于古建筑开间和进深较小，主要扫描对象为屋架部分，扫描目标场景复杂，扫描距离较小，一般在 5 m 以内，测光模式选用天顶加权光模式，可以较好地采集建筑内部屋顶色彩信息。经过对比点云成果，选取参数 E2 即可满足古建筑建模要求。

对于建筑室外，主要扫描对象为建筑外立面和屋顶，扫描目标场景复杂，最远扫描距离为 30 m 左右，测光模式选用平均加权光，同时打开设备全部传感器，经过对比点云成果，选取参数 F2 即可满足古建筑建模要求。

对于院落，主要扫描对象为围墙和屋顶，扫描目标场景简单，最远扫描距离为 40 m 左右，测光模式选用平均加权光，同时打开设备全部传感器，经过对比点云成果，选取参数 G2 即可满足古建筑建模要求。

古建筑扫描点云三维视图如图 5.8 所示。

根据试验，石窟佛龛整体扫描宜采用 FARO FocusS 350 扫描仪进行数据采集，扫描点间距宜为 1.5～2 mm，对于石窟佛龛内单个佛像宜采用 EinScan Pro 2X 2020 手持式扫描仪进行数据采集，点间距宜为 0.2～0.3 mm。古建筑扫描宜采用 FARO FocusS 350 扫描仪进行数据采集，室内扫描点间距宜小于 3 mm，一般情况下分辨率选用 1/4、质量选用 3×；单体建筑室外扫描点间距宜小于 3 mm，一般情况下分辨率选用 1/4、质量选用 4×；院落扫描点间距宜小于 10 mm，一般情况下分辨率选用 1/5、质量选用 4×。

古建筑室内参数E2扫描点云三维视图

寺内室外参数F2扫描点云三维视图

寺外参数G2扫描点云三维视图

图 5.8　古建筑扫描点云三维视图

5.1.2　麦积山石窟及 4 号窟 6 号佛龛三维扫描

根据前面的准备工作情况，对麦积山历史文化遗迹中第 4 窟上七佛阁进行了全面的三维扫描工作，在对上七佛阁整体扫描的同时，对佛龛内的佛像进行了高精度扫描。

地面式三维激光扫描仪和手持三维激光扫描仪搭配使用，充分发挥了仪器设备的特点与优势。通过在佛龛搭设脚手架，保证了采集数据的完整性，经济合理地完成了三维数据采集工作。科学、规范的数据采集与检查，形成了完整、规范的数据采集流程。早晨与傍晚的作业模式，减少了游客的干扰，也未影响景区游客的正常参观。

(1)采集要求

整体扫描，点距不超过 2 mm，点云覆盖率 90%以上，扫描精度优于 1 mm；龛内佛像补充扫描点间距不大于 0.3 mm，扫描精度优于 0.1 mm；地面三维激光扫描作业及产品涉及的日期采用公元纪年，时间采用北京时间。

(2)设备准备

地面式三维扫描设备：FARO FocusS 350 扫描仪 1 台，标靶球 6 个，高性能移动图形工作站 1 台。

手持三维激光扫描设备：EinScan Pro 2X 2020 扫描仪 1 台，高性能移动图形工作站 1 台。

质量检查设备：高性能移动图形工作站及扫描仪配套软件。

其他：延长线插座、大容量移动硬盘。

麦积山历史文化遗迹中第 4 窟上七佛阁佛龛内佛像高度较高，使用手持三维激光扫描仪由于身高限制难以全面扫描，现场搭设脚手架配合三维扫描（见图 5.9），保证了数据的完整性。

图 5.9 搭设脚手架配合数据采集

（3）人员组织

现场点云数据采集人员配备如下：

麦积山历史文化遗迹中第 4 窟上七佛阁整体点云数据采集：FARO FocusS 350 扫描仪作业，仪器操作员 1 名，助理 1 名（协助摆放靶球），安全员 1 名（保障文物安全）。

佛龛内佛像点云数据采集：EinScan Pro 2X 2020 扫描仪作业，仪器操作员 1 名，助理 1 名（操作移动图形工作站），安全员 1 名（保障文物安全）。

数据质量检查：移动图形工作站 1 台，质量员 1 名，负责数据采集质量检查、核对，记录扫描测站位置、标靶布设位置，及时检查数据的完整性，并进行数据备份。

（4）点云数据采集

第一，扫描参数设置。整体扫描采用 FARO FocusS 350 扫描仪，分辨率选取 1/2，质量选取 2×，测站扫描范围垂直方向 −60°～90°，测站扫描范围水平方向 0°～360°，彩色模式，测光模式为天顶加权光。补充扫描：采用 EinScan Pro 2X 2020 扫描仪，分辨率选取中细节，混合拼接，纹理扫描。

第二，控制测量：由于扫描目标区域为麦积山历史文化遗迹中第 4 窟上七佛阁，作业面积小于 0.01 km^2，故不单独布设控制网，采用标靶配准。

第三，扫描站布设。

第 4 窟上七佛阁龛内扫描站布设：

主站：第 4 窟上七佛阁龛内主扫描站设置在龛内中间位置，即龛内地面为矩形时，一般选择对角线交点位置，高度为 1.7 m 左右。

辅站：在主站周围，从不同角度、不同高度设置若干个扫描站，点云数据的重叠率 20% 以上，一般设置在对角线上四角位置，并且每个测站上高低搭配，“低站”尽量低，“高站”尽量高。研究团队发明了一项实用新型“一种地面式三维激光扫描仪专用多功能脚架”，能让仪器高度达到地面以下 −3 m 至地面以上 +3 m 范围的任意高度，可满足本次龛内高测站的要求。龛内扫描站布设示意图如图 5.10 所示。

第 4 窟上七佛阁前廊扫描站布设：第 4 窟上七佛阁前廊扫描站布设采用均匀布置测站的方式，前廊扫描站布设位置示意图如图 5.11 所示。

第 4 窟扫描项目编号规则如图 5.12 所示。

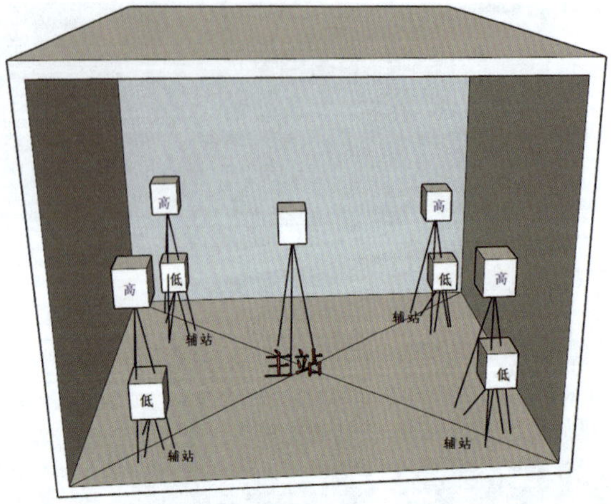

图 5.10　龛内扫描站布设示意图

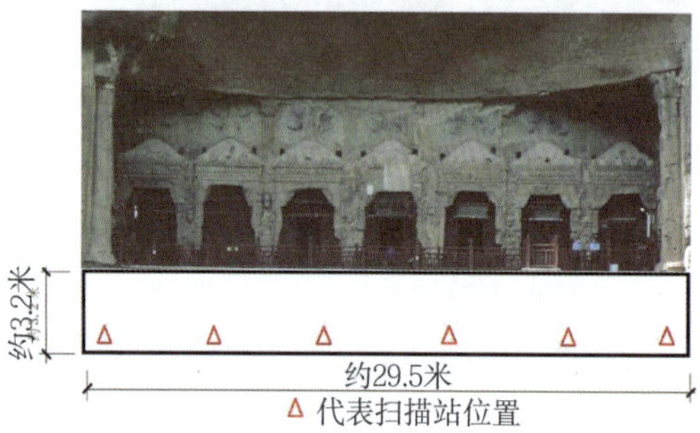

图 5.11　前廊扫描站布设位置示意图

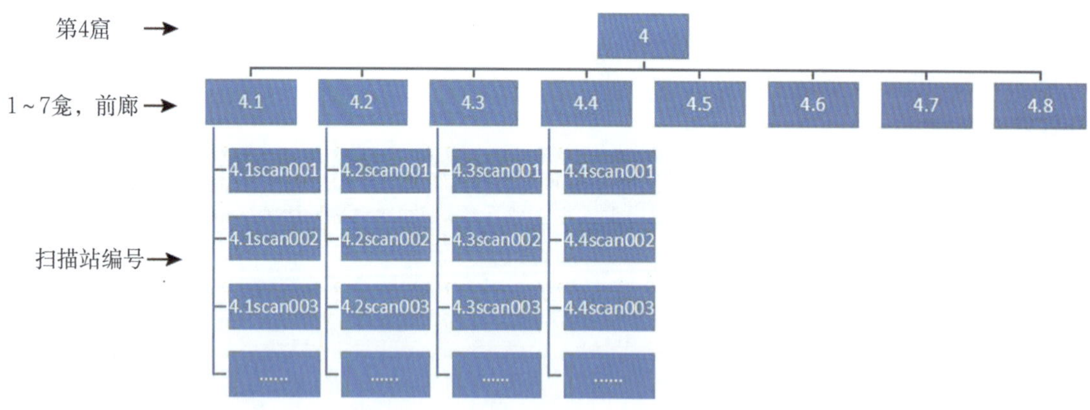

图 5.12　第 4 窟扫描项目编号规则

第四，第 4 窟整体点云数据及纹理图像采集。FARO FocusS 350 扫描仪内置同轴 HDR 相机，像素不低于一亿六千万像素，实现点云数据和纹理图像同步采集。按前述扫描站布设的位置和参数，逐站扫描，采集点云数据及纹理。

第五，龛内佛像高精度补充扫描（见图 5.13 和图 5.14）。采用 EinScan Pro 2X 2020 扫描仪，参数选用高细节、点间距 0.3 mm、混合拼接、纹理扫描，对龛内佛像进行高精度扫描，扫描作业流程如图 5.15 所示。

图 5.13 扫描平台搭设

图 5.14 龛内佛像高精度补充扫描

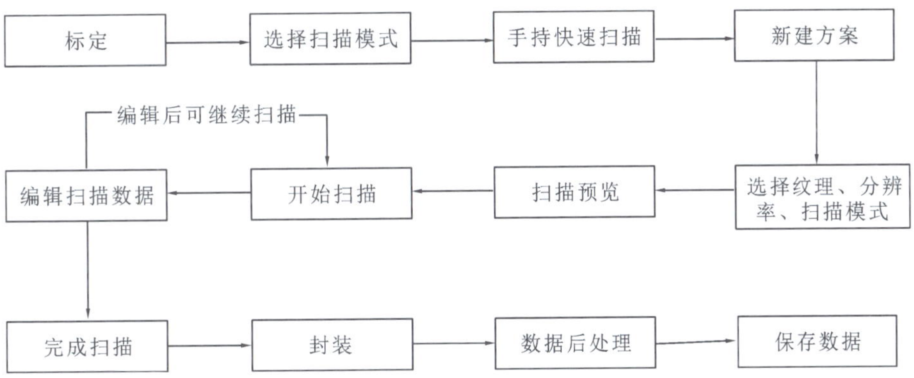

图 5.15 EinScan Pro 2X 2020 扫描仪扫描作业流程

(5)点云数据采集主要成果

通过整体扫描和补充扫描，获取了大量麦积山历史文化遗迹中第 4 窟龛内、前廊的原始点云数据，点云数据平面视图、单站龛窟点云数据模型、佛像 EinScan Pro 2X 2020 单站扫描数据如图 5.16 至图 5.18 所示。点云数据具有精确的空间信息和色彩信息。

图 5.16 第 4 窟第 6 龛 FARO FocusS 350 单站扫描平面视图

图 5.17 前廊 FARO FocusS 350 单站扫描点云数据

图 5.18 佛像 EinScan Pro 2X 2020 单站扫描数据

5.1.3 瑞应寺三维激光扫描

研究团队基于三维激光扫描点云数据建立麦积山瑞应寺 BIM 模型，根据研究目的和文物的重要性，三维激光扫描数据采集，建筑室内扫描点间距宜小于 3 mm，单体建筑室外扫描点间距宜小于 3 mm，院落扫描点间距宜小于 10 mm，具体采集技术指标如表 5.5 所示。

表 5.5 麦积山瑞应寺三维技术扫描采集技术指标

单位：mm

精度等级	适用情况	院落		单体		构件		雕刻、花纹	
		特征点间距中误差	点距	特征点间距中误差	点距	特征点间距中误差	点距	特征点间距中误差	点距
一等	全国、省级重点文物建筑修缮、复建、档案建立、建立数字化模型等	≤30	≤15	≤5	≤5	≤3	≤3	≤0.3	≤0.3

（1）控制测量

在麦积山瑞应寺周围均匀布置控制点，采用二级导线或二级 GNSS 静态布测平面控制网，采用四等水准测量布测高程控制网。

（2）扫描参数设置

采用 FARO FocusS 350 扫描仪，室内扫描分辨率选用 1/4、质量选用 3×；单体建筑室外扫描分辨率选用 1/4、质量选用 4×；院落扫描点分辨率选用 1/5、质量选用 4×。测站扫描范围垂直方向 −60°～90°，测站扫描范围水平方向 0°～360°，彩色模式，测光模式为天顶加权光，传感器倾角仪、罗盘、高度计均为打开状态，但 GPS 室内为关闭状态，室外为打开状态。

（3）扫描站布设

由于扫描目标区域为国家重点文物保护单位麦积山瑞应寺，扫描作业精度等级为一等，对单体扫描精度而言主要是相对位置精度要求较高，特征点间距中误差不超过 5 mm，若通过控制点完成测站间点云拼接难以满足精度要求，对于单体古建筑扫描，可通过标靶、特征点或云际配准，故扫描站布设时采用以下策略。

对于单体古建筑，以室内为一个扫描单元，设置公共标靶，尽量减少标靶传递次数。以麦积山天王殿三开间两进深悬山式屋顶（见图 5.19）为例，一般在四个柱子的中间设置扫描站，共 6 站，门口设站主要为传递标靶，拼接时作为参考站（见图 5.20）。

院落内和单体室外为一个扫描单元，设置公共标靶，减少室外和院落内扫描时标靶传递次数（见图 5.21）；院落外，扫描线路长，以标靶传递 6 次为一个扫描单元，如图 5.22 所示，扫描站 1.1 至 1.7 为第 1 扫描单元，扫描站 2.1 至 2.7 为第 2 扫描单元。院落内外各扫描单元之间采用控制点坐标拼接。

图 5.19　麦积山瑞应寺天王殿照片(左为北视图,右为南视图)

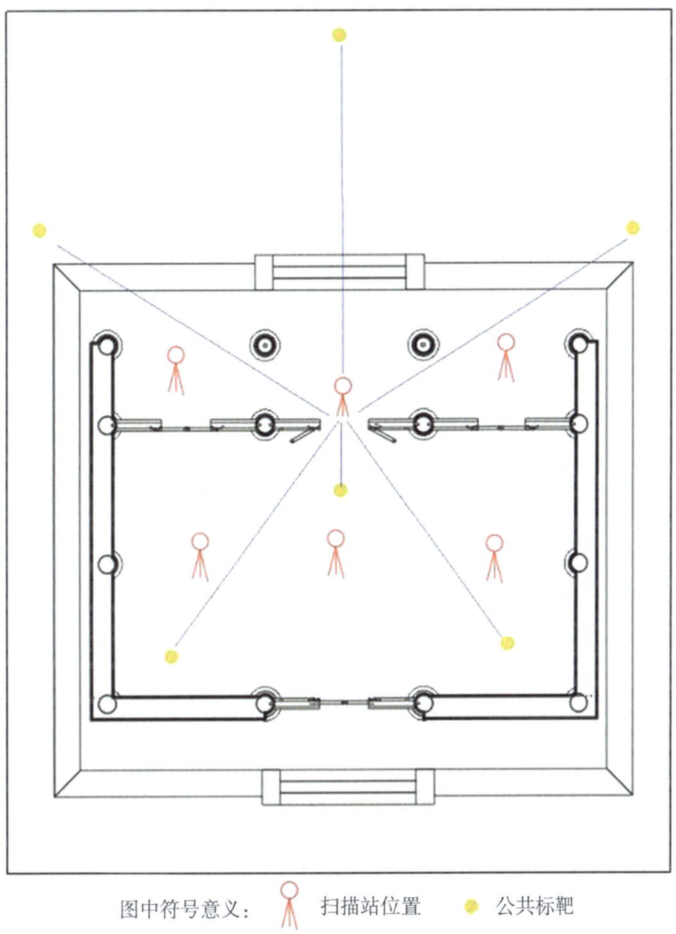

图 5.20　天王殿内扫描站和公共标靶

(4)标靶布测

本次扫描中,研究团队把标靶分为三类,分别为拼接标靶、公共标靶和坐标标靶。拼接标靶主要是用于 2 个测站之间拼接,一般布置在 2 个测站之间,至少 3 个标靶,通常用球形标靶和标靶纸。公共标靶为 2 条以上扫描路线上共用的一组标靶,通常作为 2 条扫描路线上的参考值,其他相邻测站作为拼接站,拼接到公共测站上。坐标标靶主要作用是实现扫描单元点云整体坐标转换,将扫描单元点云由扫描坐标系转换成工程坐标系,同时可完成各扫描单元点云拼接。通常每个扫描单元最少需要 3 个坐标标靶,一般为纸质标靶。坐标标靶由 RTK 测定其坐标,一般通过 2 个测回,取平均值。

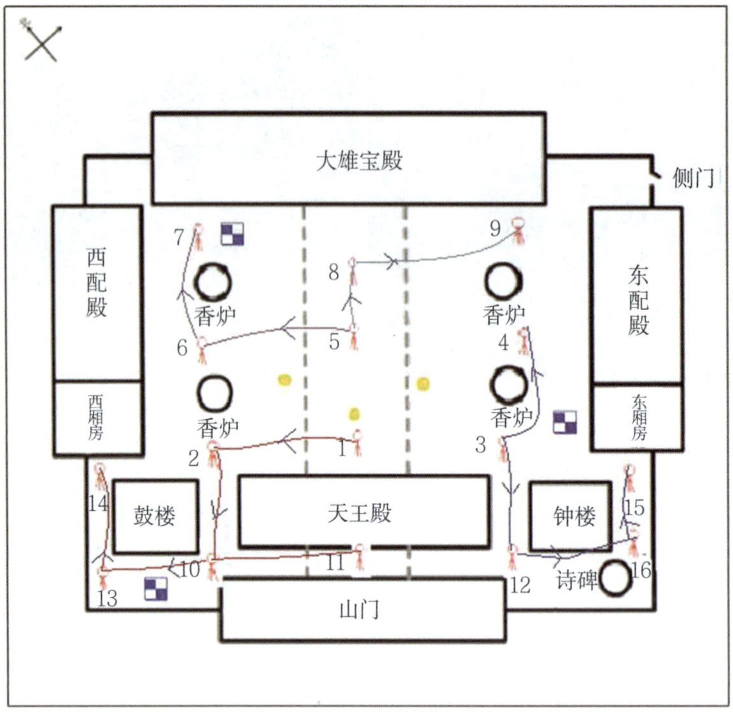

图中符号意义：扫描站位置　公共标靶　控制点标靶

图 5.21　寺内扫描站及公共标靶和控制点

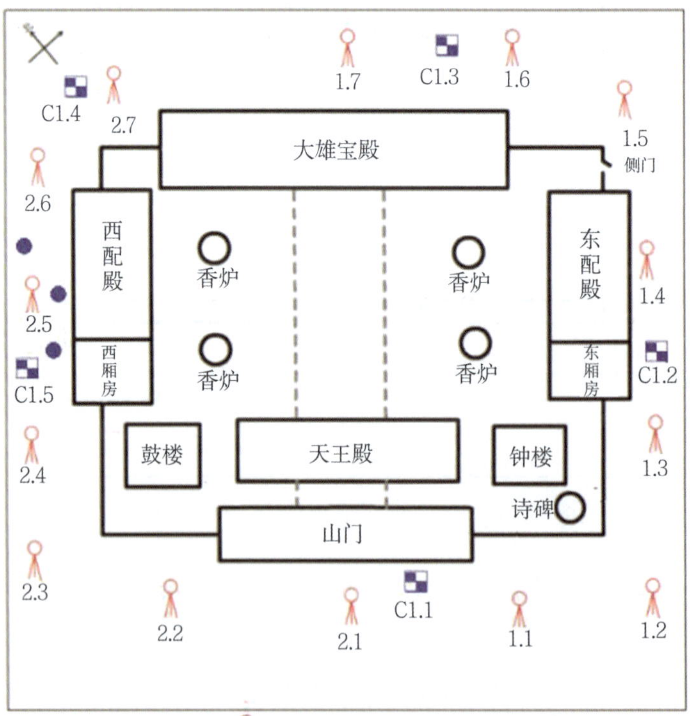

图中符号意义：扫描站位置　公共标靶　控制点标靶

图 5.22　寺外扫描站及公共标靶和控制点

RTK 测定坐标的流程为：首先设置移动站网络模式，设置坐标系，通过控制点转换参数，按照《全球定位系统实时动态测量（RTK）技术规范》图根点测量的要求完成每个坐标标靶的坐标和高程采集。

(5)点云数据及纹理图像采集

FARO FocusS 350 扫描仪内置同轴 HDR 相机，像素不低于一亿六千万像素，点云数据和纹理图像同步采集。按前述扫描站布设的位置和参数，逐站扫描，采集点云数据及纹理。单个扫描站的采集过程与麦积山第 4 窟相同。

5.1.4 点云数据处理

点云数据包含海量目标点的几何位置、反射率和色彩等信息，这些数据是文物原始信息数据，一般仅能进行浏览展示、尺寸量取等基本应用。点云数据处理一般分为三个阶段，即点云数据准备、点云预处理和点云数据的应用，如图 5.23 所示。

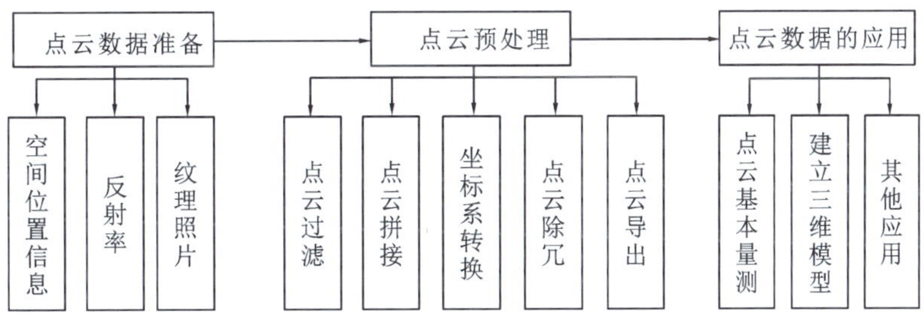

图 5.23 点云数据处理流程图

(1)点云过滤

由于点云数据采集时，设备精度的限制、操作人员的人为因素和环境条件因素等带来的影响，以及电磁波衍射特性，点云数据总会产生一些我们意想不到的噪声点。在点云数据处理流程中滤波处理作为预处理的第一步，往往对后续处理的影响很大，因此只有将噪声点、离群点等剔除，才能更好地进行配准、特征提取、曲面重建和可视化等后续的处理。

通过离群点过滤，去除离群值或杂散。通过边缘伪像过滤，消除了扫描的边缘噪声。这种边缘噪声是由激光的光斑造成的，比如激光光斑在桌子边缘，光斑可能同时落在桌子边缘与后面的地面上，光斑的平均值偏离桌子边缘，形成边缘噪声。

(2)点云拼接

点云拼接也称点云配准、点云注册。点云拼接是指将多时段、多视点的扫描数据转换至同一坐标系下的过程，是变形监测、逆向工程等领域的主要研究课题之一。在三维激光扫描仪工作环境中，扫描区域往往比较大，而且会存在物体遮挡，扫描仪受距离和视角的限制，往往要多次扫描才能获得整个区域的数据，但各站扫描数据间坐标系相异，获得的数据是分散的。把所有这些站点的数据转换至一个坐标系中，就是点云配准的任务。点云拼接关系到后续的三维建模等问题，是点云数据处理的重点之一。地面三维激光扫描仪分别在两处不同位置对目标物进行扫描，两次点云数据分别在坐标系 $O_1\text{-}X_1Y_1Z_1$ 和 $O_2\text{-}X_2Y_2Z_2$ 下(见图 5.24)，拼接的目的是把两坐标系下的点云转换到相同坐标系下。依据两个测站中三个以上公共目标点，通过公式(5-1)实现测站 2 中坐标系转换至坐标系 1 中，实现点云拼接。

$\boldsymbol{R}$ 为旋转正交矩阵，满足 $\boldsymbol{R}^{\mathrm{T}}=\boldsymbol{R}^{-1}$、$|\boldsymbol{R}|=\pm1$；$\boldsymbol{T}$ 为平移参数矩阵。

对于标靶拼接，一般以首站坐标系 $O_1\text{-}X_1Y_1Z_1$ 为扫描坐标系，第 2 站拼接到第 1 站上，第 3 站拼接到第 2 站上，依次完成所有拼接，通过公式(5-2)，第 n 站坐标系 $O_n\text{-}X_nY_nZ_n$ 转换至首站坐标系 $O_1\text{-}X_1Y_1Z_1$。

$$\begin{pmatrix}X_1\\Y_1\\Z_1\end{pmatrix}=\boldsymbol{R}\begin{pmatrix}X_2\\Y_2\\Z_2\end{pmatrix}+\boldsymbol{T} \tag{5-1}$$

$$\begin{pmatrix}X_1\\Y_1\\Z_1\end{pmatrix}=\boldsymbol{R}_1\boldsymbol{R}_2\cdots\boldsymbol{R}_{n-2}\boldsymbol{R}_{n-1}\begin{pmatrix}X_n\\Y_n\\Z_n\end{pmatrix}+\boldsymbol{T}_{n-1} \tag{5-2}$$

$$\begin{pmatrix} X \\ Y \\ Z \end{pmatrix} = \boldsymbol{R}_n \begin{pmatrix} X_n \\ Y_n \\ Z_n \end{pmatrix} + \boldsymbol{T}_n \tag{5-3}$$

拼接顺序如表 5.6 所示。

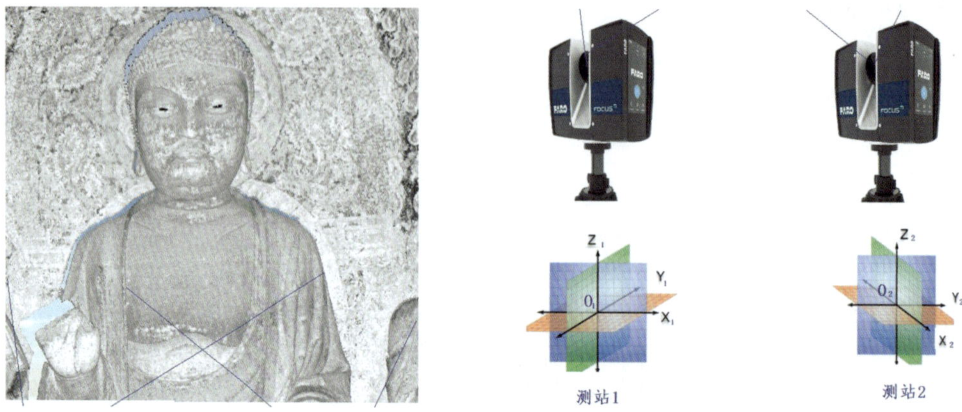

图 5.24　两测站坐标系示意图

表 5.6　测站间拼接关系表

序号	基准站	拼接站	转换参数	
			旋转参数矩阵	平移参数矩阵
1	测站 1	测站 2	$\boldsymbol{R}_1$	$\boldsymbol{T}_1$
2	测站 2	测站 3	$\boldsymbol{R}_2$	$\boldsymbol{T}_2$
…	…	…	…	…
$n-1$	测站 $n-1$	测站 n	$\boldsymbol{R}_{n-1}$	$\boldsymbol{T}_{n-1}$

对于控制点拼接，首先将单站坐标系 O_n-$X_nY_nZ_n$ 转换至控制网坐标系 O-XYZ（通常为地理坐标系或工程坐标系），转换公式为公式(5-3)；所有测站转换至控制网坐标系后，可直接完成点云拼接。

控制点拼接优点为：点云坐标与地理坐标直接关联，可直接将测站点云转换到实际坐标，而且内业简单，作业范围大。缺点为：因为要布设控制点，建立控制网，所以外业复杂。

标靶拼接优点为：外业简单，拼接精度高。缺点为：拼接次数较多时，误差累计明显增大，所以作业范围小，而且点云坐标系与地理坐标不相关。

(3)坐标系转换

若采用标靶拼接，点云坐标系为扫描坐标系，采用布设控制点标靶，由坐标转换公式实现扫描坐标系向地理坐标系转换。

若采用控制点拼接，或标靶与控制点混合拼接，点云拼接后即为地理坐标，在拼接的同时实现了坐标系转换。

(4)点云除冗

原始点云数据经过点云拼接后，形成了项目整体点云。由于每个测站扫描时，相邻测站间点云有重叠，拼接后点云有了大量重复点，点云数据预处理时，可采用三维激光扫描仪随机软件过滤重复点，实现点云初步除冗。

(5)点云导出

点云数据预处理完成后，根据后续任务要求导出相应格式的点云数据。常用的导出格式有 E57、XYZ、PTS、PTX、LAS 等格式。SCENE 软件点云导出还支持抽稀点云和切片导出。

(6)点云数据的应用

三维激光扫描技术得到的点云数据在历史文化遗迹保护中的应用越来越广泛，点云数据记录了文物的真实信息，其本身就是一种珍贵的数字化资料，能直接用于几何尺寸、表面积、体积量取(见图 5.25)。基于点云数据，通过应用软件可以构建数字化高精度的真三维模型，进行文物模型精度分析，制作正射影像图、线画图等，促进了文物数字化展示和文物保护(见图 5.26)。

图 5.25　SCENE 软件中的量测功能

图 5.26　SCENE 软件创建的第 4 窟第 6 龛顶部正射影像图

(7)石窟寺点云拼接

以麦积山石窟第 4 窟第 6 龛为例，由于扫描范围较小，而且位于洞内，经试验，采用俯视图拼接初步拼接，然后使用云对云拼接精确拼接，拼接效果较好、精度高，而且内业简单(见图 5.27 至图 5.29)。

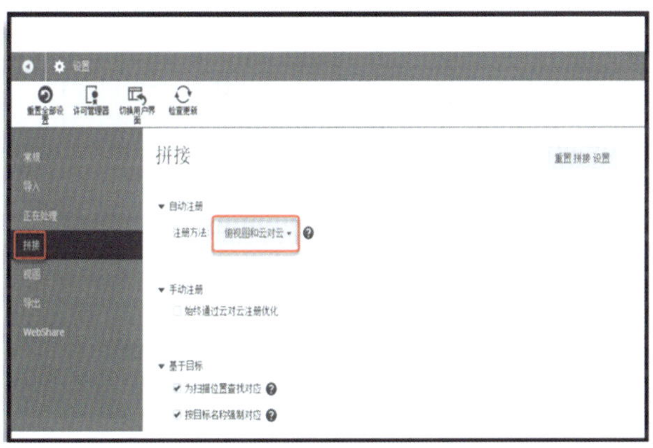

图 5.27　俯视拼接和云际拼接自动拼接

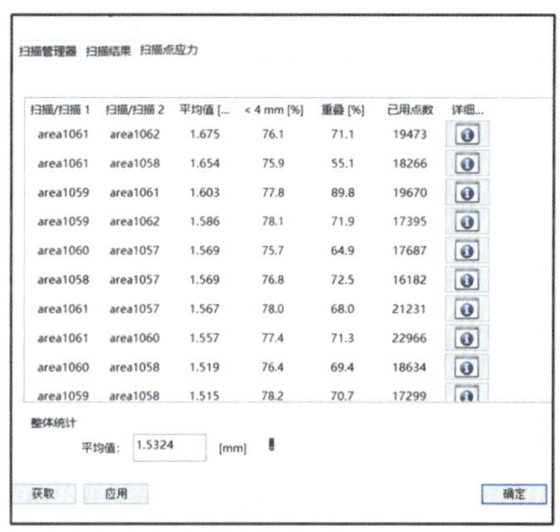

图 5.28　麦积山石窟第 4 窟第 6 龛点云拼接结果

(8)瑞应寺点云拼接

瑞应寺扫描范围较大，以单体建筑或小区域为一个扫描单元，单元内部采用标靶拼接；各扫描单元之间采用控制点拼接。将两种拼接方法融合应用，可有效提高拼接精度和减少控制测量工作量。

拼接时以扫描单元划分集群，集群内采用标靶拼接，拼接精度较高；各集群间采用控制点拼接，提高了拼接精度，有效控制了累计误差。

标靶拼接时主要用到了平面标靶和球形标靶，数据拼接时利用 2 个测站间 3 个以上的标靶才能进行拼接，图 5.30 为基于标靶拼接的示意图。

控制点拼接时，采用纸质平面标靶，需 3 个或 3 个以上才能实现 1 个测站或 1 个集群(扫描单元)统一至地理坐标系(控制网坐标系)，在软件中标记控制点时，应保证刺点位置准确，输入地理坐标正确。

图 5.29　麦积山石窟第 4 窟第 6 龛点云拼接后整体视图

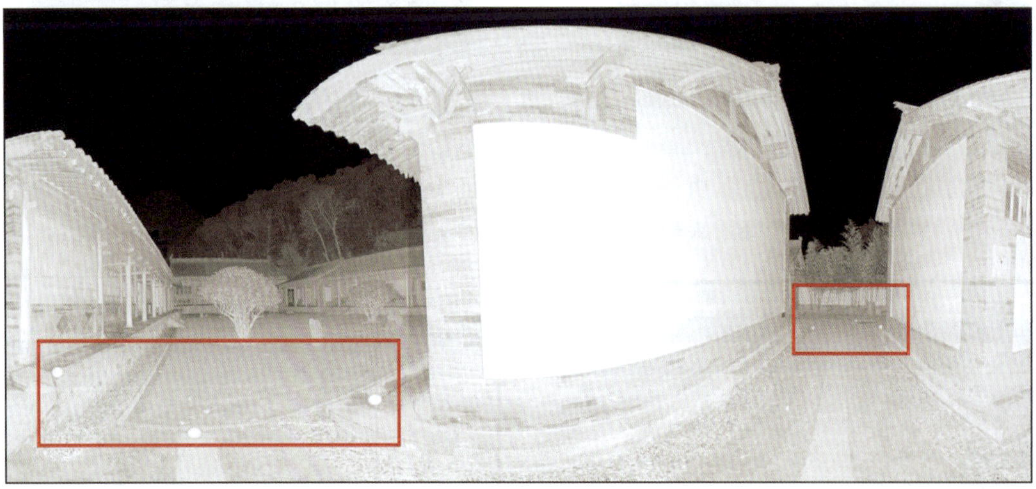

图 5.30　基于标靶拼接的示意图

基于特征点的点云数据拼接，也是经常采用的拼接方法之一，标靶拼接的实质就是把标靶作为特殊特征点的点云数据拼接。基于特征点的点云数据拼接适用于无标靶和控制点的点云拼接。对于点云数据补测，往往设置标靶，而采用特征点拼接。

5.1.5　基于点云数据构建三维模型

利用处理后的点云数据对扫描文物进行逆向三维建模是重要的应用技术，目前普遍采用多种相关建模软件完成。本小节分别介绍基于点云数据构建石窟寺三维模型和古建筑三维模型的主要过程。

(1)石窟寺三维模型

石窟寺三维模型与一般文物三维模型有所不同，主要在于体积大、形状不规则、造像细腻。以麦积山第 4 窟第 6 龛为例，根据采集到的三维数据，采用 FARO 扫描仪获取的整体点云数据对第 6 龛进行整体三维建模，手持扫描仪数据进行局部精细建模，突出细节。目前，通用三维模型制作软件比较多，常见的有 3D Studio MAX、Maya、Rhino、ZBrush、SketchUp、Geomagic 等，每款软件都有自己的特点和优势(见表 5.7)，建模时综合利用各款软件以便高效构建生动鲜活的三维模型。

表 5.7 常用三维建模软件对比

软件名称	操作难度	主要功能	硬件要求
3D Studio MAX	难	通用建模,功能全面	高
Maya	难	通用建模,三维建模和动画、影视制作	高
Rhino	一般	基于 NURBS 的专业三维建模软件	一般
ZBrush	一般	数字雕刻和绘画	一般
SketchUp	易	通用建模,功能简单,主要应用于建筑、规划、园林、景观、室内以及工业设计等领域	一般
Geomagic	一般	逆向建模	一般

对于石窟寺,Geomagic Wrap 是一款基于点云数据逆向软件产品,可根据任何实物,通过扫描点点云,点云数据准备、点云简化、点云降噪、建立三角网模型、模型合并及后处理,建立三维数字化模型,建模流程如图 5.31 所示。

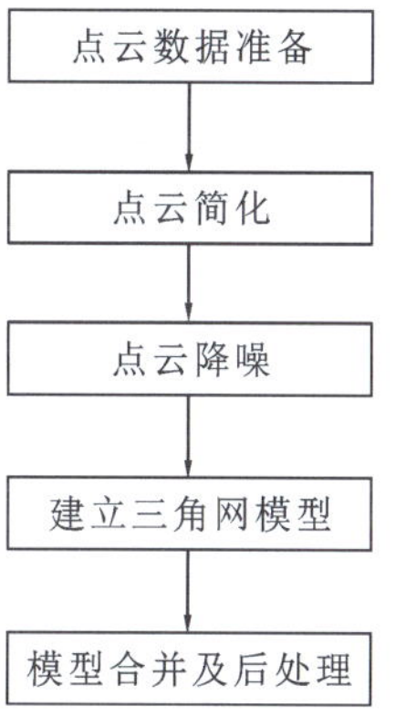

图 5.31 石窟寺点云数据建模流程图

①点云简化。

为了去除点云冗余,简化数据,使用采样功能减少点云的数量,使点云的运算更快,提高建模效率。采样的方式有四种:一是统一采样,即通过点距、曲率、颜色和边界等约束综合采样;二是曲率采样,即平坦区域曲率较小降低采样率,凹凸区域曲率较大提高采样率;三是栅格采样,即依据均匀的间距采样;四是随机采样,即随机减少一定比例的点云数据。本次研究实践,为了保证简化数据的同时,降低对数据质量的影响,采用统一采样方法,点间距设置为 1.5 mm,如图 5.32 所示。处理后点云由 3474 万减少至 2217 万,减少幅度达到 36%。

②点云降噪。

经过前面介绍的点云预处理后,由于设备和环境等原因,点云仍然有一定噪声,需进一步降噪(见图 5.33)。一是去除非连接项,即选中并去除偏离主点云一定数量的点;二是去除体外孤点,体外孤点是距离主点云相对较远的点云,它们会影响后期封装后形成曲面的精度。

图 5.32 点云简化

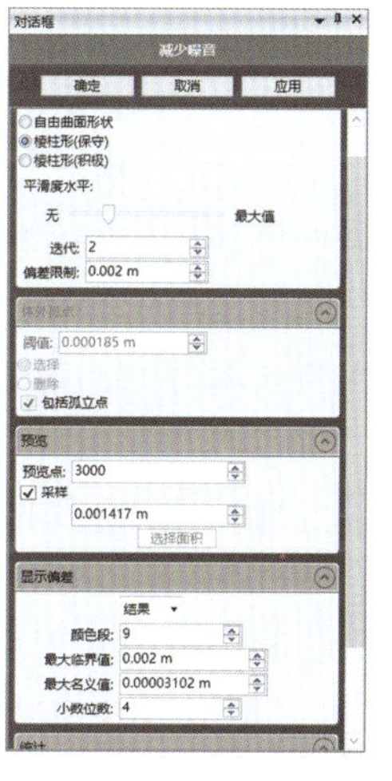
图 5.33 点云降噪

③建立三角网模型。

经过上述操作之后,就可以根据点云数据来进行三角网模型的建立,通过封装,由点云数据构建三角形网格,形成三角网模型,封装好的三角网模型如图 5.34 所示。同时并不是所有的地方都能扫描得到,进行重构三角网格后,在没有数据点云的地方出现孔洞。

④模型合并及后处理。

通过观察封装好的三角网模型可以发现,模型表面有很多的洞,还有很多相交叠置在一起的三角形。进入后处理阶段就是要对封装好的模型进一步处理,通过模型分割、创建流型、填补孔洞、网格修复、多边形松弛和简化、精确曲面等操作后,得到一个理想多边形模型(见图 5.35)。

图 5.34 封装好的三角网模型图

图 5.35 模型合并及后处理得到的模型

(2)瑞应寺三维模型

①数据准备。

把 FARO SCENE 软件导出的 PTS 格式的点云数据导入 AutoCAD ReCap,创建一个点云索引文件(RCP),RCP 格式文件就可以被 Autodesk Revit 读取作为底图使用。由于古建筑三维激光扫描时,隐蔽构件和遮挡等影响,部分构件节点组合关系不清楚,例如构件间卯榫细节等,可通过现场调研(照片、手绘图等)、文献资料(《中国古代建筑史》《图像中国建筑史》《清式营造则例》《营造法式》《穿墙透壁》和《工程做法则例》等)推敲古建筑构件细部构造和尺寸。

②建立信息化模型。

使用 Revit 软件,新建项目,命名为古建筑名称,根据导入的点云模型,创建场地平面轴网,调整立面标高至合适位置;载入构件族,调整族构件位置、几何参数和属性参数,使其与点云模型相符,依次载入各构件族,依据点云模型修改完善细节,完成构件装配,建立信息化参数化三维模型。

对于建模软件构建的三维模型,可采用 Geomagic Control 软件分析重建三维模型与点云模型的偏差,实现三维模型的误差分析。

为了对比重建的三维模型与点云模型的偏差,需准备三维模型和点云模型。Geomagic Control 软件支持的数据格式见表 5.8,若数据格式不符合要求,可转换格式后使用。

表 5.8 Geomagic Control 软件支持的数据格式

模型类型	三维模型	点云模型
数据格式	3DS;OBJ;DXF;PLY;STL;3DXML; IAM; IPT; CGR;EXP; MODEL; DLV;CATPART; LWO; VRML;WRP; IGES; STP; STEP;VDA;x_t and x_b;PRT;SAT	3PI-ShapeGrabber;AC-Steinbichler;ASC-generic ASCII;BIN, SWL-Perceptron;BRE-Breuckmann; BTX-Surphaser; CDK, CDM, RGV, RVM, VWD-Konica Minolta;COP-Pulsetech;CWK-Kreon;DBT-Digibotics;FLS-Faro LS;G3D, SURF-GOM;GPD-Geomagic;GTI-Genex;HYM-Hymarc;ICV-Solutionix;MET, MTN-Metron;NET-InSpeck;OPD-Optimet;OPT-Open Technologies;PIX-Roland;PCT-Vialux;PMJ/X-3D Digital;PTX-Leica;SAB2-Nikon;SCN, MGP-Laser Design;SCN-Next Engine; STB-Scantech; XYZ-Opton; XYZN-Cognitens; ZFS-Zoller &Frohlich

以点云模型为参考模型,三维模型为测试模型,先选用 N 点对齐,在两个模型中分别选取三个以上的同名点,使两个模型初步对齐,如图 5.36 所示。初步对齐完成后,选用最佳拟合对齐,勾选只进行微调和高精度拟合选项,软件根据最小二乘法自动完成最佳拟合对齐(见图 5.37)。

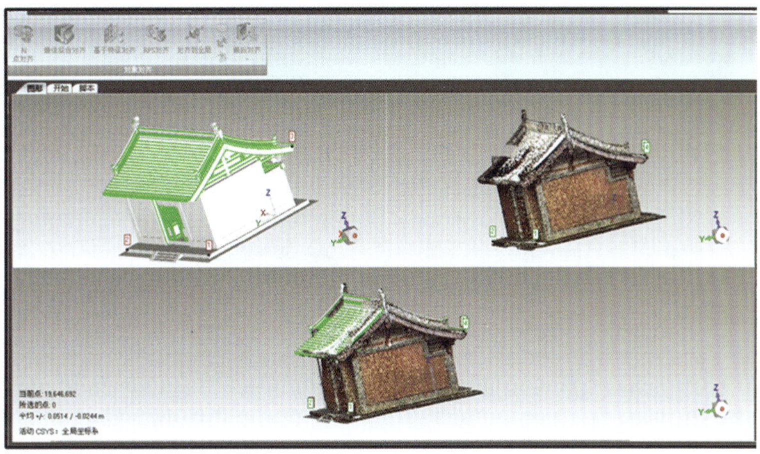

图 5.36 N 点对齐

图 5.37 最佳拟合对齐结果

从偏差分析结果来看,平均误差在 5 cm 以内,通过 Geomagic Control 可从各个方向进行三维模型与点云模型三维坐标比较,同时也可通过断面图比较二维坐标误差,如图 5.38 至图 5.40 所示。

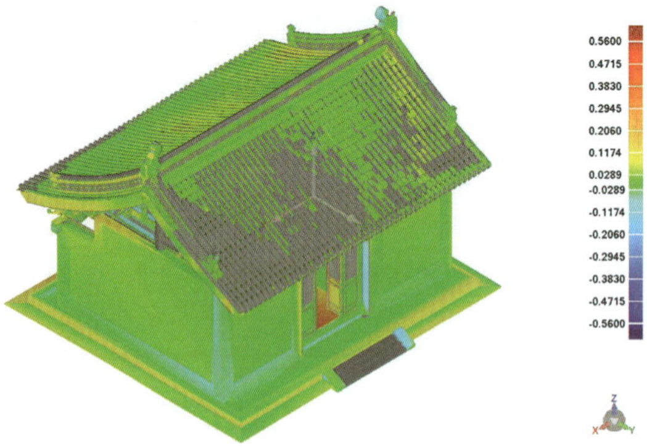

图 5.38　三维模型与点云模型偏差颜色图

图 5.39　北立面三维模型与点云模型偏差颜色图

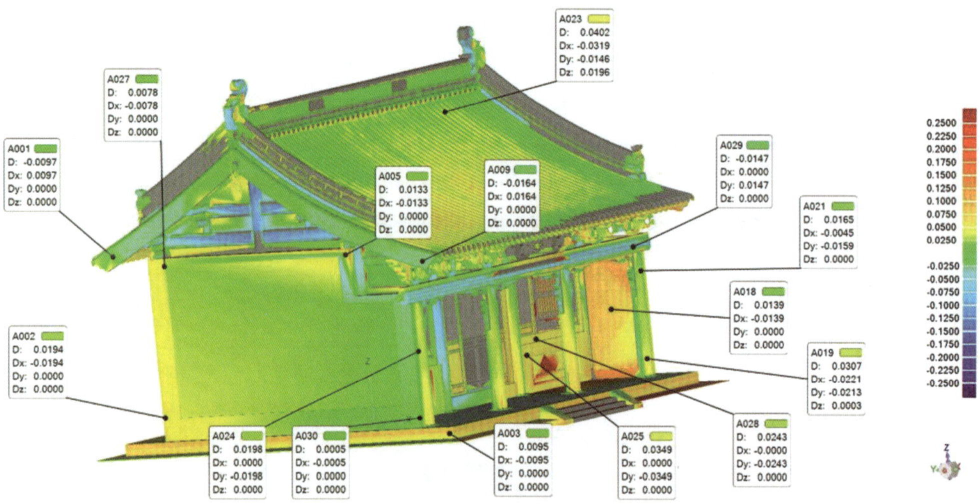

图 5.40　三维模型与点云模型偏差注释东北轴测图

具体偏差数据如表 5.9、表 5.10 和图 5.41、图 5.42 所示。

表 5.9　三维模型与点云模型偏差

＞＝Min(m)	＜Max(m)	点数	所占比例/(%)
−0.5600	−0.4715	0	0.0000
−0.4715	−0.3830	0	0.0000
−0.3830	−0.2945	0	0.0000
−0.2945	−0.2060	0	0.0000
−0.2060	−0.1174	4096	0.0212
−0.1174	−0.0289	2193215	11.3508
−0.0289	0.0289	9593696	49.6514
0.0289	0.1174	6203048	32.1033
0.1174	0.2060	848966	4.3938
0.2060	0.2945	239024	1.2370
0.2945	0.3830	129796	0.6717
0.3830	0.4715	76641	0.3966
0.4715	0.5600	33640	0.1741

表 5.10　三维模型与点云模型标准差分布

分布(+/−)	点数	所占比例/(%)
−6 倍标准偏差	0	0.0000
−5 倍标准偏差	0	0.0000
−4 倍标准偏差	10	0.0001
−3 倍标准偏差	11603	0.0601
−2 倍标准偏差	1603949	8.3011
−1 倍标准偏差	10175445	52.6622
1 倍标准偏差	5678250	29.3873
2 倍标准偏差	1100607	5.6961
3 倍标准偏差	364164	1.8847
4 倍标准偏差	145505	0.7530
5 倍标准偏差	93722	0.4851
6 倍标准偏差	148867	0.7704

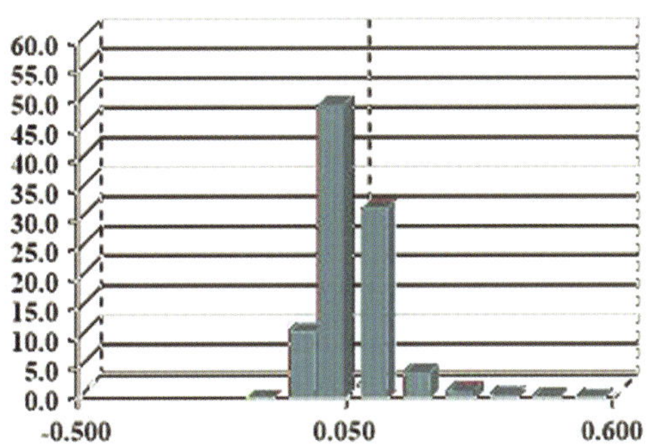

图 5.41　三维模型与点云模型偏差分布图

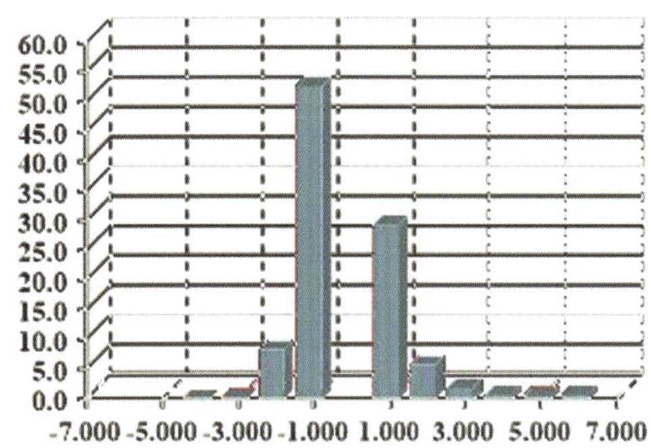

图 5.42　三维模型与点云模型标准差分布图

5.2　无人机倾斜摄影测量技术应用

无人机倾斜摄影测量技术是一种新兴的摄影测量技术，作为传统摄影测量技术的一种新发展，它基于同一无人机飞行平台上搭载的多台传感器，同时从垂直、侧向和前后等角度采集图像(见图 5.43)，能够比较完整地获取地面建筑物的侧面纹理信息，结合现有的具备协同并行处理能力的倾斜影像数据处理软件，可快速实现大范围地物、地貌三维建模，这很大程度上提高了三维模型的生产效率，将用户引入了符合人眼视觉的真实直观世界。倾斜摄影测量技术凭借其多视角、高真实性、全要素等优点，在应急救灾、国土监察、城市建设、税收评估、资源开发、文物保护等领域得到了广泛应用。

倾斜摄影测量同时具备如下特点：第一，具有较高的分辨率和较大的视场角；第二，可以采集多个视点和视角的影像，全方位获取侧面纹理信息；第三，同一地物具有多重分辨率的影像。

图 5.43　倾斜摄影影像获取方式

无人机倾斜摄影测量系统一般包括无人机飞行平台、POS(position and orientation system)、影像数据采集系统、地面站和数据处理系统。基于无人机飞行平台和地面站，影像数据采集系统获取地表物体多角度的影像信息，为三维建模提供丰富的纹理信息，同时，通过 POS 记录相机曝光时的位置和姿态信息。地面站是用于无人机操作及综合管理的应用程序数据处理系统，通常可完成规划航线、飞行参数设置（飞行高度、飞行速度、高度设置、重叠率设置等）、相机设置等功能。数据处理系统通过获取的影像数据、POS数据和控制点数据，生产实景三维模型、DOM（数字正射影像图）、DEM（数字高程模型）、DRG（数字栅格地图）、DLG（数字线划地图）等产品。

5.2.1 无人机倾斜摄影测量技术的应用策略

（1）测区概况

测区范围为麦积山及麦积山东南侧的广场和瑞应寺，总面积约9万平方米，测区中心东经106度00分13秒，北纬34度21分16秒，平均海拔1650 m。麦积山，因山形酷似麦垛而得名，高约142 m；山体东、南、西侧岩石裸露，坡度约90度，山体北侧坡度约45度。瑞应寺为木结构古建筑群，占地面积约1700平方米。

（2）影像数据的采集测量

考虑到麦积山地形起伏较大，重点采集区域为麦积山的东崖和西崖崖壁，单一方式航摄数据采集难以满足要求，外业航测数据采用“全域＋局部＋细部”方式进行（见图5.44）。

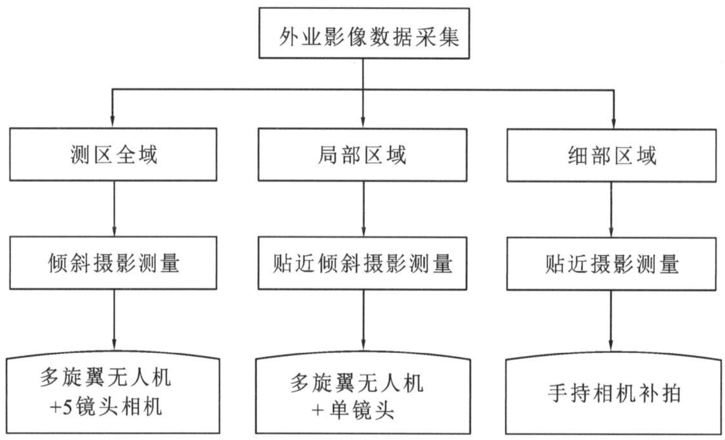

图5.44 麦积山外业影像数据采集策略

测区全域：对整个测区（麦积山及周边、广场和瑞应寺）进行分辨率为3 cm的倾斜摄影测量影像采集。

局部区域：对麦积山东侧、西侧的崖壁进行分辨率优于5 mm的贴近摄影测量影像采集。

细部区域：对由于遮挡或无人机无法到达而不能使用无人机摄影的区域，以及文物保护禁飞区域，则采用人工手持相机进行补拍。

（3）内业数据处理策略

由于外业影像数据采集采用倾斜摄影和贴近摄影测量方法，整个项目像片分辨率从3 cm到优于5 mm，所有影像按整体处理，像片匹配难度大，空中三角测量计算难以完成。本项目采用全域、局部和细部影像数据分别进行空中三角测量计算，然后将空三成果融合，再整体进行三维重建，生成实景三维模型。

5.2.2 无人机倾斜摄影测量外业数据采集

（1）测区全域

①全域倾斜摄影测量范围。对整个测区（麦积山及周边、广场和瑞应寺）进行分辨率为3 cm的倾斜摄影测量影像采集。

②设备型号。采用的无人机系统和五镜头相机均为我国国产设备，无人机系统采用广州南方测绘科技股份有限公司（以下简称南方测绘公司）天鸿T600六旋翼无人机，相机采用南方测绘公司第二代五镜头倾斜摄影相机天眼T51。

南方测绘公司第二代五镜头倾斜摄影相机天眼T51集成了一个垂直和四个倾斜相机，同时从垂直、侧视等不同的角度采集影像，实现了多台测量相机的统一控制，五个视角同时曝光采集获取地物数据，统一存储，一键式拷出全部相机影像。相机间空间关系严格准确，多重防水抗摔保护，抗强电磁干扰，流线型密封式整流罩设计，可以在恶劣作业环境下正常工作。

天鸿 T600 六旋翼无人机技术参数如表 5.11 所示。

表 5.11 天鸿 T600 六旋翼无人机技术参数

无人机外观	指标	技术参数
	机身轴距	1210 mm
	最大续航时间	65 分钟(空载),搭载五镜头 45 分钟
	空机重量	4 kg
	最大载荷	5.5 kg
	最大飞行高度	1500 m
	巡航速度	最大巡航速度 12 m/s,最佳 8 m/s
	工作温度	−20～+50 ℃
	地面电台控制半径	≥16 km
	抗风能力	地面 5 级,空中 7 级
	最大作业半径	10 km
	防水等级	IP64 降雨

天眼 T51 技术参数如表 5.12 所示。

表 5.12 天眼 T51 技术参数

天眼 T51 外观	指标	技术参数
	尺寸	270 mm×265 mm×290 mm
	影像传感器	5 个索尼 a5100 相机
	像素	总像素>1.2 亿像素,单相机 6000×4000 像素
	控制	飞控开机可控,远程开关机
	倾斜角度	0°(1 个)、45°(4 个)
	镜头焦距	4 个 35 mm,1 个 25 mm
	传感器尺寸	APS 画幅(23.2 mm×15.4 mm)
	最小拍照间隔	<1 s
	重量	<1.5 kg
	储存总容量	160 GB
	适用温度	−40～+75 ℃

③航摄参数。测区全域分辨率要求不超过 3 cm,五镜头倾斜相机每个像元尺寸为 15.4 mm/4000,则:

$$H=\frac{f\times \mathrm{GSD}}{a}=\frac{0.025\ \mathrm{m}\times 30\ \mathrm{mm}}{15.4\ \mathrm{mm}/4000}=194.8\ \mathrm{m}$$

起飞点高于测区最低点 18 m,所以相对航高取 176.8 m。

考虑到测区高差较大,所以航向重叠率为 80%,旁向重叠率为 80%,航线间隔 31.2 m,拍照间距 20.8 m,地面分辨率 3 cm。

④全域航线设计。经调研,麦积山顶最高处舍利塔距麦积山广场无人机起飞点高差 145 m,相对航高 176.8 m 满足飞行安全和文物安全要求,同时也保证了麦积山最低处分辨率不超过 3 cm。

⑤像片控制点测量。像片控制点选择了目标清晰、易于判别和立体量测的细小线状地物交点、明显地物拐角点,同时应是高程起伏较小,易于准确定位和量测的地方,选取了 4 个像片控制点。像片控制点测量采用“南方测绘银河 1”GNSS 连接千寻知寸 CORS,使用网络 RTK 测量,卫星数、PDOP、点位中误差均满足要求(见图 5.45)。

图 5.45　像片控制点测量

⑥无人机倾斜摄影测量外业数据采集。2020 年 5 月 24 日 11 时，麦积山风速 2 级，天气晴朗，通透，能见度在 2000 m 以上，温度 22 ℃，光照充足，太阳高度角约 75°，相机倾斜角度 45°，符合航飞条件。研究团队按照航测计划开展了无人机倾斜摄影测量外业数据采集，飞行了一个架次。用时 15 分钟，5 镜头相机共采集了 520 张像片，1 个 POS 数据，检查并下载了数据，顺利完成了无人机倾斜摄影测量外业数据采集任务(见图 5.46)。

（a）飞行前检查　（b）无人机起飞阶段　（c）无人机航线飞行阶段

图 5.46　无人机倾斜摄影测量外业数据采集

(2)局部区域

由于麦积山石窟的重点文物位于麦积山东西崖壁上,全域倾斜摄影测量主要是俯视摄影,麦积山崖壁影像变形较大、盲区多,生产的实景三维模型中崖壁位置存在重影、拉花、融化、光影斑驳、错位、变形、粘连等缺陷,如图5.47所示。故针对麦积山东侧、西侧的崖壁,进行分辨率优于5 mm的贴近倾斜摄影测量影像采集,测区面积约1.1万平方米,测区范围如图5.48所示。

(a)东崖模型部分缺陷

(b)西崖模型部分缺陷

图5.47 全域倾斜摄影测量实景模型崖壁缺陷截图

图5.48 局部区域贴近倾斜摄影测量范围

①设备型号。采用多旋翼DJI大疆精灵Phantom 4 Pro无人机,安全便捷。大疆精灵Phantom 4 Pro无人机机身尺寸330 mm×225 mm×405 mm,重量1.375 kg,最长航行时间30分钟(见表5.13);相机配备1英寸2000万像素CMOS传感器,焦距8.8 mm(见表5.14)。

表 5.13　DJI 大疆精灵 Phantom 4 Pro 无人机技术参数

DJI 大疆精灵 Phantom 4 Pro 无人机外观	指标	技术参数
	尺寸	330 mm×225 mm×405 mm
	轴距	350 mm
	最大上升速度	运动模式 6 m/s;定位模式:5 m/s
	最大水平速度	运动模式 72 km/h;姿态模式 58 km/h;定位模式 50 km/h
	最大飞行海拔高度	6000 m
	最大可承受风速	10 m/s
	最长飞行时间	约 30 分钟
	卫星定位模块	GPS/GLONASS 双模
	云台	支持三轴稳定系统
	影像传感器	1 英寸 CMOS
	像素	单相机,有效像素 2000 万
	快门	机械快门 8～1/2000 秒;电子快门 8～1/8000 秒
	其他	支持 OcuSync 2.0 高清图传和五向环境感知

表 5.14　DJI 大疆精灵 Phantom 4 Pro 无人机相机技术参数

焦距/mm	感光元件高 H/mm	感光元件宽 W/mm	纵向像素	横向像素	像素	像元高/mm	像元宽/mm	CMOS 面积/mm^2	CCD 航向角	CCD 旁向角
8.8	13.2	8.8	5472	3648	1996 万	0.002412	0.002412	5.82×10^{-6}	73.7°	53.1°

②航摄参数。由于航摄对象为崖壁,且崖壁坡度接近 90°,按照崖壁分辨率优于 5 mm 的要求选取分辨率 5 mm,根据相机参数表 5.14,无人机距崖壁的距离 s 计算如下:

$$s=\frac{f\times \text{GSD}}{a}=\frac{0.0088\ \text{m}\times 5\ \text{mm}}{0.002412\ \text{mm}}=18.24\ \text{m}$$

无人机距崖壁的距离(相对航高)计划取 15 m,平均分辨率 4 mm,航向重叠率为 80%,旁向重叠率为 70%,经计算相机正射和相机倾斜时相关参数见表 5.15 和表 5.16。考虑到石窟文物安全,手控飞行,拍照间距取 3 m,航线间隔取 4 m,地面分辨率达 5 mm。

表 5.15　正射参数计算

崖面平均精度	航向重叠	旁向重叠	突出崖面最大距离	凹进崖面最大距离	相对航高	航向片距	航带间距	H	W	最低重叠度	凹进处立面精度
0.004 m	80%	70%	3 m	−4 m	15 m	4.3 m	4.3 m	21.888 m	14.592 m	63%	0.005 m

表 5.16　倾斜参数计算

相机倾角	外扩范围	近边长	远边长	航向宽	近纵地面精度	近横地面精度	远纵地面精度	远横地面精度	航向重叠	最小旁向重叠	最大旁向重叠
45°	30 m	30 m	212 m	206 m	0.005 m	0.008 m	0.263 m	0.058 m	94%	94%	96%

③贴近倾斜摄影测量航线设计。经调研，崖壁重点区域局部贴近倾斜摄影测量测区高 70 m、长 160 m。为保证文物安全，选用手动控制无人机飞行和拍照，航线设计采用双层航线结合的方式。最外层采用 N 形航线，通过相机上下左右摆动获取倾斜方向像片，航线上每个拍照点分别获取前视、上视、下视、左视、右视五个方向的像片；内层离崖壁更近，采用 S 形航线。本次研究以第 4 窟区域为例，外层 N 形航线飞行相对崖壁水平距离 15 m，航向重叠度设置为 80%，旁向重叠度设置为 70%，航向拍照间距 3 m，航线间隔 4 m，如图 5.49 所示；内层 S 形航线距崖壁水平距离 10 m，离崖壁更近，航向重叠度设置为 80%，旁向重叠度设置为 60%，航向拍照间距 2 m，航线间隔 3.5 m，如图 5.50 所示。

图 5.49　局部区域贴近倾斜摄影测量 N 型航线示意图

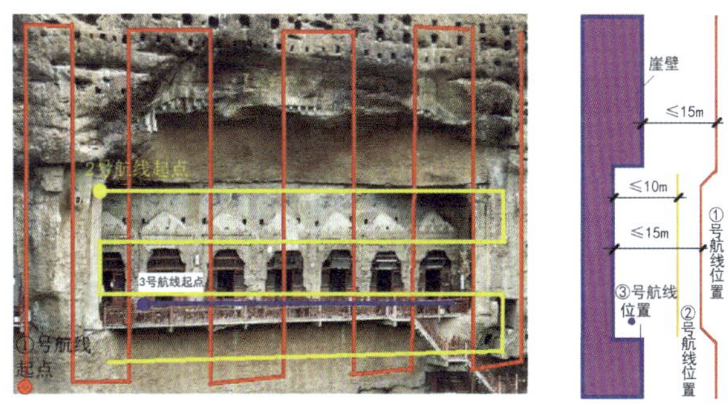

图 5.50　第 4 窟贴近倾斜摄影测量 N 形航线+S 形航线示意图

④像片控制点布测。

a. 像片控制点布置。由于贴近倾斜摄影测量分辨率很高，达到毫米级，自然标志作为控制点很难满足精度要求，同时，由于文化保护要求不能随意粘贴人工标记物，所以选择在栈道等非文物表面粘贴控制点标志，以第 4 窟为例，周围选取了 5 个像片控制点(见图 5.51)。

图 5.51　崖壁上部分控制点布设位置

b. 像片控制点测量。像片控制点测量采用 0.5 秒级高精度全站仪莱卡 MS60 观测，其具体参数如表 5.17 所示，采用单站即可完成像控点测量。全站仪距离崖壁约 220 m，测定点位像片控制点点位中误差计算如下：

全站仪测距中误差：　$M_s = 1\ \text{mm} + 1.5\ \text{mm/km} \times 0.22\ \text{km} = 1.33\ \text{mm}$

全站仪盘左观测角度中误差：

$$m_\beta = \sqrt{2}\, m_{\beta标称} = \sqrt{2} \times 0.5'' = 0.707''$$

全站仪盘左观测点位中误差：

$$M_{观测}=\pm\sqrt{M_s^2+s^2\frac{m_\beta^2}{\rho^2}+m_{对中}^2+m_{偏心}^2}=\pm1.67\ \mathrm{mm}$$

式中 $s=220$ m，为全站仪至目标点的斜距，$\rho=206265''$，由于单站测量，$m_{对中}^2=0$，免棱镜观测瞄准偏心 $m_{偏心}^2=1\ \mathrm{mm}^2$。

综上，点位中误差为 1.67 mm，能够满足 4 mm 分辨率像片的像控点要求。

表 5.17 全站仪莱卡 MS60 技术参数

全站仪莱卡 MS60 外观	指标	技术参数
	测角精度	0.5″
	测距精度	1 mm+1.5 ppm
	测距范围	棱镜 1.5～10000 m；免棱镜 1.5～2000 m
	补偿方式	四重轴线补偿
	望远镜	自动对焦望远镜，放大倍数 30 倍
	光斑大小	50 m 处 8 mm×20 mm
	电源	使用 7～9 小时
	重量	7.7 kg
	储存总容量	内存 2 GB/储存卡 SD 卡 1 GB 或 8 GB
	适用温度	−20～50 ℃

⑤无人机贴近倾斜摄影测量外业数据采集。2021 年 5 月 28 日 11 时，麦积山东南风 2 级，天气晴朗，通透，能见度在 2000 m 以上，温度 20 ℃，光照充足，太阳高度角约 75°，符合航飞条件。研究团队按照航测计划开展了无人机贴近倾斜摄影测量外业数据采集，飞行了 6 个架次。用时 3 小时，共采集了 807 张像片，检查并下载了数据，顺利完成了无人机贴近倾斜摄影测量外业数据采集任务（见图 5.52 和图 5.53）。

图 5.52 贴近倾斜摄影测量外业数据采集

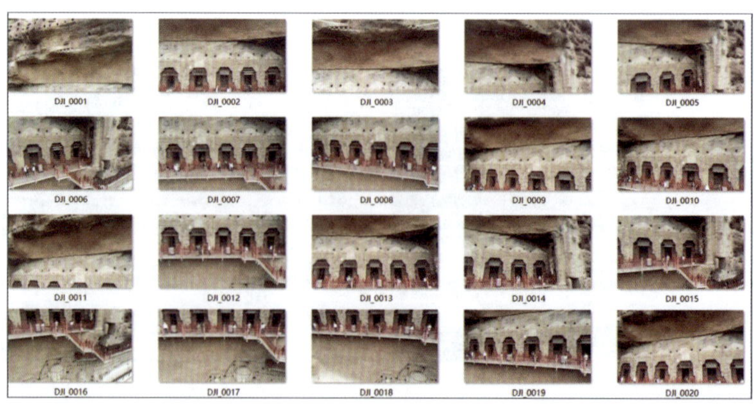

图 5.53 贴近倾斜摄影测量采集的部分像片

(3)细部区域

①细部区域人工补拍范围。对由于遮挡或无人机无法到达而不能使用无人机摄影的区域，以及文物保护禁飞区域，则采用人工手持相机进行补拍。主要有以下区域：麦积山崖壁底部区域（树木茂盛，无人机无法飞行）、麦积山石窟檐廊等建筑遮挡区域（见图 5.54 至图 5.56）。

②细部区域人工补拍外业数据采集。为保持补拍和无人机贴近倾斜摄影测量相机参数一致，在无人机无法作业区域，选用手持无人机相机进行补拍。补拍的路线见图 5.50 中的 3 号航线，相机距拍摄目标 4～5 m，航

向重叠度设置为 80%，航向拍照间距 2 m，每个采集点获取前视、上视、下视、左视、右视 5 个方向的像片，共采集像片 166 张(见图 5.57)。

图 5.54　麦积山崖壁底部照片

图 5.55　麦积山第 4 窟建筑遮挡模型拉花缺陷

图 5.56　手持无人机补拍

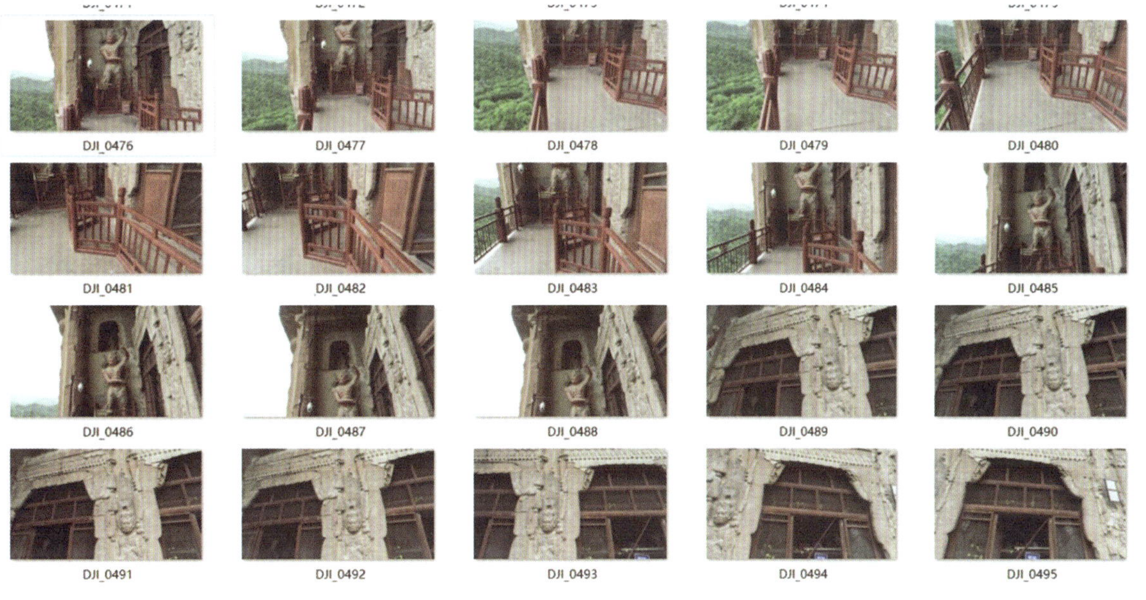

图 5.57　手持无人机补拍的部分像片

(4)麦积山历史文化遗迹无人机倾斜摄影测量内业数据处理

由于外业影像数据采集采用“整体＋局部＋细部”的方案，整个项目像片分辨率从 3 cm 到优于 5 mm，所有影像按整体处理，像片匹配难度大，空中三角测量计算难以完成。本项目采用全域、局部、细部影像数据分别进行空中三角测量计算，然后将空三成果融合，再整体进行三维重建，生成实景三维模型。采用 Bentley ContextCapture 软件进行倾斜摄影测量内业数据处理。

将外业原始像片保存为数据集，命名为 P-mjs-Q-*N*，其中 P 代表像片，mjs 代表采集地点为麦积山，Q 代表全域范围(J 代表局部，X 代表细部)，*N* 为第 *N* 次采集；按照 5 个镜头依次划分为 5 个子数据集，命名为 P-mjs-Q-*N*-*n*，其中 *n* 代表 5 镜头相机中第几个镜头；子数据集中照片命名为 P-mjs-Q-*N*-*n*-××××，××××代表像片流水号，即 0001 代表第 1 张像片。每个子数据集含照片对应的 POS 数据，同时 POS 文件中影像编号应与子数据集中航片编号一致。像片控制点应做好点之记，方便刺点。整理好原始观测数据、外业观测记录、像片控制点成果、像片控制点分布略图。

运行 Bentley ContextCapture 软件中 ContextCapture Center Master 和 ContextCapture Center Engine，创建工程项目。这里要注意的是软件工作路径配置，将所有文件的名字设置为英文或数字，然后添加区块，如图 5.58 中每个空三任务为一个区块；在每个区块中添加影像、导入影像 POS 和控制点信息。添加控制点的具体步骤：在 Surveys 选项卡中单击 Survey points 按钮，添加像控点文件，像控点的坐标系统设置为 Local coordinate system，每个像控点选择 2 张以上点位清晰的像控点照片进行刺点，如图 5.59 所示。

图 5.58　全域倾斜摄影测量空三计算 3D 视图（左为侧面图，右为俯视图）

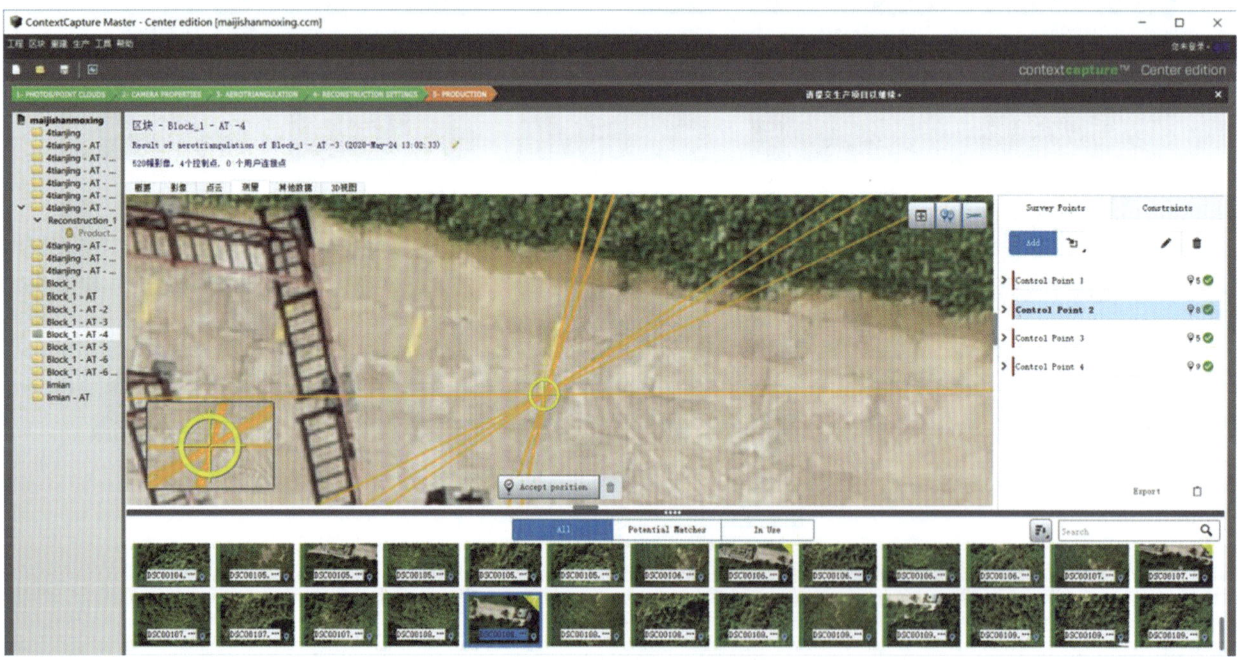

图 5.59　控制点刺点

空中三角测量主要包括提取影像特征点、特征点匹配、相对定向、多视影像区域网光束法平差。空三运算结束后在 3D 视图检查像片曝光点（航点）是否有分层现象和照片匹配情况，将不吻合、有问题的影像进行处理。检查空三报告（见图 5.60 和图 5.61），全域倾斜摄影测量空三计算 3D 视图，平均地面分辨率为 0.0234 m/pixels，reprojection error（RMS）为 0.61 pixels，控制点 RMS of distances to rays（距离中误差）优于 0.00846 m。局部（第 4 窟）倾斜摄影测量＋细部补拍空三计算 3D 视图（见图 5.62），平均地面分辨率为 0.00272 m/pixels，reprojection error（RMS）为 0.74 pixels，控制点 RMS of distances to rays 优于 0.00262 m。

将全域空三和所有局部空三合并，然后选择空间框架选项卡进行切块设计，设置规则立体切块，根据计算机内存合理设置瓦片大小，设置需要建模的兴趣区域。计算机首先全自动密集匹配获得高密点云，然后进行不规则三角网构建，生成 TIN 模型，自动纹理关联生成真三维场景（见图 5.63 和图 5.64）。生成的三维网格数据格式包括 3MX、OSGB、OBJ、KML 等。

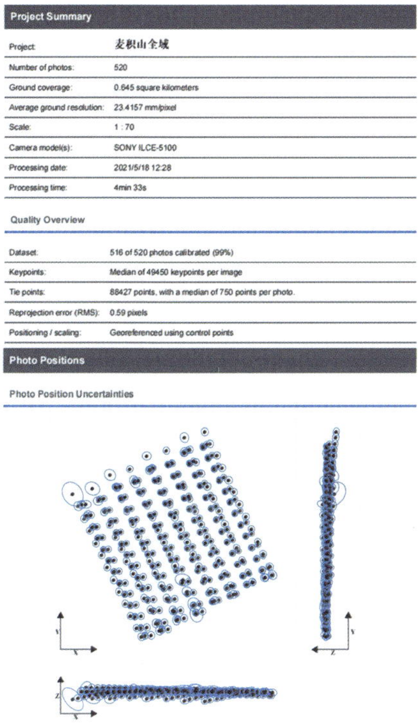

Project Summary

Project	麦积山全域
Number of photos:	520
Ground coverage:	0.645 square kilometers
Average ground resolution:	23.4157 mm/pixel
Scale:	1 : 70
Camera model(s):	SONY ILCE-5100
Processing date:	2021/5/18 12:28
Processing time:	4min 33s

Quality Overview

Dataset:	516 of 520 photos calibrated (99%)
Keypoints:	Median of 49450 keypoints per image
Tie points:	88427 points, with a median of 750 points per photo.
Reprojection error (RMS):	0.59 pixels
Positioning / scaling:	Georeferenced using control points

Photo Positions

Photo Position Uncertainties

图 5.60　全域倾斜摄影测量空三计算报告(截图)

Project Summary

Project:	第四窟贴近倾斜摄影测量+细部补拍空
Number of photos:	973
Ground coverage:	1414.59 square meters
Average ground resolution:	2.72066 mm/pixel
Scale:	1 : 8
Camera model(s):	DJI FC6310
Processing date:	2021/6/2 20:57
Processing time:	46min 23s

Quality Overview

Dataset:	971 of 973 photos calibrated (100%)
Keypoints:	Median of 35588 keypoints per image
Tie points:	130668 points, with a median of 489 points per photo.
Reprojection error (RMS):	0.74 pixels
Positioning / scaling:	Registered using control points, not georeferenced

图 5.61　第 4 窟贴近倾斜摄影测量＋细部补拍空三计算报告(截图)

图 5.62　第 4 窟贴近倾斜摄影测量＋细部补拍空三计算 3D 视图(左为立面图,右为侧面图)

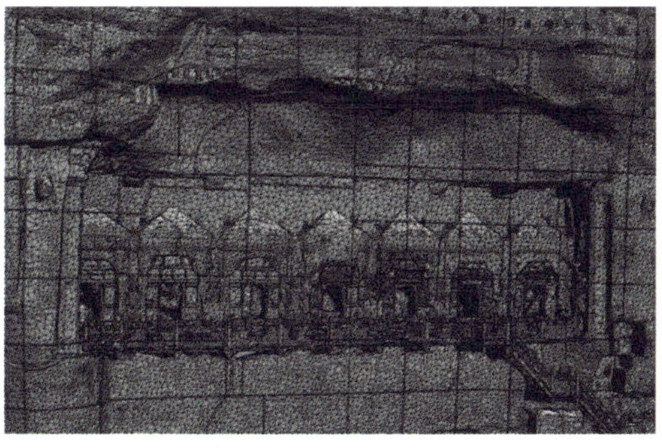

图 5.63　三角网格模型

图 5.64　白膜模型

这种基于无人机倾斜摄影测量技术“整体+局部”构建的麦积山历史文化遗迹实景三维模型(见图 5.65 和图 5.66)整体分辨率达到 3 cm,重点区域达到了毫米级分辨率,可为相关研究提供参考,高精度的实景三维模型可为文物数字化和文物保护修复工程提供基础数据。

图 5.65　麦积山整体纹理模型

图 5.66　第 4 窟外立面纹理模型

5.3　测绘地理信息数据

地理信息是地理数据所蕴含和表达的地理含义,是与地理环境要素有关的物质的数量、质量、性质、分布特征、联系和规律的数字、文字、图像和图形等的总称。

针对麦积山石窟及其周围地形、地貌和瑞应寺的测绘,获得的测绘地理信息数据,可作为历史文化遗迹信息数据的一部分加以保存和利用。

采用倾斜摄影测量采集了 1593 张像片,通过空中三角测量运算出的影像内外方位元素,再通过多视影像密集匹配快速准确地获取多视影像上的同名点坐标,进而获取地物的三维信息,生成大量密集点云,构建实景地理模型。点云密度为每平方米 120 个点，位置精度达到 2 cm。其中，数据包括平面坐标、高程坐标和每个点位的 RGB 值(见图 5.67)，该值用以模型贴图，以便真实还原其现有面貌。

	A	B	C	D	E	F	G
1	点号	东坐标	北坐标	大地高	R	G	B
2	1	592275.58	3803112.995	1459.428	43	67	30
3	2	592275.592	3803112.97	1459.144	49	74	34
4	3	592275.625	3803113.085	1459.052	52	78	40
5	4	592275.626	3803112.904	1459.461	59	90	45
6	5	592275.654	3803112.891	1459.229	76	106	52
7	6	592275.655	3803113.186	1459.223	46	75	36
8	7	592275.659	3803112.985	1459.042	58	89	42
9	8	592275.667	3803112.81	1459.477	63	93	45
10	9	592275.678	3803112.719	1460.059	54	79	38
11	10	592275.68	3803112.845	1459.836	50	78	37
12	11	592275.683	3803112.787	1459.205	76	104	52
13	12	592275.696	3803112.705	1459.448	41	67	29
14	13	592275.698	3803112.75	1459.859	44	69	31
15	14	592275.716	3803112.687	1459.195	50	83	36
16	15	592275.721	3803113.231	1458.811	29	50	26
17	16	592275.731	3803113.128	1459.083	49	76	37
18	17	592275.732	3803112.662	1459.883	63	98	48
19	18	592275.745	3803112.576	1459.786	66	101	46
20	19	592275.78	3803113.039	1459.125	61	101	49
21	20	592275.803	3803112.842	1459.286	79	113	55
22	21	592275.81	3803113.264	1458.843	19	38	19
23	22	592275.821	3803112.945	1459.143	79	118	59
24	23	592275.845	3803112.75	1459.307	60	95	44
25	24	592275.865	3803113.068	1459.088	61	98	48
26	25	592275.883	3803112.866	1459.229	74	112	54
27	26	592275.899	3803113.306	1458.763	23	42	22
28	27	592275.907	3803112.974	1459.106	79	117	58
29	28	592275.909	3803113.191	1459.032	50	70	41
30	29	592275.912	3803110.67	1458.637	88	127	58
31	30	592275.916	3803110.637	1458.773	85	121	55

图 5.67 麦积山石窟地形、地貌测绘数据截图

项目6

瑞应寺古建筑信息化复原技术应用

6.1 瑞应寺古建筑基本知识

6.1.1 古建筑的分类与总结

在中国的木构建筑物中，最为引人注目的就是外檐伸出的曲面屋顶。屋顶由立在阶梯和基础上的柱、梁等举架结构作为支撑，形成了平滑的艺术造型。要在信息模型中准确复原传统工艺飞檐高挑、钩心斗角、纵横交错的建筑造型之美，我们须先了解古建筑的五种屋面结构。

(1)硬山

屋面以中间横向正脊为界，前后分两坡，左右山墙与屋面平齐，将檩木、梁全部封砌在山墙内，或高出屋面作为风火山墙，其作用是防止火灾发生时，火势顺房蔓延。然而从外形看也颇具风格。硬山建筑是中国古建筑最为普通的形式。

(2)庑殿

屋面为四坡五脊形制，前后两坡交界处为横向正脊，前后坡分别与左右坡相交，形成由正脊两端斜向延伸至四个屋角的垂脊。由于屋架举折的关系，屋檐向上微翘，使得四面坡略带凹形弧度，又名四阿顶。庑殿是古代传统建筑中的最高形制，常用于宫殿、坛庙一类的皇家建筑。形式上分为单檐庑殿和重檐庑殿。庑殿用材硕大，体量雄伟，装饰华贵富丽，具有较高的文物价值和艺术价值。

(3)悬山

前后两山屋面悬于山墙或山面屋架之外。稍间檩木出挑山墙之外，挑出的部分称为“天翔”，这是它区分于硬山的主要特点。根据建筑外形和屋面做法不同，悬山可分为大屋脊悬山和卷棚悬山两种。大屋脊悬山前后相交处设正脊，将屋面截然分为前后两坡。卷棚悬山屋面无正脊，前后两坡在脊部形成过垄脊。还有一种将两种悬山勾连搭接，称为一殿一卷，常用于垂花门。悬山这种形式大量用于普通民间居室，避免土质墙垣遭风雨侵蚀破坏。

麦积山瑞应寺大雄宝殿的悬山顶如图6.1所示。

(4)歇山

歇山顶在规格上仅次于庑殿顶，多用在较为重要、体量较大的建筑上。它由四个倾斜屋面，前后两坡组成的一条正脊，前后坡与左右坡形成的四条垂脊，垂脊下端折向四角形成的戗脊，以及两侧倾斜屋面上部转折成垂直三角形墙面(俗称“山花”)，共同组成屋面形制。歇山顶共九脊，故又有“九脊殿”之称。外部形象看，歇山建筑是庑殿建筑与悬山建筑的有机结合，仿若悬山屋顶歇栖在庑殿之上，兼有悬山和庑殿建筑的特征。屋面峻拔陡峭，四角轻盈翘起，玲珑精巧，气势非凡。

图 6.1 麦积山瑞应寺大雄宝殿的悬山顶

兰州兴隆山握桥项目的卷棚廊桥、歇山顶如图 6.2 所示。

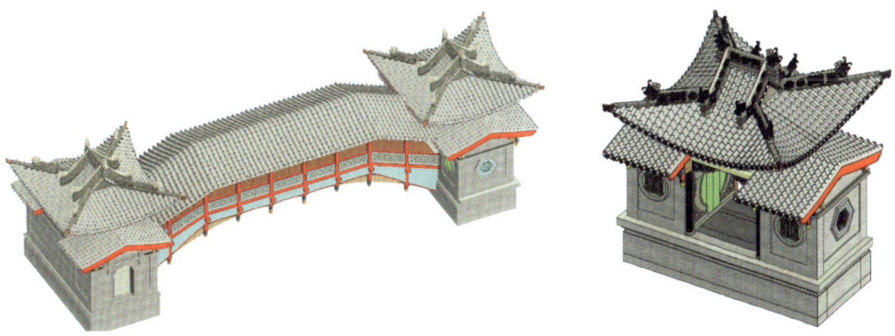

图 6.2 兰州兴隆山握桥项目的卷棚廊桥、歇山顶

(5)攒尖

宋称之为“撮尖”,清称之为“攒尖”,是圆形和正多边形建筑的屋面造型,依其平面形状有圆形攒尖、三角攒尖、四角攒尖、八角攒尖,也有单檐和重檐的形制。除圆形攒尖无脊,其他形状的屋脊自屋面各角向屋顶中心汇聚,脊间坡面略呈弧形。攒尖顶屋檐与屋角的起翘有飞檐之称,这种形状易于雨水的倾泻,又有轻盈欲飞的美感。

6.1.2 古建筑的结构特征

(1)木构架为主的结构方式

中国古代建筑惯用木架构作为房屋的承重结构,木构梁柱系统在春秋时期已经初步完善,被广泛利用,至汉代渐趋成熟。梁思成先生将唐宣宗至清末的现存的木构建筑分为三个时期,分别为唐代木质结构比例和结构壮硕坚实的“豪劲时期”,宋元时代木质结构比例优雅、细节精美的“醇和时期”,明清年代补间铺作攒数增加退化为纯粹装饰品的“羁直时期”。由于木材建造的梁柱式框架,极富弹性,突出抗震性强的特点,这为许多建于重灾地震区的木构建筑,上千年来依然保存完好提供了条件。

木构建筑结构大体可分为抬梁式、穿斗式、井干式,瑞应寺古建筑就是采用的应用最为普遍的抬梁式结构。抬梁式结构是在房屋进深的柱础上立柱,柱上架梁,梁上重叠数层瓜柱和梁,最上层梁上立脊瓜柱,构建为一组屋架。平行屋架之间用横向枋联结于柱上端,梁头与脊瓜柱上置檩,联系构架和承载屋面。檩间架椽子,共同构成顶部骨架。

斗拱,亦作斗科、铺作等,由斗、升、拱、翘、昂组成,是中国木构架建筑中最特殊的支撑构件,位于立柱横梁交接处(见图 6.3)。坐于柱端探出的弓形肘木为拱,拱与拱之间的方形垫木为斗,合称斗拱。斗拱可使屋檐较大程度外延,形式优美,为我国传统建筑造型的一个主要特征。从元、明、清以来,柱头间使用了额枋和随梁枋等,构件整体性加强,斗拱形体变小,结构作用减弱,排列也较唐宋更为丛密,更显装饰性作用,成为显示等级差别的饰物。

传统建筑特点是:承重结构与维护结构分开,建筑物结构全由木构架承托,墙壁只起维护和分隔空间的作用；便于适应不同气候条件，因地区寒暖不同，随宜处理房屋高度、墙壁薄厚，确定门窗大小；利用木材特有性质与柔性构造，墙倒而屋不塌，减少地震损害；便于利用黄河中游的森林资源，便于加工制作。

(2)独特的单体造型

古代的单体建筑，无论宫殿、寺庙、住宅等，形式大小，其外观皆可分为台基、屋身和屋顶。重要建筑都建在基座台基之上，一般均为一层，大的殿堂如明清故宫太和殿，建在三重台基之上。单体建筑运用长方形、正方形、六角形、八角形、圆形的平面形式。这些不同的平面形式，对构成建筑物单体的立面形象起着重要作用。利用木构架结构灵活地处理屋身，门窗柱墙根据用材和空间部位加以处置并绘制装饰，丰富了屋身的形象。

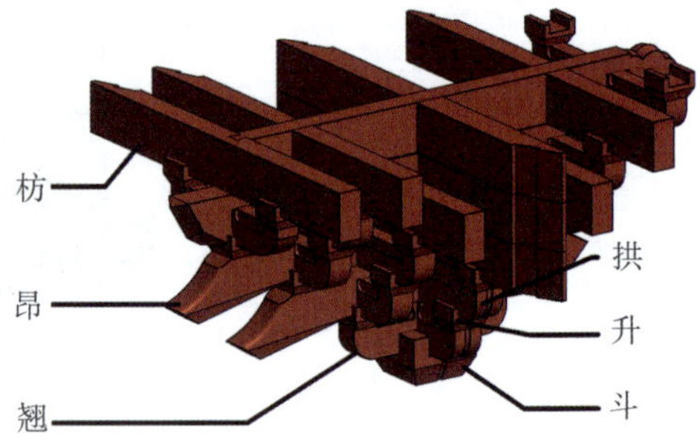

图 6.3　斗拱结构图

古建筑的屋顶形式丰富多样。汉代已具有庑殿、歇山、悬山、硬山、攒尖的基本形式，并有了重檐顶。后来又出现勾连搭、单坡顶、十字坡顶、盝顶、拱券顶、穹隆顶等许多形式。为了保护木构架，屋顶采用较大的出檐。为了避免采光障碍和屋顶雨水直泻冲毁台基，采用反曲屋面或屋面举折、屋角起翘，使得建筑外形显得更为轻盈活泼。

(3)中轴对称、方正严整的整体组合布局

古代建筑群布置多以南北朝向为主要纵轴线，东西布局。将主要建筑物布置在主轴线上，次要建筑物布置在主要建筑物前的东西两侧，组成一个方形的院落。这种布局满足安全与向阳防寒的生活需要，也符合中国古代社会宗法和礼教制度。当一组庭院不能满足需要时，可在主要建筑前后延伸布置多进院落，在主轴线两侧布置跨院。这种严整布局，将多进、多院落空间灵活布置为颇具个性的空间系列，配以建筑物的不同立面，在院落中莳花植树，置山石盆景，使空间环境优雅宁静、清新活泼，与周边自然环境相得益彰。

(4)工巧变化的装饰装修

古代建筑对于装饰装修极为讲究，凡一切建筑外露构件，均须根据构件不同部位和性质择选美化形象。

作为房屋基座和进屋踏步的台基和台阶，常常玉砌雕阑，格外庄严与雄伟。屋面的碧瓦朱甍、角兽吞脊使得建筑愈加活泼立体、生动有趣，增添了房屋的艺术感染力。

门窗、隔扇属外檐装修，分隔房舍内外空间，常加以各种形象、花纹、色彩和雕刻，增强建筑物立面艺术效果。内檐装修常用隔扇门、板壁、多宝格、书橱等划分房屋内部空间，使室内空间既连通又分隔。利用几腿罩、落地罩、圆光罩、花罩、栏杆罩等，饰以玻璃或糊纱，绘以花卉或题字，划分内部空间，使室内充满书卷气息。

天花即室内顶棚，是室内上空的装修。一般居民房屋多为木条制成的网架，钉于梁上，糊纸，称为海墁天花。庙堂和殿堂则用木支条在梁间搭设方格网，装置木板，绘以彩画，称为井口天花。下方上圆，由三层木架交构组成，向上隆起如井口状，绘制藻纹的天花称为藻井，多用于殿堂、佛坛的上方正中。

施彩是古建筑的重要特征，是一项装饰艺术。施彩是施于梁、柱、门、窗等木构件上用以防腐、防蠹的彩漆，演化发展为彩绘。古代彩画有严格等级区分，庶民房舍不得施彩，宫城内外，不同性质的建筑物绘彩也有严格区分。以龙为题的和玺彩画属最高一级，格调华贵，施用于外朝、内堂主要殿堂。旋子彩画素雅灵活、富于变化，绘于次要宫殿及配殿、门庑等建筑。苏式彩画，以山水、人物、草虫、花卉为题，多用于园苑的亭台楼阁之上。

(5)写意的山水彩画

中国古典园林与中国古典诗词、绘画、音乐一样，重在写意。造景家通过山水、岩壑、花木、建筑组合某一艺术境界，形成写意山水园。摄取万象，塑造典型，托寓自我，尽物态，穷事理，将造景自然美升华为艺术美。让赏景者融入其中，触发情思，升华为意境，激发赏景者艺术再创作，故庭园中常留名家借景抒情、寄寓情思的流世之作，观之使人精神升华、心性开涤。

中国古代建筑艺术注重内涵特征。其一，审美价值与伦理体系的统一。体现艺术价值的建筑，能够维系、加强社会伦理制度和思想意识。其二，植根于深厚的传统文化，表现出鲜明的人文主义精神。其三，动用一切因素和手法，从空间组合到色彩装饰，综合成一个整体有机形象，表现整体效果，总体性强。

6.1.3 古建筑结构与名称

中国古建筑命名非常考究，以反映与建筑构件酷似的特征和形象，命名方式千差万别，寓意深刻。使用信息模型表达古建筑，其中的命名方式和专业术语也是必须加载的。下文就以古建筑营造技艺为例，分别介绍与瑞应寺有关的建筑术语。

(1)古建筑营造技艺

中国古建筑在营造技术的基础上，形成了一套具有严格形制的宫殿建筑施工工艺，影响着整个中国古建筑营造技术的发展。这套技艺包括"瓦木土石扎、油漆彩画糊"八大作，其下还细分了上百工种。在封建等级制度下的古代建筑从材料、用色到做法，都要严格遵循营造则例，在创建建筑信息模型的过程中均有各种主要技艺做法的描绘。

(2)木作

木作分为大木作和小木作。大木作主要指木构建筑最基本的构造体系，大部分都是预先加工制作，再运到现场组装，左右构件之间通过榫卯连接，十分牢固，为古代的装配式做法。

小木作主要负责室内外装修，就是那些制作精美的落地花罩、槅扇门窗，工艺因此更加复杂、细腻。

(3)瓦作

瓦作工艺主要体现在古建筑的地面、墙面、屋顶这三个部分。大体内容为砌砖基础，砌砖墙，屋顶苫背，墁砖地面，墙垣抹饰，刷浆以及调制灰泥浆，砍磨细砖，雕砖和工前的抄平放线等。

(4)石作

古建筑石构件部分的施工，如台明、地面、桥体、石碑等。自西汉中期以后逐步从采石、石料的分割、石料的平整等方面形成了一套比较完整的工艺。

(5)土作

传统土作内容包括夯、碣、耒，其工艺就是地基处理。古建筑基层灰土技术的推广、普及时期是在明代，成熟完善是在清代。

(6)搭材(彩)作

搭材作原名扎材作，主要包含架木搭设、扎彩、棚匠的工作内容。

"扎"即捆、绑、缠等方式；"材"即木材，一般指杉木。扎材即通过麻绳将各个杉木构件搭起来，用于古建筑施工。

(7)油漆作

宋《营造法式》中油漆与彩画司为油彩作，清《工程做法》分为油漆与彩画两作。油漆作主要内容分为地仗和油皮两项。传统的地仗做法有一麻五灰，对木结构进行修饰和保护，油皮则在地仗上搓制而成，通常为红色樟丹，颜色光亮均匀。

(8)彩画作

彩画通常包裹在木结构表面，按位置不同分为外檐和内檐。彩画分为和玺彩画、旋子彩画和苏式彩画。其工序基本相似，包括起谱子、落墨、扎孔、纹饰、沥粉、贴金、刷色、细部等。

和玺彩画为彩画中的最高等级，主要用在宫殿上，将梁枋分为中央部位的"枋心"、两端的"箍头"，以及枋心和箍头之间的"藻头"。枋心主要为左右相对的行龙戏珠饰彩，左右藻头绘升龙或降龙，两端箍头绘制坐龙或植物花草。

旋子彩画等级相次，主要用在次要殿堂的梁枋上，布局与和玺彩画相同，藻头部分为旋子花纹。

苏式彩画从南方的包袱彩画中发展而来，梁枋中部绘山水、人物、禽兽、植物花草等，梁枋中部用圆形包袱覆盖。藻头常用葫芦、桃、树叶等形状做盒子，绘山水、人物等。

(9)裱糊作

室内顶棚、墙面的裱糊工艺属于古建筑营造技艺范畴。

6.1.4 瑞应寺古建筑名词

宽深：建筑物平面度量，长者为宽，短者为深。

间：古建筑架构四根立柱之间的面积称之为间，建筑物大小以间的大小和多寡而定。

面阔：又称面宽，建筑物面宽方向相邻两柱间的轴线距离。

通面阔：建筑物两尽端柱间轴线距离。

进深：垂直于建筑物面宽方向的平面尺寸称为进深。

通进深：建筑物侧面（进深方向）两尽端柱间的轴线尺寸。

柱高：木柱从台明上皮至柱头的高度。明清建筑中所指柱高通常指檐柱高。在带斗拱的清式建筑物中，柱高包含斗拱及平板枋之高。

柱径：柱子根部的直径。

步架：相邻两檩间轴线的水平距离。

举高：相邻两檩轴心的垂直距离。

举架：坡屋顶屋面的相邻两檩，上面一檩比下面一檩抬起的高度。

上出：建筑物檐口自檐柱外轴线向外挑出的水平长度。带斗拱的建筑，上出由斗拱出踩和檐缘飞缘挑出两部分组成。

下出：台明（台基露出地面部分）由檐柱中线向外延伸出的部分，又称台明出沿。

收分：中国清代建筑柱子直径下大上小，以柱根部分直径为基数，按柱高的 1/100 或一定比例减小柱径，称为收分。

斗口：斗拱下层的坐斗面宽方向的刻口称为斗口。清式建筑中，斗口是最基本的建筑模数，所有构件、部位都与斗口有倍数关系。

正殿：普通平面均齐的配置方法，均由若干座建筑物围合而成，主要建筑物居中，多向南，称为正殿或正房。

配殿：正殿之前分列左右面相向者为配殿或厢房。

前殿：与正殿相对者为前殿或倒座。

院：正殿、配殿、前殿所包围的范围为一院。

四合：一院四面都有房屋者，称为四合。

瑞应寺平面各部分名称如图 6.4 所示。

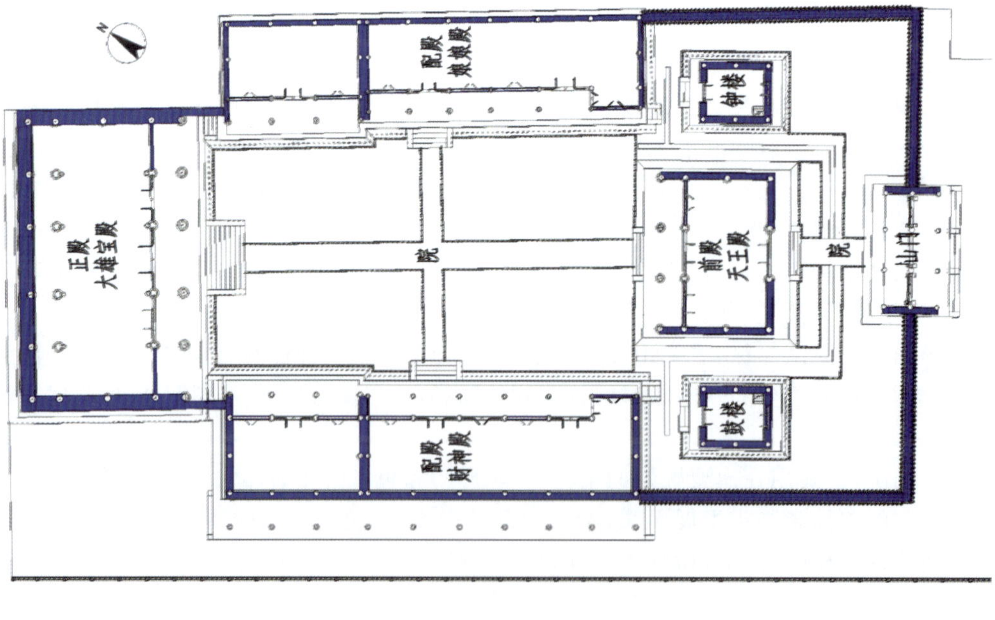

图 6.4　瑞应寺平面各部分名称

6.2 瑞应寺古建筑信息化模型详解

6.2.1 建模的准备工作

位于梁柱之间，承托屋面和上层构架荷载的斗拱，是中国古建筑中十分重要的部件。它由内向外挑出，把最外层的桁檀挑出一定距离，使建筑物出檐更加深远，造型优美、壮观，是形成建筑物整体外形的关键部件。而且斗拱成型后，被作为构件大小的基本尺度“模数”，所有构件都按照斗口比例搭建成型。其构造精巧，是整体建筑基本的装饰构件。斗拱复杂的榫卯结构是均匀承托屋檐重量、平衡抗震荷载的关键部件，将榫卯构件单独提出是模型建立初期对古建筑木质构件的形态和命名进行初步了解的必备功课。

斗拱按照其在建筑物所处位置分为柱头科、角科和平身科，按照出挑的跨度不同又分为三踩、五踩和七踩，或者按照昂翘数分为单昂斗拱、单翘单昂斗拱、单翘重昂斗拱，最高有单翘三昂斗拱。在这里我们将按照梁思成所著《清式营造则例》中拱头昂嘴做法（见图6.5）建立完整的参数族库，通过参数对斗拱整体尺寸进行控制。

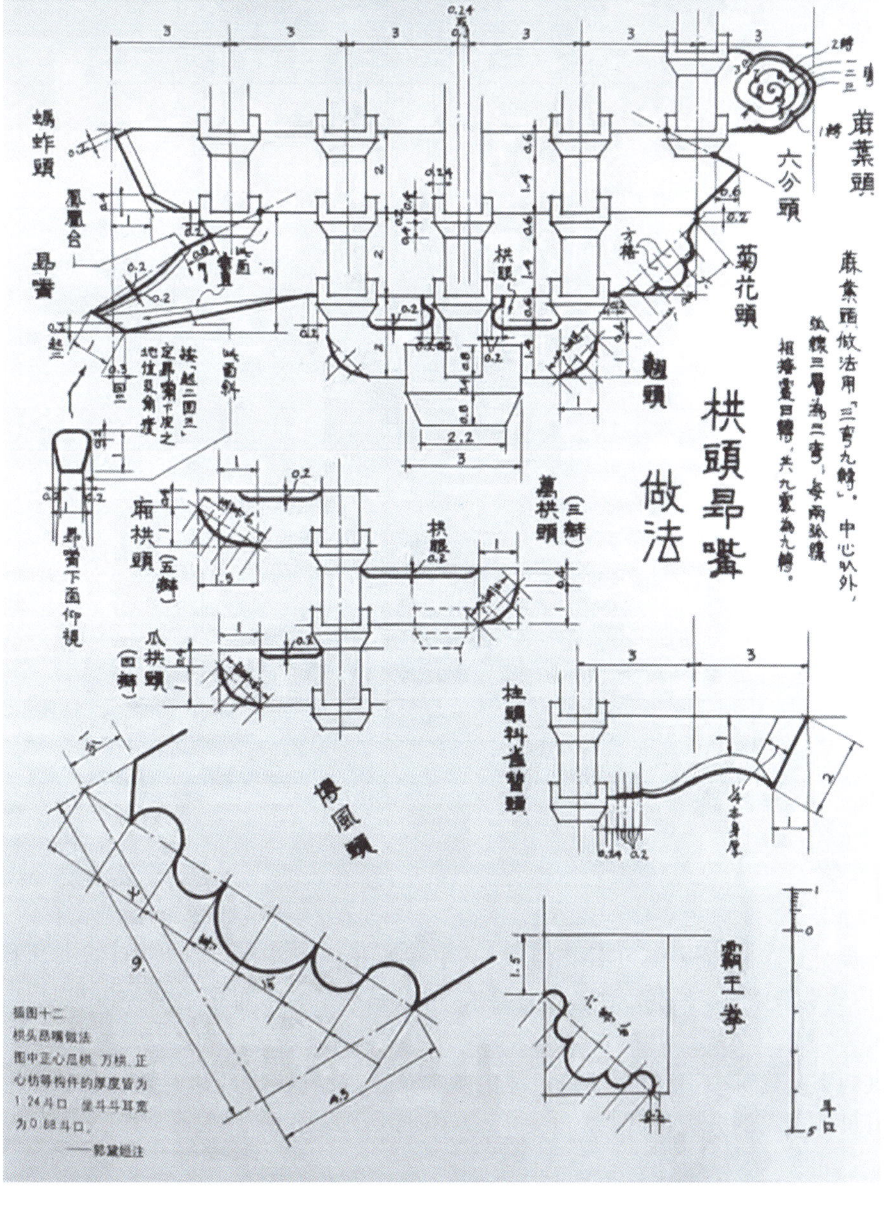

图6.5 《清式营造则例》中的插图十二

斗拱以大斗为中心，挑出三个斗口的距离称为拽架；斗拱向内外各出一个拽架称为三踩，向内外各出两个拽架称为五踩，向内外各出三个拽架称为七踩。内外各出一个拽架时需要一个纵向的翘和昂，攒斗拱有两个昂，称为重昂。

整攒斗拱安放在建筑物山面和檐面拐角柱头的叫角科，安放在其他柱头上的叫柱头科，在其他位置的整攒斗拱称为平身科。攒是清代的叫法，宋式称为朵，可以简单理解成一套装配好的斗拱。

斗拱第一层，清式斗拱称为大斗或坐斗，衍生于宋《营造法式》中的栌科，是整个平身科斗拱支撑系统的受力底座，由耳、平、腰、包耳、拱挡板槽、斗栓孔组成。

斗拱各件口数参数表如表 6.1 所示。

表 6.1　斗拱各件口数参数表

单位：斗口

斗拱	平身科			柱头科		
	长	宽	高	长	宽	高
攒档	11					
正心瓜拱	6.2	1.25	2			
单材瓜拱	6.2	1	1.4			
正心万拱	9.2	1.25	2			
单材万拱	9.2	1	1.4			
厢拱	7.2	1	1.4			
翘	按拽架定长	1	2		头翘 2	
					或	
昂	按拽架定长	1	2(连嘴 3)		头昂 2	2(连嘴 3)
耍头	按拽架定长	1	2	挑尖梁头	4	$5\frac{1}{2}$
撑头	按拽架定长	1	2			
坐斗	3 *	3	2	4 *	3	2
槽升子	1.3 *	1.7	1			
三才升	1.3 *	1.5	1			
十八斗	1.8 *	1.5	1	翘昂头宽+0.8	按高低定	1
正心枋		1.25	2			
拽枋		1	2			
机枋		1	2			
井口枋		1	3			
宝瓶		径 2.4	3.5			

* 凡升或斗皆以面阔方面之度量称为长。

6.2.2　斗拱建模

(1)坐斗

坐斗由耳、平、腰、包耳、拱挡板槽、斗栓孔组成，其中斗栓孔位于斗拱底部正中，插入斗栓与下部的平板枋进行固定。由于《清式营造则例》中并无对包耳的要求，所以做成了利用布尔数值控制可见性的参数，如图 6.6 所示。

斗口在有斗拱的大式建筑中，是权衡建筑尺寸的基本单位(没有斗拱的建筑用檐柱的柱径作为权衡单位)，所有尺寸按照斗口尺寸的比例分配(见图 6.7)。

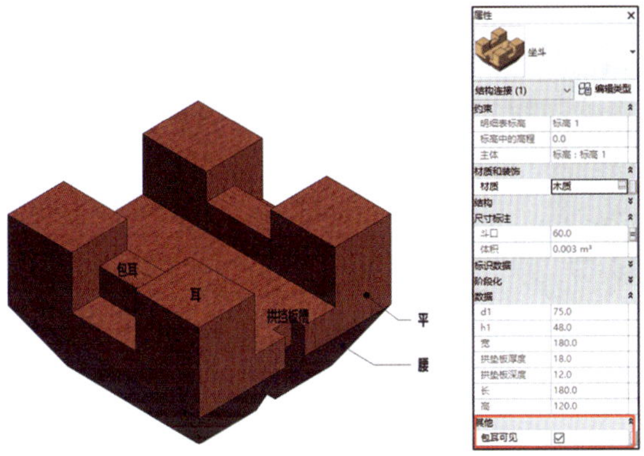

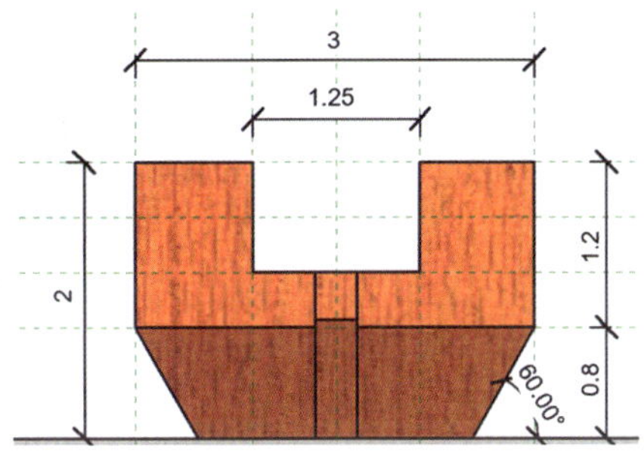

图 6.6　斗拱结构部件及其参数　　　　图 6.7　坐斗图尺比例

坐斗的制作是所有构件中最为简单的一种，首先根据大斗要固定在平板枋上表面这一个逻辑关系，确定利用 Revit 族制作中的基于面的公制常规模型作为基准模板，便于直接创建完成后与下层构件进行联动。打开族类别和族参数对话框，选择族类别为结构连接，以便对应其构件性质。

族模板创建完成后，首先在族类型中创建斗口这个古建筑度量单位，后续斗拱族制作大部分遵循此方式（见图 6.8）。

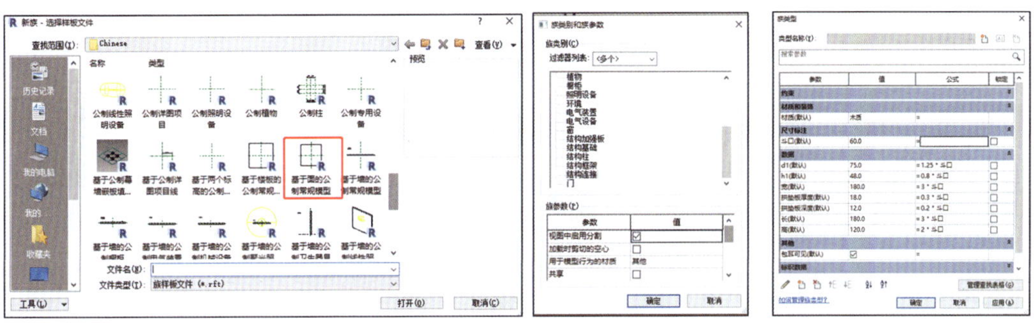

图 6.8　斗拱族的建立与族参数列表

族制作的基本原则是将图形分解为最为简单的构件图元进行组合，其中凹陷部分尽量利用空心形状剪切，保证所有的边都与标注尺寸的辅助线锁定。凹陷部分主要包括横、纵两面的斗口、用来安装拱挡板的槽口以及大斗下端斜面。如大斗下端的斜面就是利用空心放样，将路径与方形斗的四个面锁定，创建空心截面进行放样，放样截面也同样和标注尺寸的辅助线锁定，剪切掉坐斗底部形成斜面。制作完成后，打开组类型面板，修改斗口的参数值，观察族参数值改变时，图形是否能够随着辅助线的变化而变化。

（2）正心瓜拱和翘

第二层构件为正心瓜拱和翘，正心瓜拱沿檐面横放在大斗的正中，翘则是顺着山面方向纵向放置在大斗的中心，和正心瓜拱十字相扣（见图 6.9），起到既能够紧密衔接又可以缓冲抗震的作用。

传统大木结构中，所有木构件必然规律是山面压檐面。山面和檐面指的是土木结构房屋的两个方向，房屋两端的侧墙为山面，而正对入口的水平屋檐为檐面。

正心瓜拱和翘的基本形状相同，不同的是正心瓜拱出踩翘头口朝上，翘的正心瓜拱卡口向下，互相衔接坐落于大斗之上。正心瓜拱长度为 6.2 斗口，翘总长需要考虑拱垫板槽的宽度按照拽架定长。在做族的时候其实完全可以做成同一种类型的参数族，通过控制宽、长和开口方向来区分，但是考虑到古建筑中这是两种不同构件，还是设置为两种构件族，简化参数设置。

单材瓜拱和翘参数族建立时，拱（翘）头需要严格遵循《工程做法则例》中“瓜四”“万三”“厢五”的做法规则，即将端角处分为几个小的直段，其中瓜拱头分为四个均分直段，方便木作制造和绘图设计（见图 6.10 和图 6.11）。由于要复原古建筑结构原型，需要严格遵照此规定建立族库。在升与卯口之间，均有下凹的缺口，名

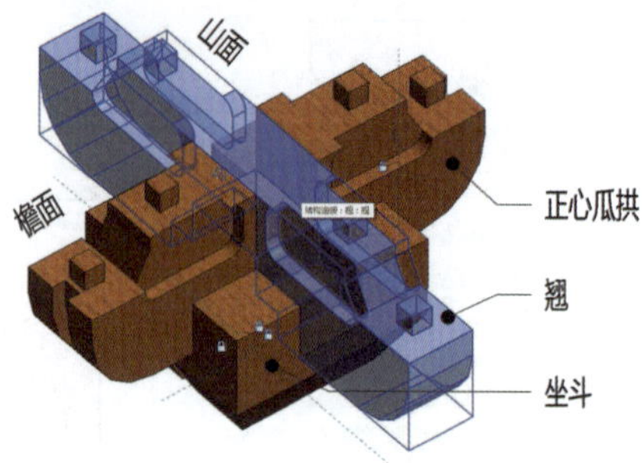

图 6.9　正心瓜拱和翘的榫卯结构

为拱眼,需要按照一定形制绘制。由于这两处形状复杂,圆弧弯角过多,如果利用族内的空心剪切直接制作不易控制参数的变化,极其容易出现错误提示或者变形。这里建议利用基于面的空心剪切嵌套族制作,放置于主模型的附着面上,有减少辅助线和参数设置的作用。

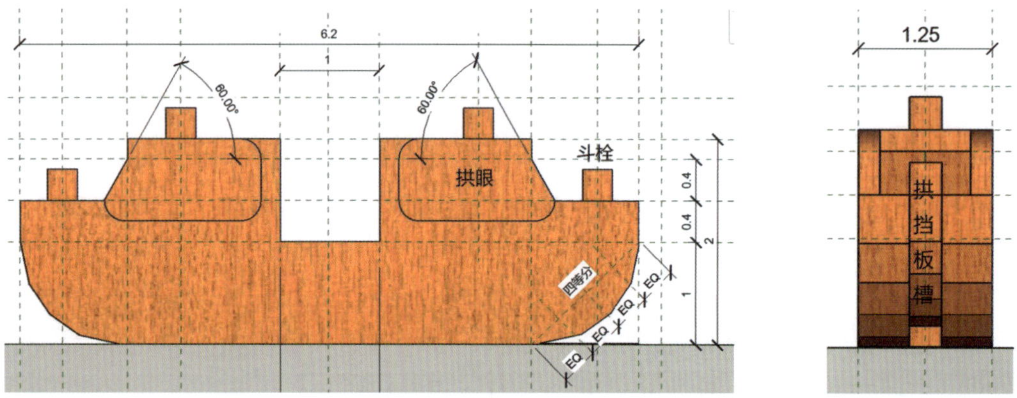

图 6.10　单材瓜拱图尺比例

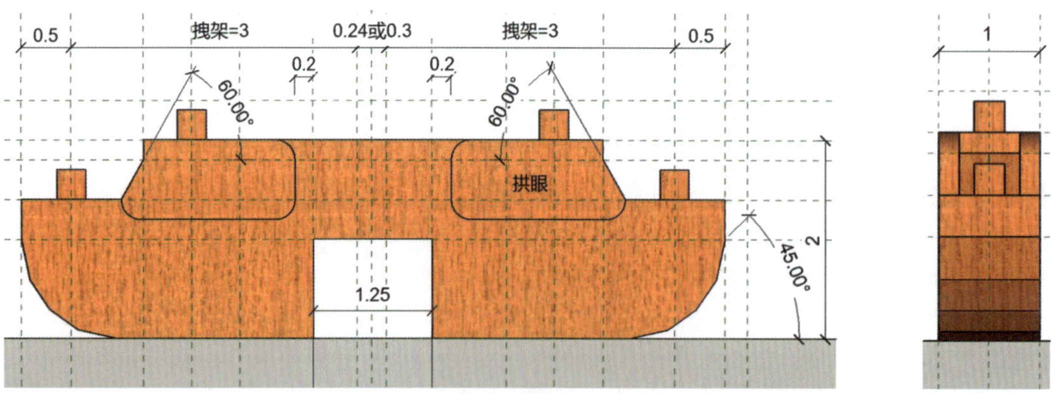

图 6.11　翘图尺比例

当空心剪切基本形状根据图 6.12 所示全部设置完成并且锁定后,通过调整斗口参数进行测试,如果没有错误提示或变形情况,将空心形状与族中的初始板面进行剪切,再代入主族中,这样在拾取主族面的时候可以自动对族块形状按照剪切样式修剪。在位置放置完成并锁定后,将嵌套族所有参数全部与主族参数链接(见图 6.13),以保证主族参数调整时所有结构面全部随之参变。

(3)槽升子、十八斗、三才升

在上下两层的拱、枋、翘、昂之间,有方形的垫块,叫作斗或者升。全攒斗拱最下面一层称为坐斗或者大斗,是全攒重量的集中点。在里外拽拱的两端,托举上层拱或枋的叫三才升。在正心拱的两端,承托上层拱或枋的叫槽升子。在翘或昂的两端,托着上层拱与翘昂相交点的叫作十八斗(见图 6.14)。

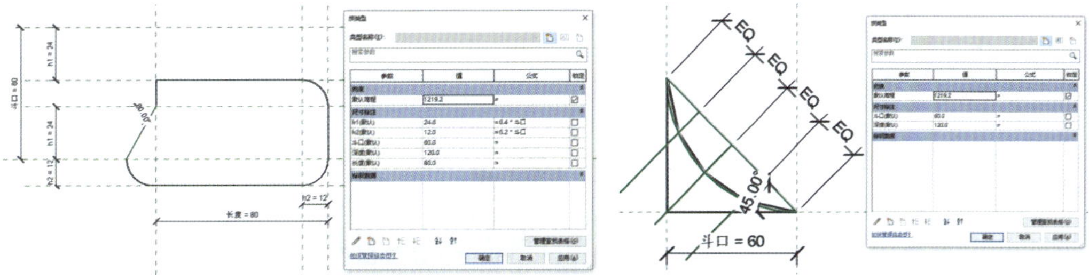

图 6.12　设置空心剪切基本形状

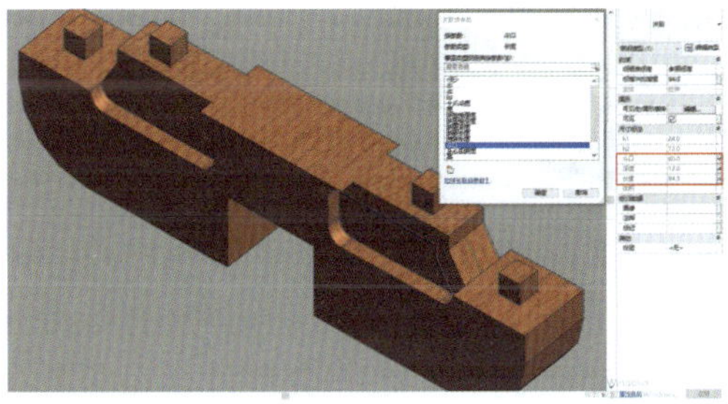

图 6.13　拱(翘)头、拱眼的参数设置及其与主模型参数的链接

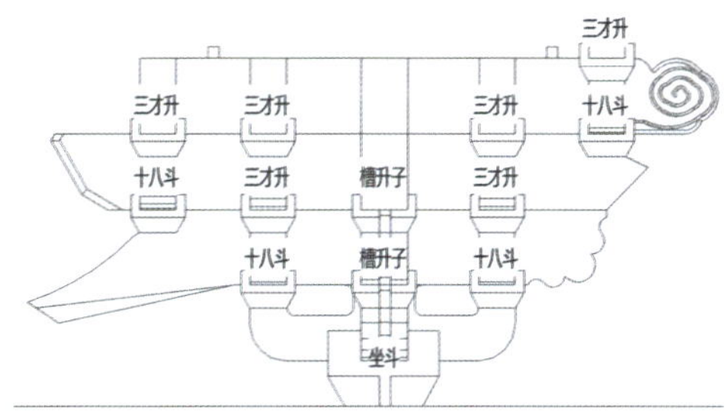

图 6.14　升斗在斗拱中的分布

升、斗族的做法基本上与坐斗的方法相同，可以通过调整坐斗参数来形成槽升子、十八斗和三才升的不同类型。但是为了古建筑结构严谨性和参数简洁性，还是按照表 6.1 的参数分别建立参数族（见图 6.15 至图 6.17）。

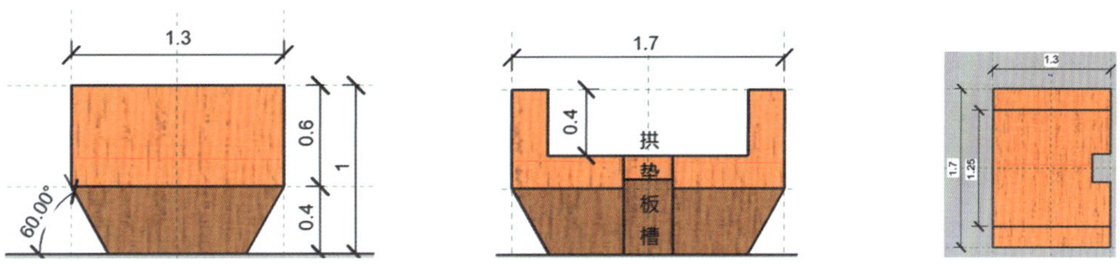

图 6.15　槽升子模型尺寸

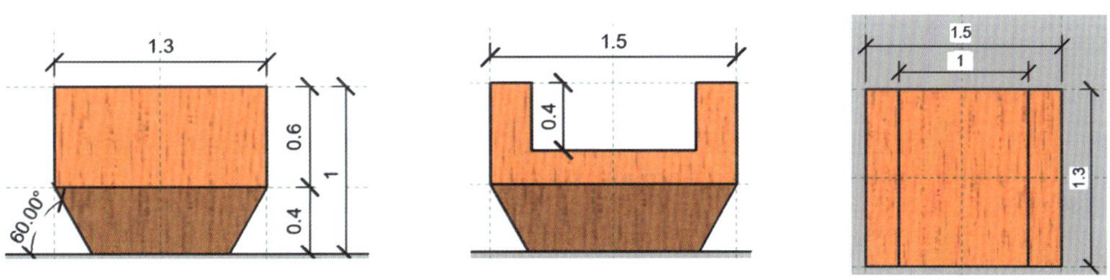

图 6.16　三才升模型尺寸

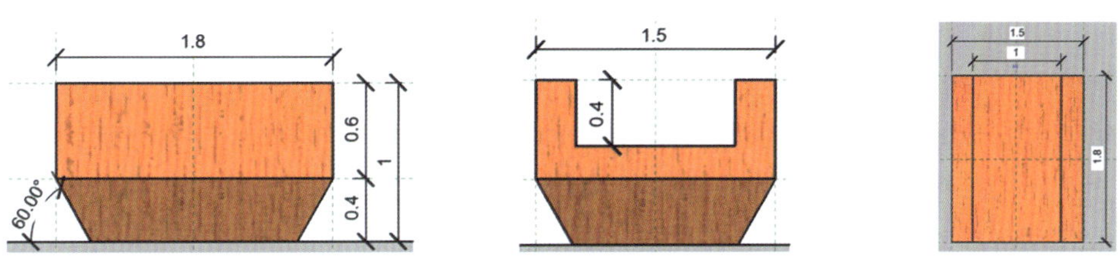

图 6.17　十八斗模型尺寸

(4)正心万拱、单材瓜拱、昂

通过与第二层升斗的衔接,第三层拱件由昂、单材瓜拱、正心万拱组成(见图 6.18),由于昂后端无斗槽,拱件上共附有七个斗件。

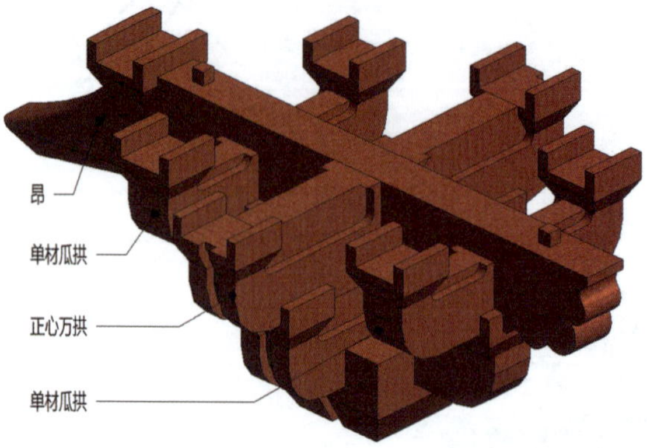

图 6.18　平身科斗拱第三层结构

正心万拱与下端承托正心瓜拱形式一样,长为 9.2 斗口,拱头为 3 个均分直段,修正正心瓜拱长度参数,将拱头的空心剪切改为三段,然后另外保存为正心万拱即可(见图 6.19)。

单材瓜拱形制略微变化,相当于正心瓜拱削去拱眼顶部 0.4 斗口处,修正拱眼处剪切模型,然后另外保存为单材瓜拱文件即可(见图 6.20)。

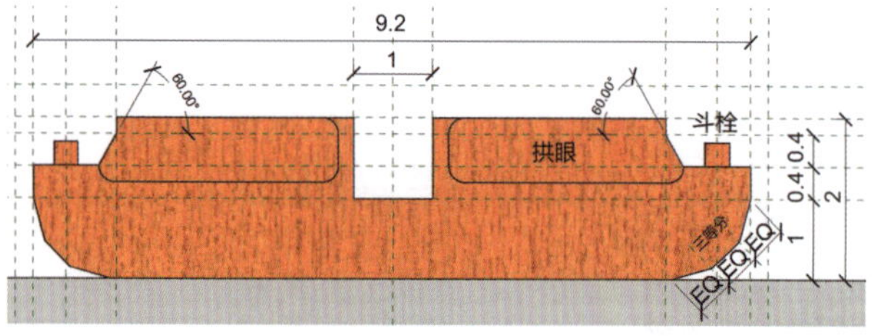

图 6.19　正心万拱图尺比例

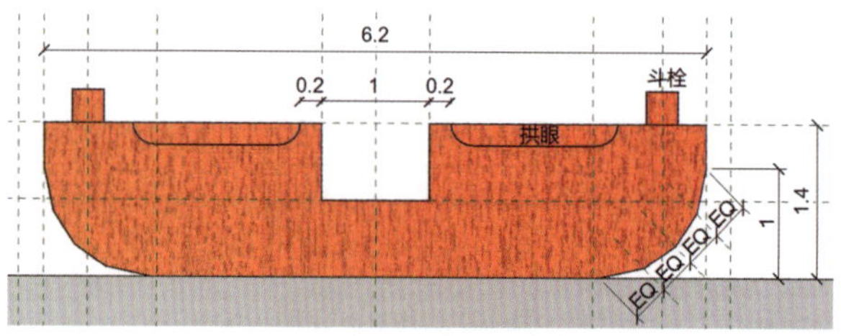

图 6.20　单材瓜拱图尺比例

由于菊花头和昂嘴型式构造特殊,需要大量参数设置以控制形变,所以根据面向对象的原则将昂身、昂嘴、菊花头三个部分分别建模(见图 6.21 至图 6.23),将其他可计算的控制参数全部封装,只设置斗口和材质参数作为形参。在主参数族中进行嵌套链接,将形参进行统一后载入项目。

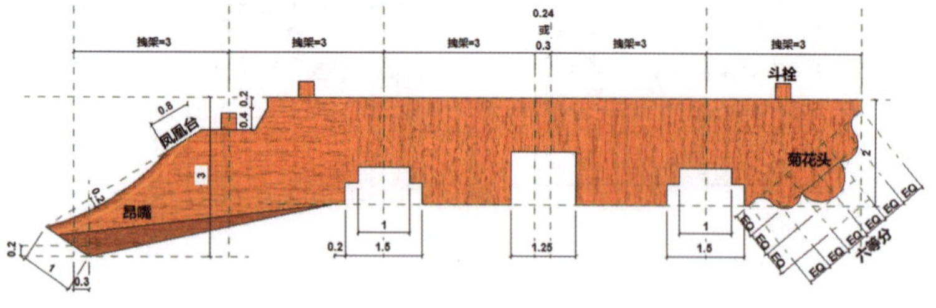

图 6.21　昂嵌套族拼装图尺比例

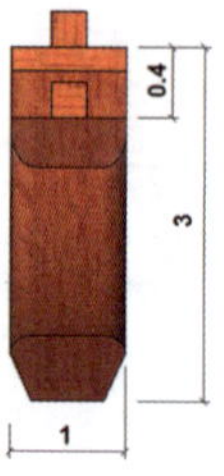

图 6.22　昂前视图

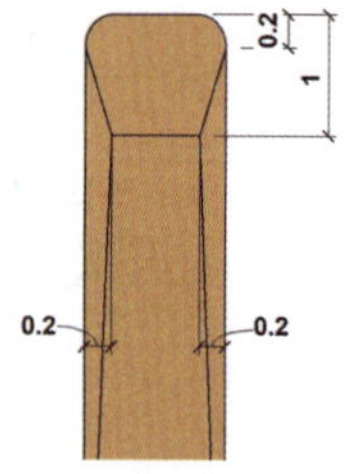

图 6.23　昂嘴仰视图

如图 6.24 和图 6.25 所示,昂嘴族和菊花头族都是使用的基于面的常规模型的族模板。昂嘴是立于面上绘制的,这样就能直接拾取昂身的端面进行附着和连接。菊花头是按照形制要求,先分别绘制参照平面和参照线,然后在基础面上剪切外缘轮廓线,将菊花头分解为简单的几段半圆弧后,将边缘轮廓与参照线和参照平面全部锁定,然后通过连接命令全部融合成一体。

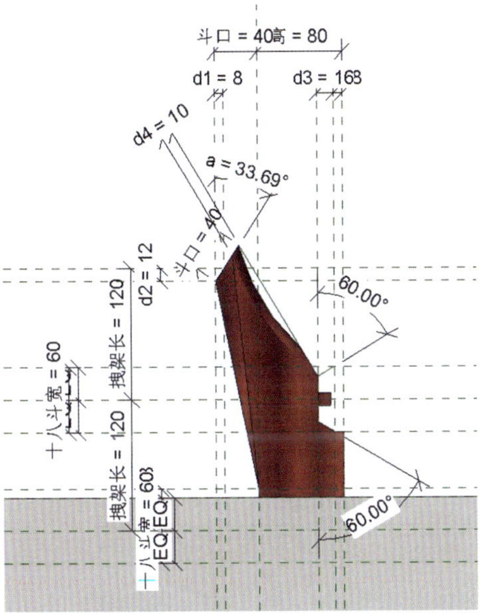

图 6.24　基于面的昂嘴族

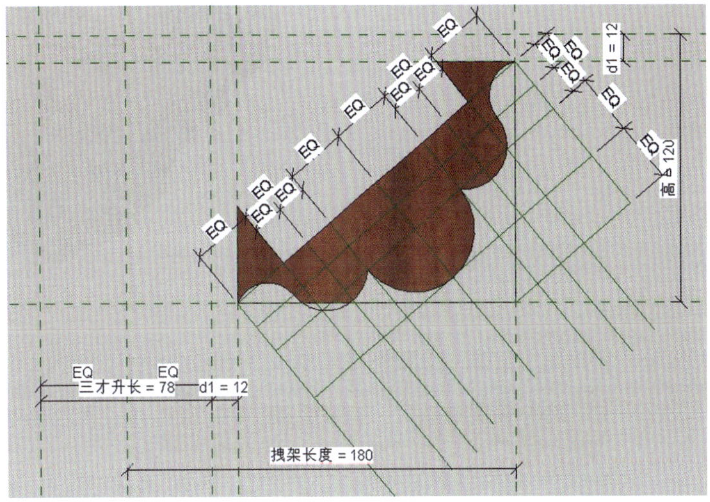

图 6.25　基于面剪切的菊花头族

将昂嘴族、菊花头族和昂身族(见图 6.26)分别完成后,尝试调整斗口参数调试,试验参数族是否按照要求形变。满足要求后全部调入新建的昂族内,按照形状的要求对齐中心线和底部水平线,然后将三个族用连接几何图形命令连接,统一宽度参数、斗口参数和材质参数,再通过修改斗口参数进行调试,全部完成无误后载入项目安装就位,将斗口参数在项目中实例化。

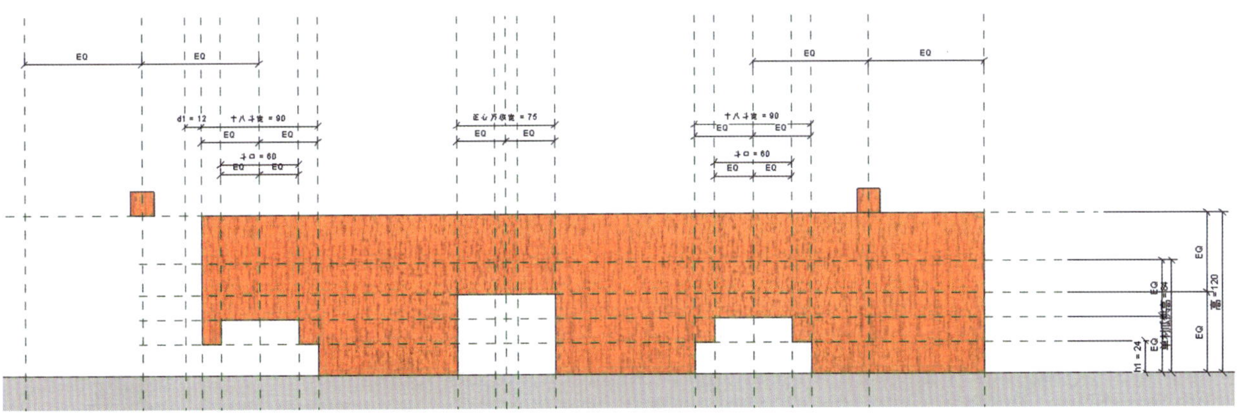

图 6.26　昂身族参数设置

最后一步就是在正心万拱两端组装槽升子,在单材瓜拱两端组装三才升,在昂头上组装十八斗,分别与各中心线锁定,将斗口和材质参数实例化,最终完成斗拱第三层的装配。

(5)单材万拱、正心枋、厢拱、耍头

第四层拱件由单材万拱、正心枋、厢拱、耍头,左右共六个三才升和末端一个十八斗组成,整体形制较为简单(见图 6.27)。

单材万拱和厢拱的长度分别为 9.2 斗口和 7.2 斗口,改变单材瓜拱的长度参数后,分别存为单材万拱和厢拱即可(见图 6.28 和图 6.29)。

正心枋为线性构件,适合利用 Revit 中基于线的公制常规模型进行制作,其外形简单,截面宽 1.25 斗口,高 2 斗口,中间留耍头槽口(见图 6.30)。

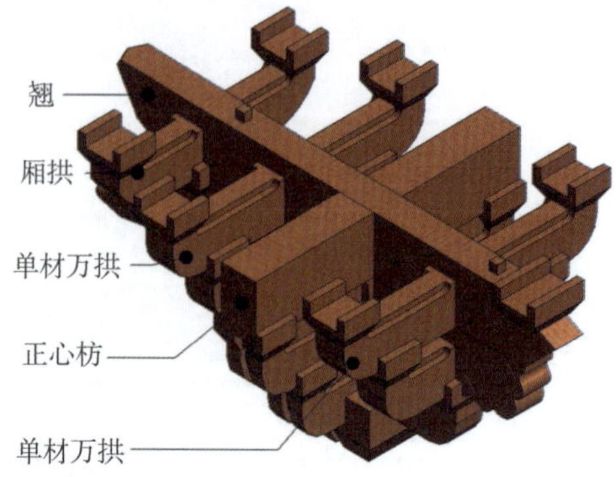

图 6.27　平身科斗拱第四层结构

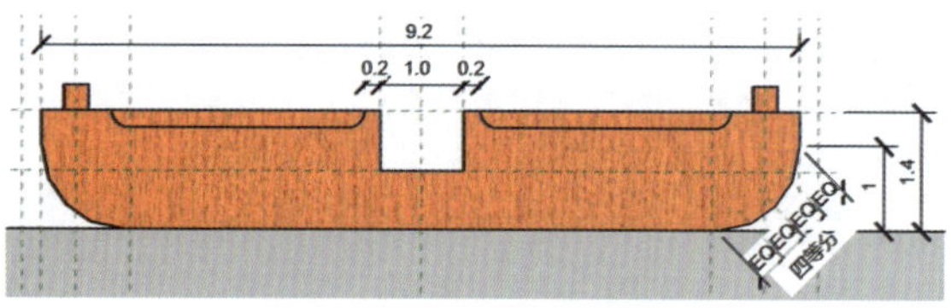

图 6.28　单材万拱图尺比例

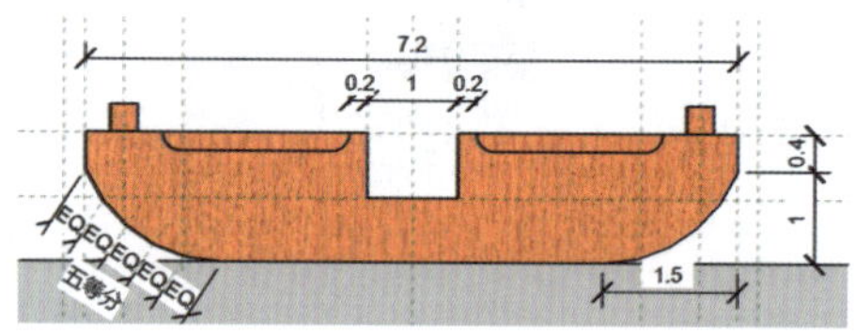

图 6.29　厢拱图尺比例

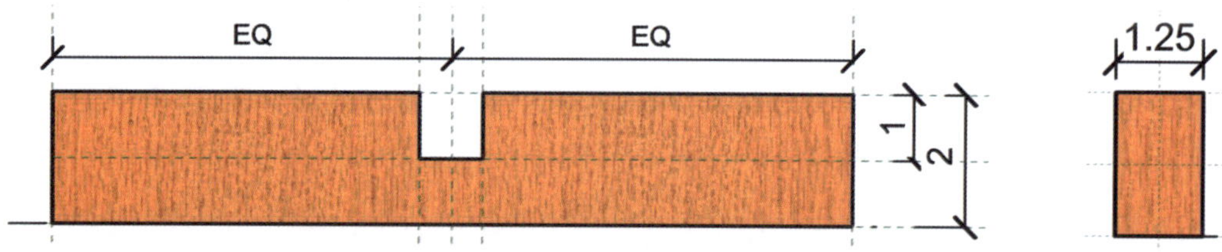

图 6.30　正心枋图尺比例

耍头比昂高了一层，在昂头位置多了一个出跳，增加一个安放十八斗和厢拱的刻口，构件建立时用参照线锁定其前端蚂蚱头和后端六分头的轮廓和角度，使外形能够根据参数进行变化(见图 6.31)。

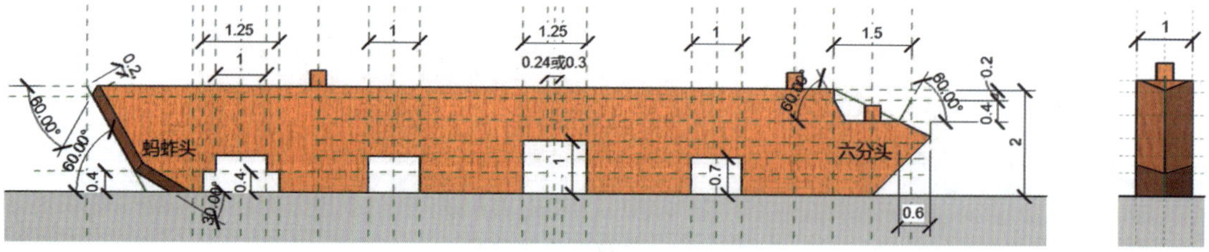

图 6.31　耍头侧面和前端图尺比例

(6)挑檐枋、拽枋、正心枋、厢拱、撑头

第五层拱件由挑檐枋、拽枋、正心枋、厢拱、撑头，左右共两个三才升和撑头末端一个十八斗组成(见图 6.32)。其中，靠近挑檐的拽枋又称外拽枋，靠内侧的拽枋又称里拽枋。正心枋形制和第四层的正心枋一样。拽枋的绘制方式和正心枋相同，用基于线的公制常规模型绘制，其宽度为 1 斗口。挑檐枋的宽度同样 1 斗口，中间的卯口可以不用绘制，撑头族搭接上的时候用剪切命令即可剪切出所需形状。

这一层比较复杂的是撑头参数化族创建。撑头由麻叶头和撑头身组成，后端用燕尾榫撑在挑檐枋上。模型由麻叶头和撑头身两部分嵌套族分别建立后连接。

如图 6.33 所示，撑头身应用简单的实心拉伸和空心拉伸锁定图形尺寸即可建立参数化构件。

如图 6.34 所示，利用基于面的公制常规模型创建麻叶头族，将麻叶头立置在基准面上，以确保麻叶头族嵌套时可以将断口衔接到撑头身的端头部分。麻叶头一共分为三转，每一转都由多个圆弧组成。需要用参照线

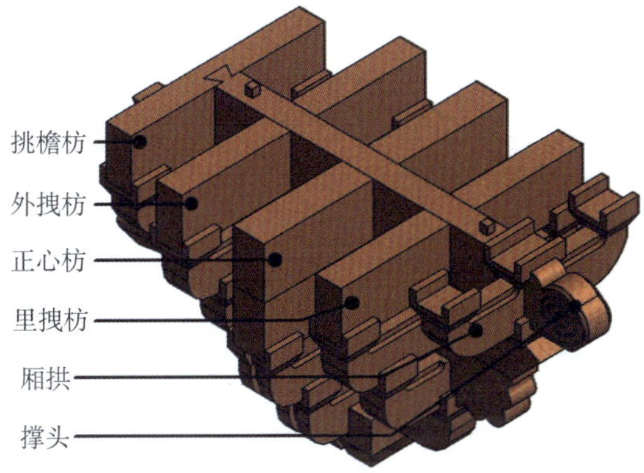

图 6.32　平身科斗拱第五层结构

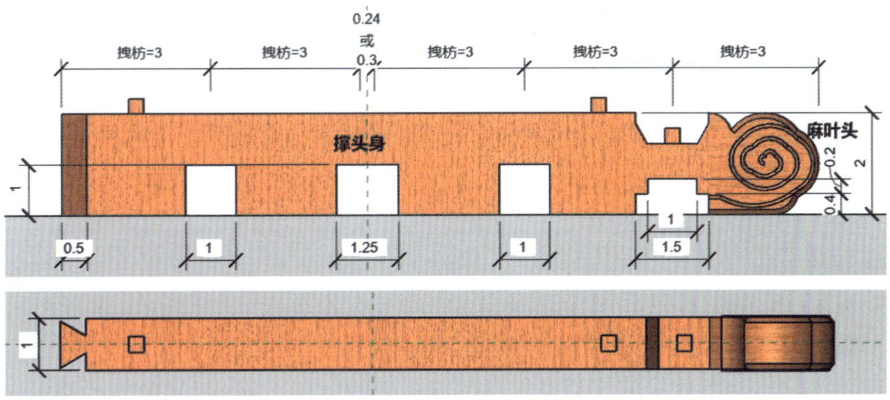

图 6.33　撑头图尺比例

将麻叶头的高和长按图上比例均分成数段。麻叶头云纹绘制时运用实心放样，放样截面为半圆形，放样路线按照图中的圆弧样式将每个弧段的两端、圆弧圆心和对应的参照线一一锁定，圆弧的拱高全部设置参数，按照麻叶头参数计算表(见图 6.35)和斗口参数进行对应计算。绘制完成后修改斗口参数进行检测，如果没有出现错误提示可代入嵌套族和撑头身连接锁定，形成撑头构件。

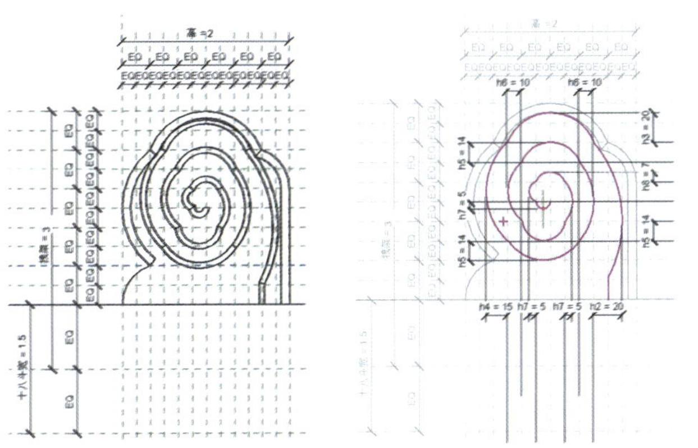

图 6.34　麻叶头外形与实心放样参数控制

参数	值	公式
材质和装饰		
材质(默认)	木材	=
尺寸标注		
宽(默认)	60.0	=
斗口(默认)	60.0	=
数据		
d1(默认)	6.0	=0.1 * 斗口
h1(默认)	27.0	=(拽架 - 十八斗宽 / 2) / 5
h2(默认)	20.0	=高 / 6
h3(默认)	20.3	=(拽架 - 十八斗宽 / 2) * 1.5 / 10
h4(默认)	15.0	=高 * 1.5 / 12
h5(默认)	13.5	=(拽架 - 十八斗宽 / 2) / 10
h6(默认)	10.0	=高 / 12
h7(默认)	5.0	=高 / 24
h8(默认)	6.8	=(拽架 - 十八斗宽 / 2) / 20
r(默认)	2.0	=斗口 / 30
十八斗宽(默认)	90.0	=1.5 * 斗口
拽架(默认)	180.0	=3 * 斗口
高(默认)	120.0	=2 * 斗口

图 6.35　麻叶头参数计算表

将斗拱各部件按照相应位置放置，然后将各部分构件的斗口参数链接到项目模型的斗口参数中，调整参数进行测试，准确无误后，完成斗拱的制作(见图 6.36)。

斗拱参数化族制作完成后，已经具备了古建筑大木作基本的入门知识，明白了不同受力木构件之间的榫卯连接方式。本书中提供的斗拱做法只是《清式营造则例》中的其中一例，按照清式古建筑实例，其中的形状千变

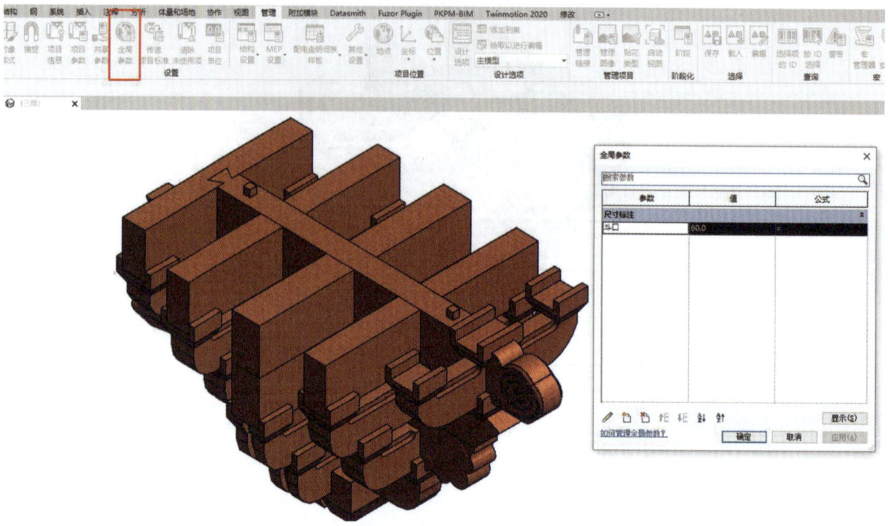

图 6.36　斗拱及其全局参数的设定

万化，但是基本形状还是脱离不了《营造法式》和《清式营造则例》两本书的图尺比例要求，只需要稍微做些改动即可适应其他木作建筑物的需求。

6.2.3　整体建模

(1)瑞应寺空间布局

瑞应寺由山门、鼓楼、天王殿、钟楼组成整体建筑的前院，大雄宝殿、财神殿、娘娘殿和前院建筑闭合为后院，加上整体室外的院墙、栏杆和地面形成整体的单项工程(见图 6.37)。

而院落中单项组成部分，具有独立的施工条件并形成单独的应用功能，与其他单元建筑共同发挥寺院的宗教应用价值，与现代建筑单位工程的概念相对应。

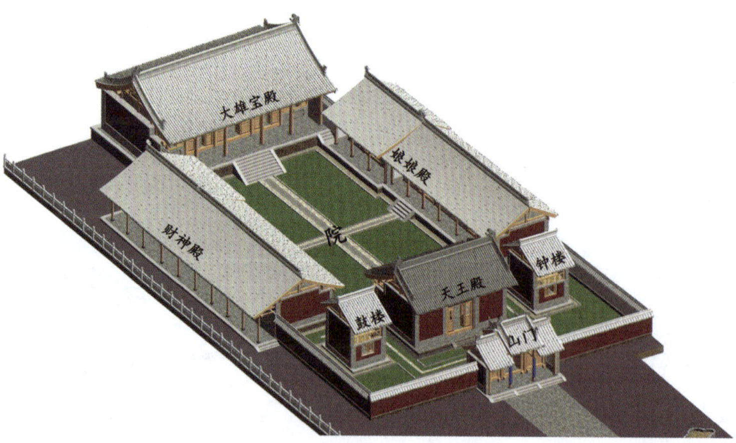

图 6.37　瑞应寺空间布局

每一个单独建筑物又都由“瓦木土石扎、油漆彩画糊”八大作组成，按照八大作的结构形式、工程部位、构件性质、使用材料、设备种类不同可以分为不同的分部工程。

在 Revit 群体模型建立中，为了能够准确地展现建筑模型总体逻辑关系，我们通常以单位建筑或分部工程为一个单元模型独立建立模型文档。瑞应寺建筑特征为悬山顶建筑构造，屋面形状整体平整，无飞檐和重檐的构造，建造完成后对电脑整体资源消耗不高，适用于以单位建筑独立建模的需求，且最大限度地保留了单位工程的逻辑关系(见图 6.38)。

由于 Revit 软件着重表现建筑物的构件几何、材质信息，对于古建筑的木作、土作、瓦作、石作、搭彩具有非

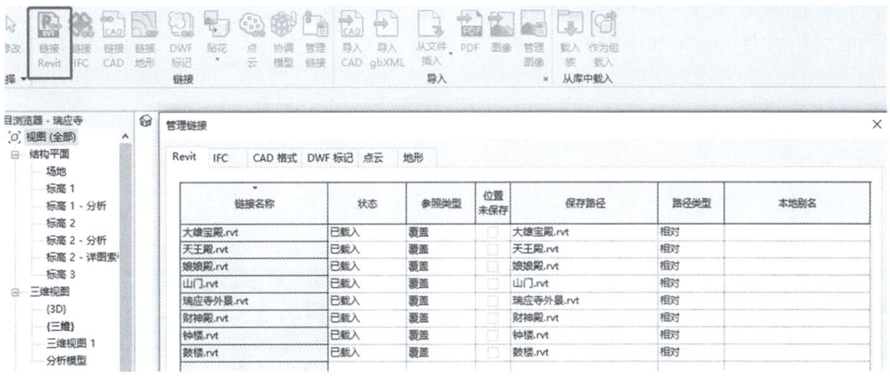

图 6.38　瑞应寺整体项目链接逻辑

常精确的表现优势，而对于古建筑的油漆、彩画、裱糊等艺术表现形式，模型建立较为繁复，而且不易精确体现其风貌，因此这些专业主要交由 3DMax、Lumion、Twinmotion 等专门用于渲染、UV 贴图的软件进行后期处理。

(2)数据收集和整理

整个项目初期利用了三维激光扫描仪对瑞应寺进行了全景扫描，用设备扫描替代了人工的现场测量和放样，避免了接触测量对建筑物造成的“二次伤害”，最大限度地精确采集古建筑表面的空间点云数据和纹理等信息，具备精度高、速度快、分辨率可调等特点。点云数据以点为单位，每个点包含三维坐标(x、y、z)、RGB 值(红、绿、蓝)和反射强度七项数据信息，通过密布的点组成建筑物的空间形体，其特点是无实体，只能精确反映物体的外露表面。为弥补这个缺点，对每个建筑物都进行了数个点位的测量扫描，以确保完全反映古建筑各个表面的建筑特点，但是对各种隐藏构件和木构件的榫卯结构还是需要人工识别并建立完全的实体模型。

瑞应寺全景扫描点云模型如图 6.39 所示。

图 6.39　瑞应寺全景扫描点云模型

三维数字化处理软件主要是应用了 SCENE 和 ReCap，通过对现场点云数据的实时现场配准、自动对象识别、扫描图像配准和定位功能，帮助用户轻松而高效地处理和管理扫描后的数据。利用这两款软件可以将三维扫描的数据格式转换为 Revit 可以识别的.rcp 格式文件，进行局部数据选择工作。

(3)三维扫描数据整理

由于在 Revit 数字化建模过程中主要应用的是同属 Autodesk 公司的 ReCap 软件，所以本书重点介绍这款用于智能模型创建的现实捕捉和 3D 扫描的软件。

打开 ReCap 软件后出现图 6.40 所示的初始界面，直接点击 new project 后，弹出对话框，点击 import point cloud 选项。

在弹出的 create new project 选项卡中设置新的文件名和保存路径，点击 proceed 确定（见图 6.41），建立新的数字化项目。通过选择 select files to import，点击 launch project，加载瑞应寺整体三维扫描. rcp 格式数据。

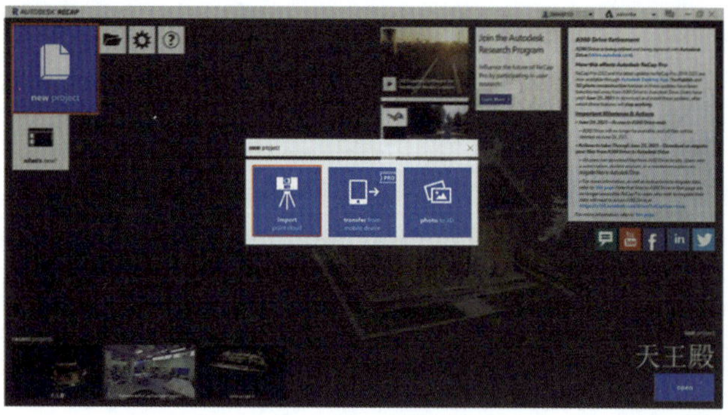

图 6.40 ReCap 软件初始界面

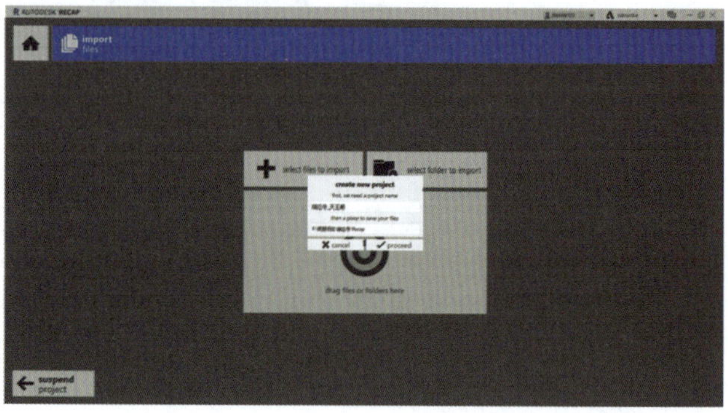

图 6.41 create new project 选项卡

同时点击鼠标中键和 Shift 键，滚动调整天王殿模型到居中并且正向的位置，然后点击鼠标左键框选天王殿，可以看到弹出 Clip Outside 按钮（见图 6.42）。

通过多个角度选择并选择 Clip Outside 按钮，清除多余的点云数据，可以获取单独的天王殿模型，这样在建模时可以排除其他单位工程点云的干扰，然后再点击 Save As 按键，保存为. rcp 格式（见图 6.43）。

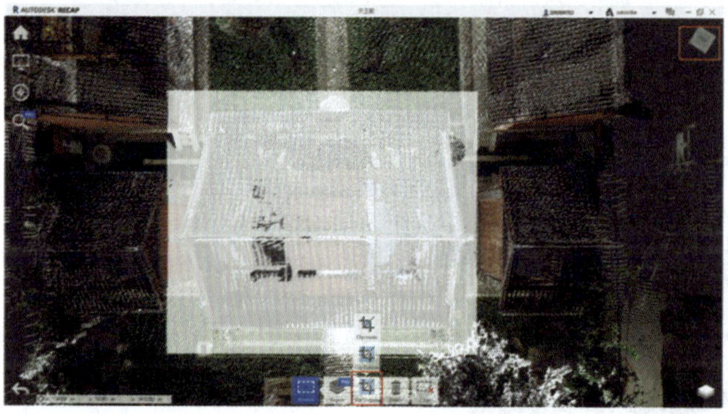

图 6.42 Clip Outside 按钮

图 6.43 保存天王殿点云数据

（4）三维数据的导入

打开 Revit 新建项目选项卡，选择结构样板，将整理完成后的. rcp 数据通过 Revit 插入选项卡中的点云按钮载入（见图 6.44），载入后的点云图像需要按照绘图要求调整原点和标高。由于 Revit 结构样板中具有梁的选项，而门窗、屋面、基础、体量等图形在结构样板中也有很好的显示条件，所以大部分古建筑构件均选择结构样板制作。

BIM 建模中有一个非常重要的规则，即所有的专业模型必须要有统一的原点，这是因为后续工作中经常需要将不同单位模型载入不同三维软件的同一个项目中，这些三维软件都有个共同特点，即原点位置和轴向全部统一，为了能够精确定位和保证模型一致性，一般情况下都将单位建筑模型的 A 轴和 1 轴的交点作为模型的基准原点，所以我们在场地结构平面上通过项目基点（0,0）先建立横向的 A 轴和纵向的 1 轴（见图 6.45）。

同样为了模型标高的定位准确，我们统一将古建筑单位模型台明上皮面定为正负零标高，通过建筑立面将点云数据模型台明上皮统一至合适的高程后，通过四个方向的立面反复确认完成即可。

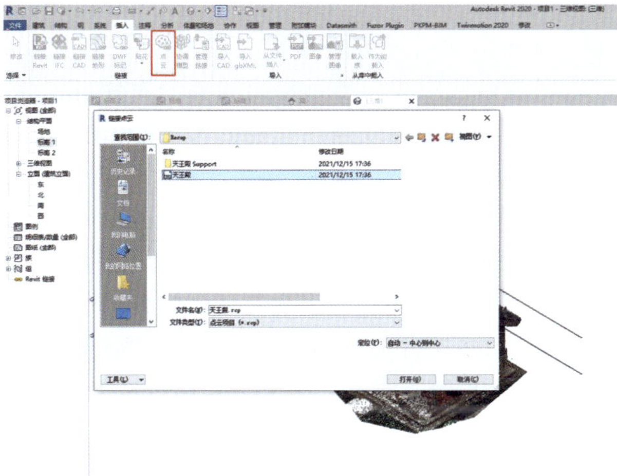

图 6.44　点云数据的导入

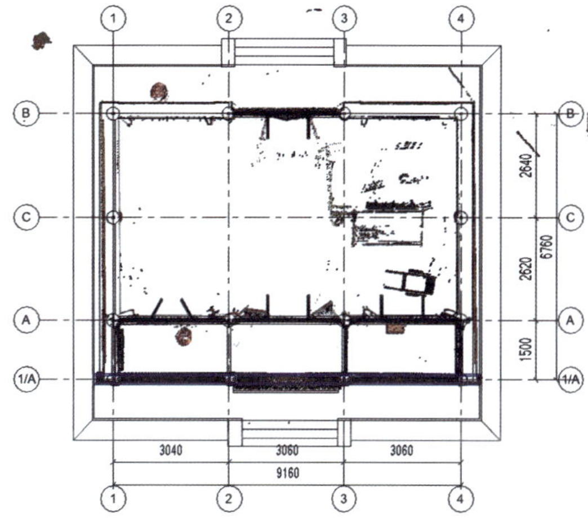

图 6.45　点云数据轴网的创建

通过调整平面视图的视图范围，点云模型檐柱位置在图中就清晰地显现出来，将前排的檐柱中心用辅助线连接起来并延长，形成一条平行于檐面的线，然后再通过山墙的檐柱中心绘制垂直于檐面线的线条，形成一条平行于山面的线。选择移动点云数据模型和辅助线，将两线交点移动到 A 轴、1 轴交点处重合。以基点为旋转轴旋转整体模型，将檐面线与 A 轴重合，山面线与 1 轴重合，反复确认无误后，完成点云数据的导入和轴线调整。

最后就是通过确认点云数据模型檐柱、金柱、中柱的轴心位置，建立单位古建筑模型的轴网，反复确认调整位置后完成。

各部位构件基准标高是在模型建立的过程中通过反复确认檐柱端面、正心桁、老檐桁、上金桁、脊桁和通脊顶面自行确认和创建。

6.2.4　基础模型布设

(1)基础部分介绍

瑞应寺殿廊基础部分包括台明、台基、压阑石、土衬石、踏跺、砚窝石、垂带石、三角石、柱础，属于石作的一部分(见图 6.46)。

图 6.46　山门基础部分详解

台明：中国古建筑一般都是建于台基之上，台基露出地面的部分称为台明，形式上分为普通平台式和须弥座两大类。小式建筑的台明高通用规定为柱高的五分之一或柱径的两倍，大式建筑的台明高为柱加斗拱高（台明上皮至挑尖梁下皮）的四分之一。由于瑞应寺各单位殿堂建筑与通用规定相差较大，为尽可能还原建筑原风貌，尺寸基数主要以点云测量数据为准，通用规定为辅。台明由檐柱中线向外延伸出的部分为台明出沿，对应屋顶的上出檐，又称为“下出”。下出尺寸，小式做法为上出檐的五分之四或檐柱柱径的两倍，大式台明出沿为上出檐的四分之三。有些大式建筑台明前端还增加低一阶沿的“月台”，本意为“乐台”，属于建筑台基的一部分，是举行宗教祭祀活动的场所。大型建筑物的台明还附有台阶、栏杆等台基构件。

台基：古建筑台基根据不同砌筑方式分为几种类型。台基面砖为磨砖对缝砌筑的干摆砖台基称为素平台基；用砖砌基墙，以压阑石（阶条石）压顶称为压阑石砖砌台基；在台基压阑石与土衬石之间的台腰部位，用短柱分隔成许多格子的台基，称为隔身版柱式台基；由多种形式组成的多层台基，称为组合式台基；大门为通马车而将中间一间台基隔断，使正中间室内外地坪标高相平的台基称为断砌造台基。瑞应寺殿堂台基即为压阑石砖砌台基。

踏跺：即台阶，也叫踏步，一般用砖或石条砌造，置于台基与室外地面之间，宋称“踏道”。传统建筑中的踏跺形式有垂带踏跺、如意踏跺、御路踏跺等，根据建筑大小制式不同而定。高宽比一般为 1∶2，特殊情况下可为 1∶1。

砚窝石：相当于台基下的土衬石，踏跺台阶最下一级，埋在台阶底下的基础石，较地面略高一至二寸，与台基的土衬石齐平，抵抗台阶推力。

土衬石：置于台基陡板部分之下或须弥座圭角之下，围台明外沿一圈所卧砌的石条，与地面基本相平。

压阑石：清代称阶条石，宋代称压阑石。宋代在压阑石以下、角石以内一般砌砖，清代有时镶石板，称陡板石。

散水：房屋外部，沿屋檐一圈的土质台基表面有时会镶砌一些石子，称为“散水”。古建筑多为坡顶，下雨时雨水会沿屋檐汇集落下，冲击力较强。利用散水不规则的石子面可以分散弹射水滴的冲击力，保护台基。

垂带石：垂带踏跺两侧由台基至地面斜置的条石，在踏跺两旁并随踏跺的方向倾斜而下，宽厚尺寸同阶条石，与明间两侧的檐柱中线对齐。有垂带的台阶称为垂带踏跺，这种台阶须在下面放置砚窝石，以承托垂带。

如意踏步（如意踏跺）：有的台阶不做垂带，踏步条石沿左、中、右三个方向布置，人可沿三个方向上下，这种台阶称为如意踏跺，一般用于住宅或园林。如意踏步形式自由，有的将踏面自下而上逐层缩小，或用天然石堆砌成规则形状。

象眼、三角石：位于台阶两侧的三角形部分，吴称“三角石”。宋、元时砌成逐层内凹的形式，明代以后则用平砌。

门枕石：俗称门墩、门座、门台、镇门石等，是门槛内外两侧安装及稳固门扉转轴的一个功能构件，因其雕成枕头形或箱子形，故称门枕石。门枕石为长条形，中间一道凹槽安置门的下槛。门内部分有供门轴转动之用的海窝。门轴上端由连楹木固定，下端落在海窝内。它不仅能承受和平衡门扉的重量，还可强固门框。故其门内部分承托构件，门外部分平衡构件，一般做成抱鼓石样式。

柱础（柱顶石、鼓磴）：木柱下垫的石块，或方或圆，造型多样，或素方，或精雕。雕刻柱础以莲花和覆盆状最为常见。主要作用是承载上部荷载，防止地面湿气对木柱的侵蚀。

槛垫石：垫在门槛下边的条石，与门槛平行，上皮与地面或台基表面齐平，放置的方向与建筑面阔方向一致。

根据基础部分的特性分为板、台阶、槛墙三个部分，对应 Revit 结构模块中的楼板、楼梯和结构墙。结构特征相符且特性对应，因此在绘制古建筑基础时也尽可能地利用这些绘图工具，以保证古建筑结构几何和非几何信息的完整和契合。

（2）板的创建

通过建立南立面的剖面图，可以测量点云模型，得到楼板台明、台基的厚度参数。根据测量值创建楼板类型为石板基础的面层和砖石结构（见图 6.47）。建立好楼板类型后，调整平面标高的视图范围，图中台明边缘的点云轮廓清楚显现后，用石板基础的边界线勾勒轮廓，完成基础底板的绘制。再点击修改组成部分命令板中的创建零件命令，将基础底板的组成部分分解并显示。通过测量点云图形，得到压阑石宽度和压阑石在台基上的出沿宽度。点击基础底板的台明部分，利用分割零件命令将压阑石宽度部分剖解出来，点击属性栏的标识数据中“通过原始分类的材质”项，材质一栏亮显后将台明的材质设置为压阑石的材质。在图中用模型线沿基础底板轮廓绘制出台基出沿宽度的轮廓，应用对齐工具将压阑石外沿与模型线对齐，形成符合点云图形的错台（见图 6.48）。

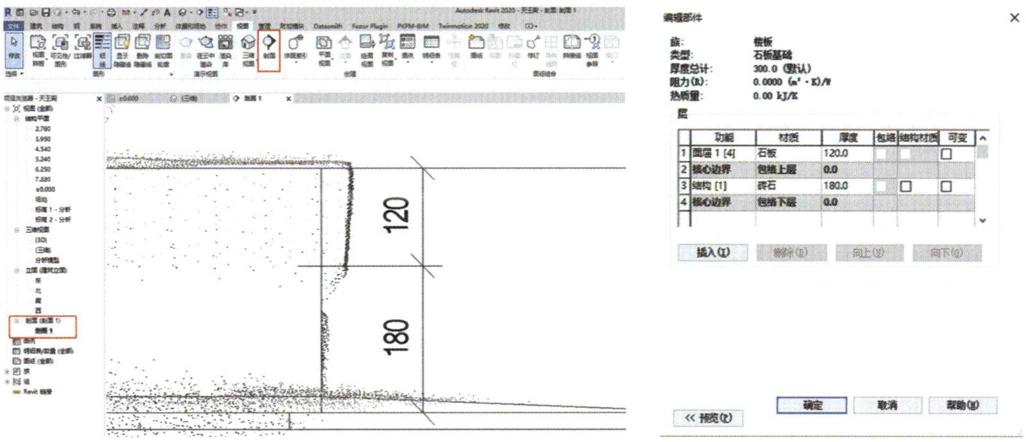

图 6.47　剖面图的测量和板的创建

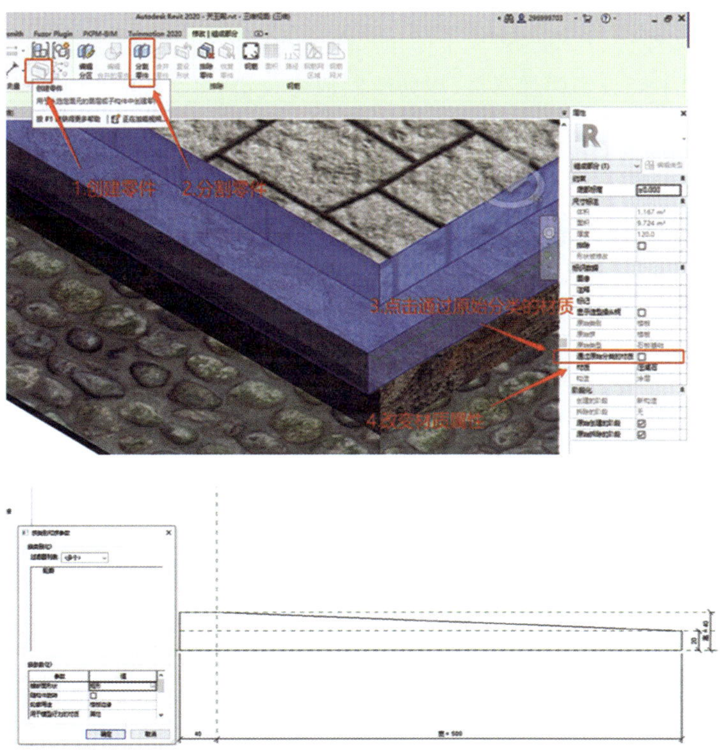

图 6.48　基础底板组成部分创建方式

（3）散水的创建

创建散水的公制轮廓参数族，将族类别和族参数表中的轮廓用途改为楼板边缘，命名为散水轮廓，保存后载入主项目。

在主项目中点击楼板边缘命令，弹出类型属性选项卡，将类型更改为散水，构造中的轮廓选项载入散水轮廓，材质更改为碎石。调整好楼板边缘类型选项后，点击楼板外轮廓形成散水。然后输入约束参数（见

图 6.49)，将散水调整到基础底板合适的位置，删除所有辅助用的模型线和详图线，完成基础底板的绘制。

(4)踏跺的创建

垂带踏跺选用建筑选项卡中的楼梯，选取“系统族：现场浇筑楼梯”进行创建，其最下一级台阶相当于砚窝石，因此其底部标高设置为地面标高再减去一级台阶的高度(见图 6.50)。

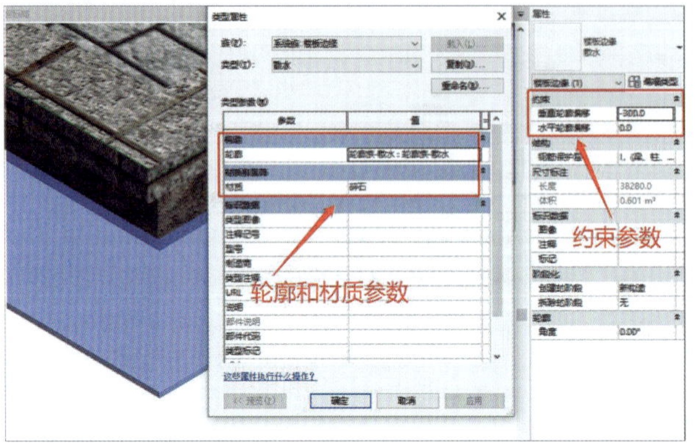

图 6.49 散水轮廓参数调整和创建

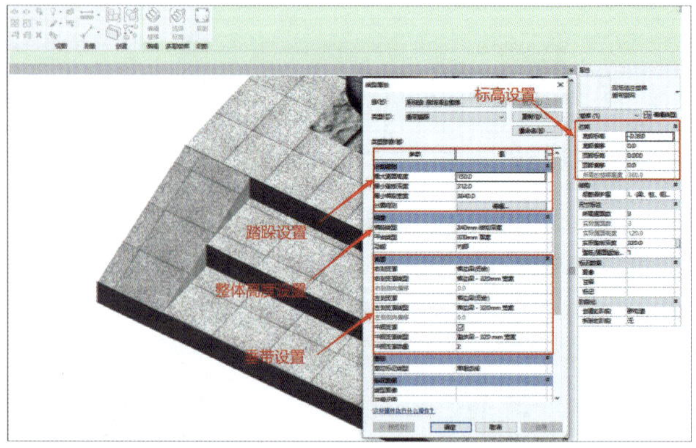

图 6.50 垂带踏跺的参数设置

调整梯面数符合实际数量。两侧垂带可以在编辑类型面板中，将左右两侧支撑选为梯边梁，根据点云测量值调整类型宽度参数即可。注意垂带踏跺的梯段类型结构深度大于楼梯高度，便于楼梯底面与地面相平。

在“系统族：现场浇筑楼梯”类型属性面板中复制如意踏跺类型，左右侧支撑全部选择为无。放置梯段后点击转换按键将楼梯转换为草图模式，在草图模式中使用踢面线按照所需样式绘制，注意在楼梯端头位置的轮廓必须设置为边界线，且在楼梯中部设置楼梯路径，以防绘制程序报错。

踏跺根据点云数据模型的外形尺寸绘制正确后，在类型参数表中选择梯段类型和支撑类型的选项，调整梯边梁和梯段类型的材质与压阑石材质一致，完成踏跺的绘制(见图 6.51)。

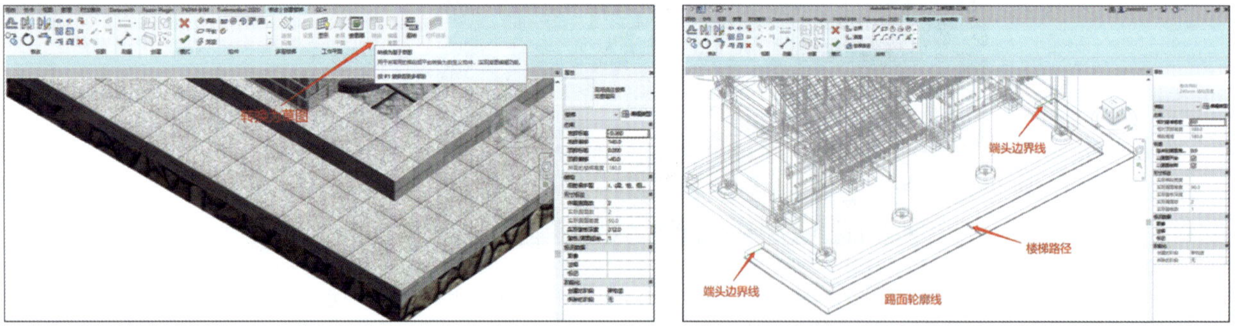

图 6.51 如意踏跺的绘制

(5)柱础的创建

柱础石作为中国古建筑独具特色的一个部分，具有“起源早，数量多，形式广，价值高”的特点。宋称柱础，清称柱顶石，是放置在古建筑柱下，防止木构件被潮气侵蚀和稳固基础的部件。

历史建筑都讲究基础的制作，柱础石变化繁多，形式丰富。汉代柱础多为方形，雕琢粗糙。南北朝以坐兽或覆莲为首选柱础形制。隋唐五代柱础雕饰题材以莲花多见，远望清晰，近观耐看，整体与局部有机统一。宋辽金时期做法有素平柱础、覆盆柱础、铺地莲花、仰覆莲花四种形式，形如其名，纹样秀美。元明清时期柱础发展较为成熟，精细、工整而繁复的形式多出于殿堂之上，而粗放朴实、雕饰简练多出于民间，特别是鼓镜式更常见于庙堂。

瑞应寺整体即为典型的鼓镜式柱础，柱础部件的制作，可以结合调整结构平面的视图范围，在点云模型上测量准确的尺寸参数(见图 6.52)。利用嵌套族的特性做成参数化部件模型，便于在整个项目中通过参数控制柱础的外形尺寸反复利用。

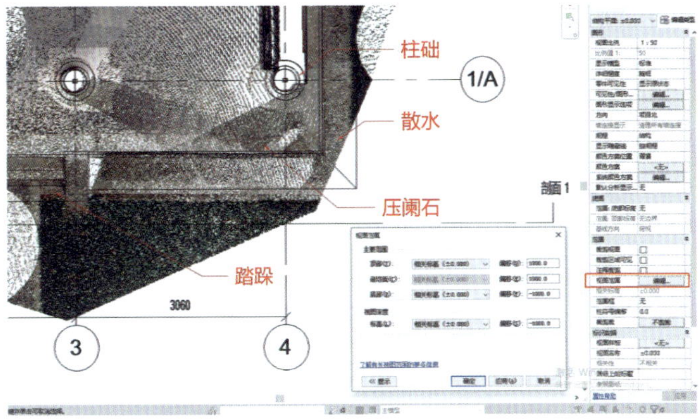

图 6.52　基础底板组件的测量

新建公制常规模型的族样板后，柱础作为圆形部件可以应用实心旋转在立面视图绘制，注意将其断面的中轴线与底部轮廓线分别与中心参照线和平面参照线锁定，然后再以两条参照线为基准分别设定半径和厚度的实例参数，如果参数是固定值，可以直接锁定，不必另外设值（见图 6.53）。

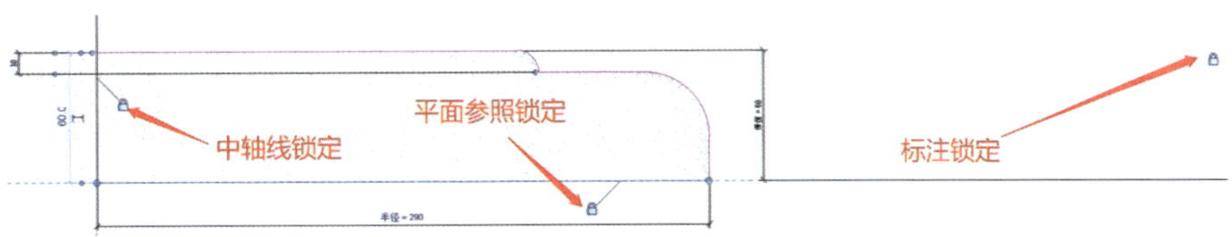

图 6.53　柱础部件的实心旋转

应用空心形状在柱础石上方切出与柱子管脚榫相配的海眼，新建基于面的公制常规模型，将其族类别和族参数选择为结构加强板。先用空心方形拉伸在基础面上剪切出方形基础，然后倒入柱础部件，将柱础部件上表面与参照平面锁定，柱础部件的两条中轴线与平面中两条中轴线分别锁定，柱础尺寸参数与嵌套族关联设定后载入项目。在项目中放置即可直接附着于平面上，并在基础底板上剪切出相应的柱础放置位置（见图 6.54）。

（6）门枕石、槛垫石、象眼的创建

由于在 Revit 建模中，门窗均需要附着在墙面上，可以应用其特性，新建门枕石与槛垫石的结构墙，改变其结构材质为石材，放置于门框的位置，当门放置好后可以直接剪切出形状（见图 6.55）。象眼创建比较自由，可以直接应用内建模型或者用墙创建后重新编辑轮廓。

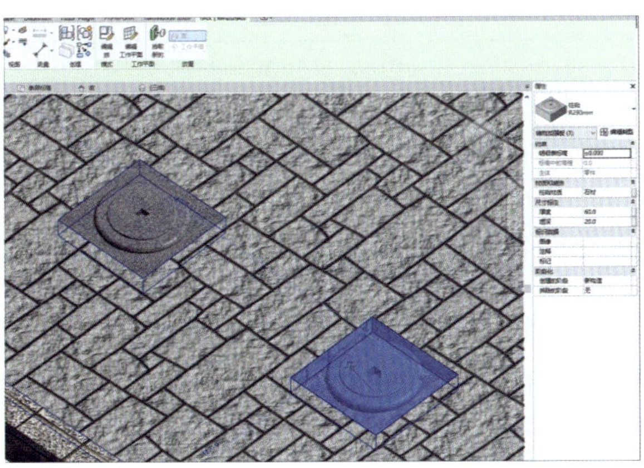

图 6.54　基于面的柱础嵌套族平面自动剪切

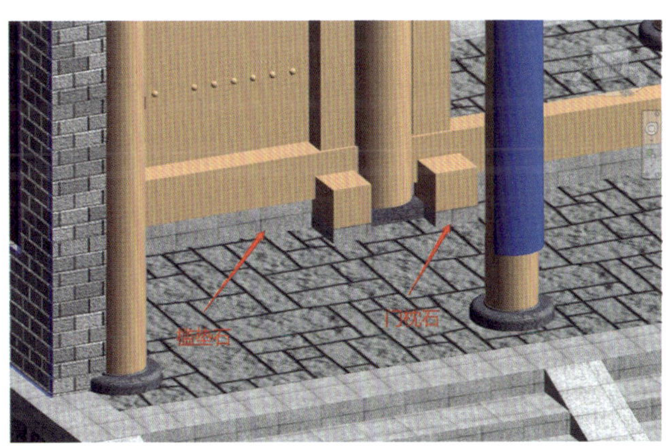

图 6.55　门枕石、槛垫石的创建

6.2.5 大木作的创建

大木作构造繁多，型式复杂，现今的麦积山瑞应寺建筑为明代后期所建，清乾隆八年(1743 年)和嘉庆二十五年(1820 年)对建筑进行了重修。其建筑样式以明清标准为主，其斗拱上附水平斜置的斜拱，即与建筑物面阔和进深成 45°或 60°角的斗拱。此种斗拱作为古代木结构的构件，从未给出明确定义，但在现存的古建筑实物中却经常出现。斜拱始于宋，盛于辽金，消亡于清。

斗口量度，清式建筑的度量采用"营造尺"和"斗口制"两种：1 营造尺＝32 cm；平身科大斗檐面开口尺寸(头层翘昂的宽度)为一斗口。斗口分十一等级，头等材斗口宽六寸，以至十一等材各减五分，对照列表如表 6.2 所示。

表 6.2 斗口量度对照表

斗口等级	营造尺	公制	斗口等级	营造尺	公制
一等材	6 寸	19.2 cm	七等材	3 寸	9.6 cm
二等材	5.5 寸	17.6 cm	八等材	2.5 寸	8 cm
三等材	5 寸	16 cm	九等材	2 寸	6.4 cm
四等材	4.5 寸	14.4 cm	十等材	1.5 寸	4.8 cm
五等材	4 寸	12.8 cm	十一等材	1 寸	3.2 cm
六等材	3.5 寸	11.2 cm			

(1)柱族的创建

古建筑的柱子高度与直径是有一定比例关系的，柱高与面阔也有一定比例。表 6.3 为柱的一般比例做法，可以作为参考。在实际搭建过程中，木构件很多地方是可以变通的，没有完全的定式，因此在模型创建中以点云测量数据为主，比例做法作为辅助对照手段。

表 6.3 柱参数表

柱	大式		小式	
	高	径	高	径
檐柱	60 斗口	6 斗口(收分千分之一)	五分之四面阔或 11 径	十一分之一高
金柱	60 斗口＋廊步五举	6.6 斗口	五分之四面阔＋廊步五举	檐柱径加 1 寸
重檐金柱		7.2 斗口		
童柱		6.6 斗口		
中柱		7 斗口		
山柱				檐柱径加 2 寸

古建筑木柱中除去瓜柱一类的短柱外，任何柱子都是根部略粗、顶部略细的做法，称之为"收溜"，又称"收分"。柱子做出收分，稳定而又轻巧。小式建筑收分大小一般为柱高的 1/100(柱高 3 m，收分 3 cm，假定柱根直径 27 cm，柱头收分后直径为 24 cm)。大式建筑柱子收分规定为 1/1000。

为了加强建筑的整体稳定性，古建筑最外一圈柱子下脚通常向外侧移一定的尺寸，使外檐柱子上端略向内侧倾斜，这种做法称为"侧脚"或"掰升"(见图 6.56)。清代建筑柱子的侧脚尺寸与收分尺寸基本相同，即"溜多少，升多少"(外檐的柱脚中线按原设计尺寸向外侧移出柱高的 1/1000(或 7/1000)，并将移出后的位置作为柱子下脚的中轴线，而柱头位置仍保持原位不动，这样就出现了柱根、柱头两个平面位置)，柱子侧脚是在原设计尺寸的基础上将柱根向外侧移动。

大雄宝殿柱的分类如图 6.57 所示。

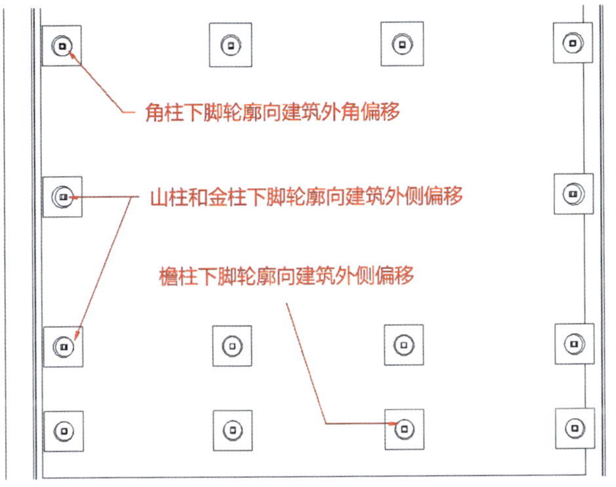

图 6.56　古建筑侧脚平面视图

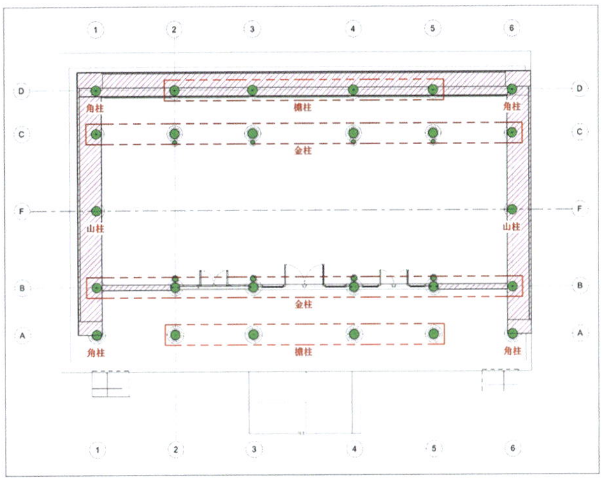

图 6.57　大雄宝殿柱的分类

(2)垂直构件的榫卯工艺要求

管脚榫:施于腿足的下部,故名。它用于各种落地柱的根部,童柱与梁架或墩斗相交处也用管脚榫,防止柱脚位移。管脚榫有透榫、半榫、明榫和暗榫之别,又有单榫和双榫之分。

在清《工程做法则例》中,规定"每柱径一尺,外加上下榫各长三寸",将管脚榫的长度定为柱径的 3/10。在实际施工中,常根据柱径大小适当调整管脚榫的长短尺寸,一般控制在 3/10～2/10 之间。管脚榫截面或方或圆,榫的端部适当收溜(即头部略小),榫的外端要倒楞,以便安装。较大规模的建筑,由于柱径粗大,且有槛墙维护,稳定性好,为安装方便,常常不做管脚榫。

馒头榫:柱上端与梁接合的榫,位于柱头中线位置,呈方形,宽高均为柱直径的 1/4～3/10,榫根部略大,头部略小,呈方形馒头状,多见于小式做法。

清式古建筑的大式带斗拱建筑的柱高,按斗拱口份数定,《工程做法则例》规定"凡檐柱以斗口七十份定高","如斗口二寸五分,得檐柱连平板枋,斗科通高一丈七尺五寸。内除平板枋、斗科之高,即得檐柱净高尺寸"。从这段规定可以看出,所谓大式带斗拱建筑的柱高,是包括平板枋、斗拱在内的整个高度,即从柱根到挑檐桁下皮的高度(见图 6.58 和图 6.59)。

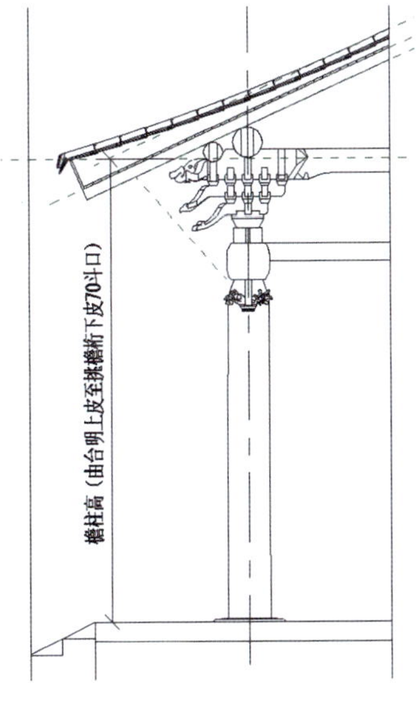

图 6.58　檐柱高度计算

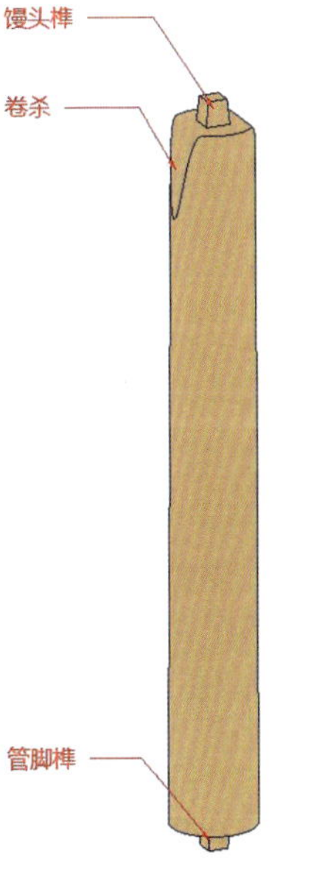

图 6.59　柱参数部位

70 斗口减掉平板枋和斗拱高度，所余尺寸不足 60 斗口（梁思成先生《清式营造则例》规定带斗拱建筑檐柱高一律为 60 斗口，与此略有差别）。

套顶榫：套顶榫长短、径寸高于管脚榫，是穿透柱顶石直接落脚于磉礅的长榫。长短一般为柱子露明部分的 1/3～1/5，榫径为柱径的 1/2～4/5 不等。套顶榫多用于长廊的柱子（一般每隔二三根用一根套顶柱），也常用于地势高、受风荷较大的建筑物，作用在于加强建筑物的稳定性。由于套顶榫深埋地下，易于腐朽，埋入地下部分需要做防腐处理。

脚半榫：用于与梁架垂直相交的瓜柱（包括金柱、脊瓜柱、交金瓜柱等），柱脚亦用管脚榫，但是这种管脚榫采用一般的半榫做法。为增强稳定性，瓜柱又常与角背结合双脚榫来使用。脚半榫长度，根据瓜柱本身大小调整。

（3）柱参数族创建

选择 Revit 族样板文件中的公制结构柱创建结构柱类型，删除所有矩形柱的族参数和尺寸标注，只保留中心（左/右）和中心（前/后）两个平面参照视图并锁定。

a. 根据参数类型建立如图 6.60 所示的尺寸标注参数和数据参数。

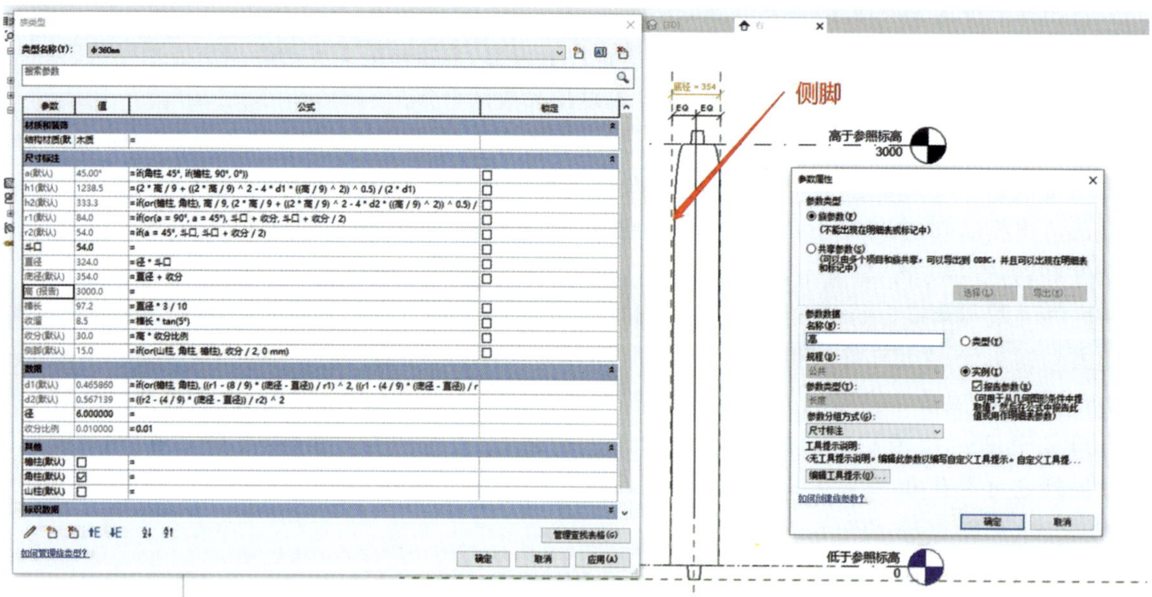

图 6.60　柱参数值的初步设定

此处为柱参数值的初步设定，由于金柱、檐柱和山柱根据其部位不同，有不同的功能和轮廓参数，需要在模型建立过程中根据具体形参数进一步修改。图中高度参数以低于参照标高和高于参照标高高度为尺寸，形成实例类型的报告参数，作为底径计算的基准参数。报告参数标注为可变参数，可以在图形中提取值，作为其他参数值公式中的基准参数。柱上下两端榫头的高宽均取值为柱直径的 3/10。由于收溜一般为经验做法，无标准值，所以在这里以 5°的角度替代，根据公式计算收溜值。

b. 利用参照线，建立柱项上径和柱底直径的坐标系。

如图 6.61 所示，先绘制角度控制参照线，将其一端分别与中心（左/右）和中心（前/后）参照平面锁定，设置 a 为旋转参照角度。根据角柱、檐柱和山柱的侧脚要求，设置 3 组为“是/否”的参数类型分别命名。参照角度公式中，当值为角柱，则 a 为 45 度；值为檐柱，则 a 为 90 度，其他情况一律是 0 度。

在角度控制线上延伸出垂直参照线作为上径控制线，将上径控制线和角度控制线的交点作为柱项上径面的圆心控制点。为保证上径控制线在角度 a 变化的情况下保持与角度控制线的垂直，设定 90 度的角度标注并锁定。上径控制线与角度控制线端点设置侧脚尺寸的参数值。注意，此步骤是后续参数化模型正常运行的重要一步，需要经常调试以保证参数化族的正常运行。

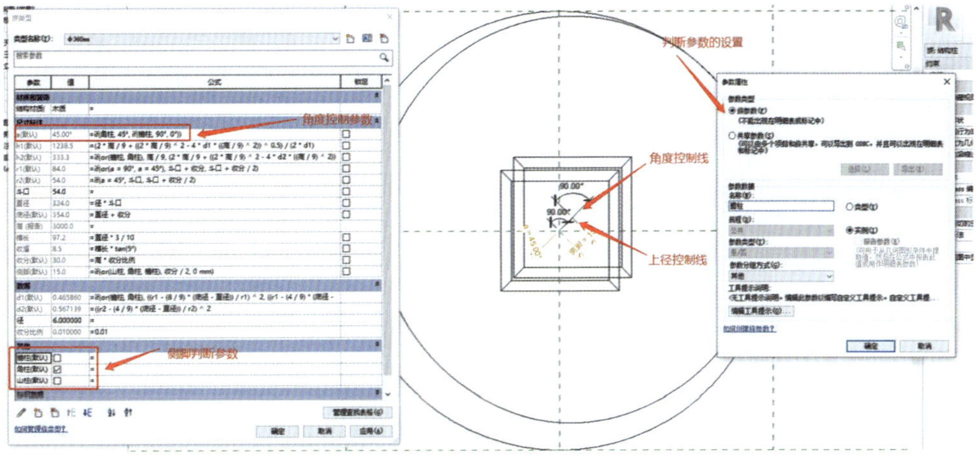

图 6.61　建立柱上径和底径坐标控制体系

c.利用融合命令绘制柱身,与各尺寸参数值和标高锁定,赋予柱身材质。

如图 6.62 所示,通过融合命令创建柱身的形状,编辑形状的轮廓,锁定底径参数值。需要注意的是,点选底部轮廓,将属性界面中的中心标记可见打钩,可以看到图中出现圆心十字标记,将圆心分别与左右中心线和前后中心线锁定,以保证柱身参数值变动时不会产生偏移。点选编辑顶部轮廓,同样锁定直径,显示圆轮廓中心的标记,将标记分别与上径控制线和角度控制线锁定,进行参数变动调试后确保无误。然后转到立面视图将直径轮廓面、底径轮廓面分别与高于参照标高和低于参照标高对齐锁定。再在属性的材质和装饰栏中将结构材质与柱身绑定。

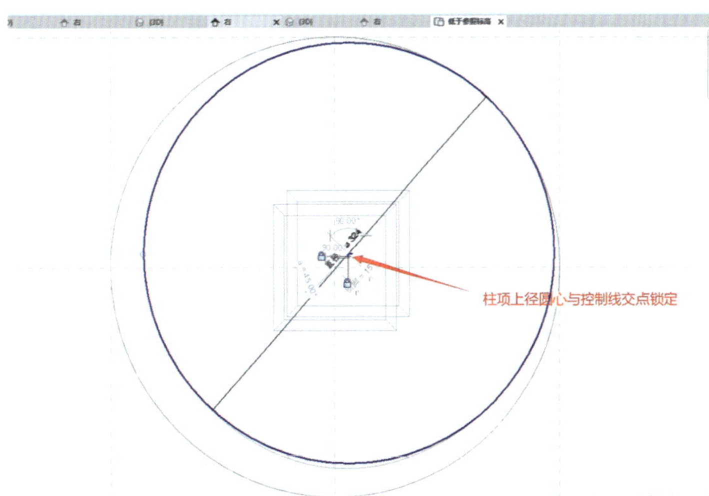

图 6.62　锁定柱身参数值

d.建立管脚榫和馒头榫图形,锁定尺寸,与柱身连接几何图形。

如图 6.63 所示,分别设置柱的上下面作为馒头榫和管脚榫的基准工作面,上端为馒头榫,与额枋或者平板枋接合,下端为管脚榫,与柱础石的海眼相配。在编辑融合图形轮廓的时候设置标注参数,可以避免设置过多的参照平面,轮廓中的标注参数也可与外部轮廓形成外部约束。同样管脚榫轮廓线以上/下和左/右的参照面为中心,而馒头榫则以角度控制线和上径控制线的交点为中心。需要注意,有时标注拾取轮廓时会拾取到其他重叠的轮廓,形成灰色的尺寸标注线,点击 Tab 键即可重新选择,直到在轮廓编辑界面中形成黑色尺寸标注线为止。所有榫构件的上下端与榫长参照线锁定后,通过连接几何图形命令与柱身连接,其材质参数即可自动与柱身材质匹配。

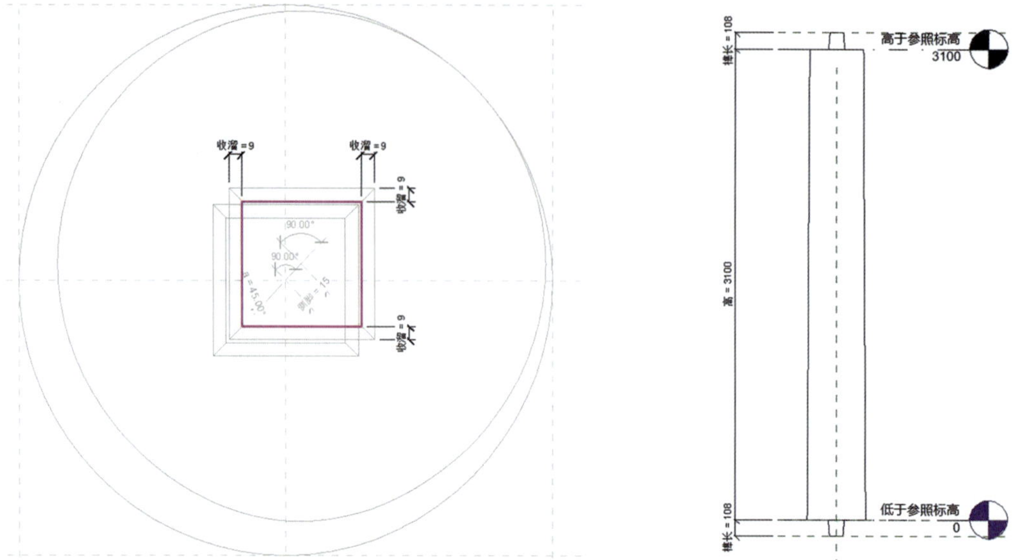

图 6.63　榫的立面和平面尺寸设置

e. 柱头部分设置燕尾榫榫槽，柱身部分设置穿插枋榫眼。

清式建筑中，横架在檐柱顶上连贯两檐柱的横木，称为额枋。有些额枋上下两层重叠，在上的称为大额枋，在下的称为小额枋，额枋上置平板枋。额枋在南北朝之前多置于柱顶，隋唐后才移到柱间。而麦积山古建筑中天王殿和大雄宝殿的额枋居于柱顶，娘娘殿和财神殿却又居于柱间。因此柱顶端燕尾榫榫槽连接构件有额枋、小额枋、雀替三种情况，设置榫槽位置需要根据相连构件的具体位置进行调整。与柱连接的还有穿插枋、穿插梁、格扇等构件（见图 6.64），榫卯形式多样，榫槽往往无法做成统一参数形式。

在 Revit 2020 版以后的项目中，两个族之间可以通过修改选项卡中的剪切几何图形命令在柱身上掏出榫槽和榫眼，具体做法是选择剪切几何图形命令，然后点选被剪切的几何构件，再点选需要剪切的几何构件。但是要注意剪切的异形构件需要留出一定余量，否则会因为不光滑边缘处有微小的叠合造成软件计算错误（见图 6.65）。

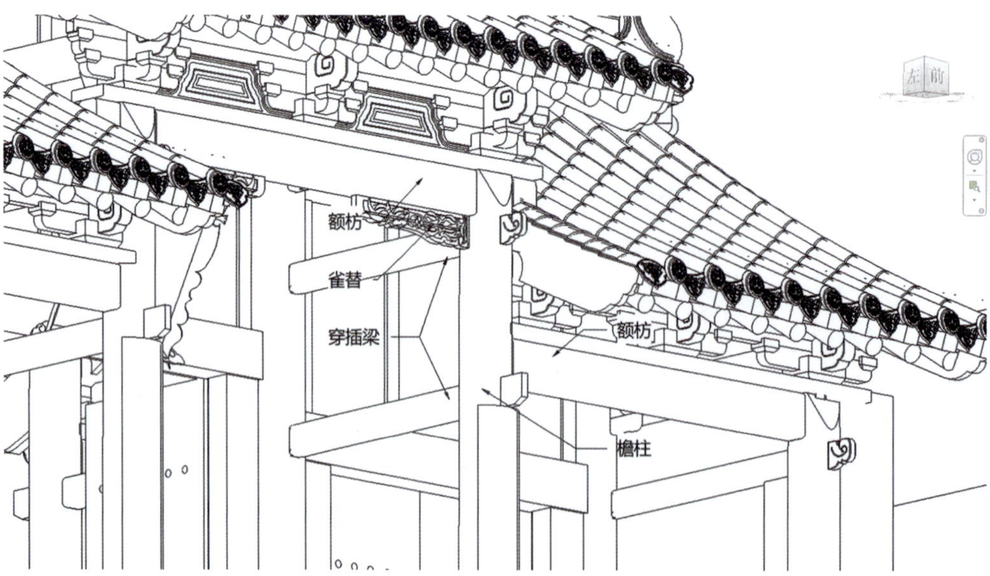

图 6.64　柱与构件复杂榫卯节点

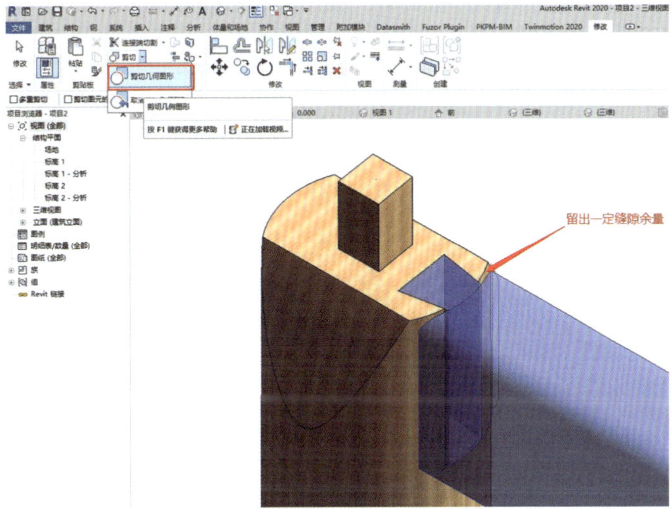

图 6.65 利用剪切几何图形命令设置榫槽

建立不同的柱类型并按照点云数据模型放置于柱础上。

由于各类型的柱功用不同，造成其外形轮廓存在差异，所以建议不同的柱类型单独建立参数族库，方便后期管理、出图、列表、渲染等工作。将建立好的柱参数族分别按照需求存为檐柱、金柱和山柱，其他类型柱族外形差别较大，需要重新建立参数族。

设置剖面视图反复对照点云数据模型，调整柱族的斗口参数和柱顶标高，将柱轮廓与横纵剖面的点云数据重合，正确表现模型的几何形态。最后通过剪切几何图形命令在柱础上剪切出与管脚榫相配的海眼（见图 6.66）。

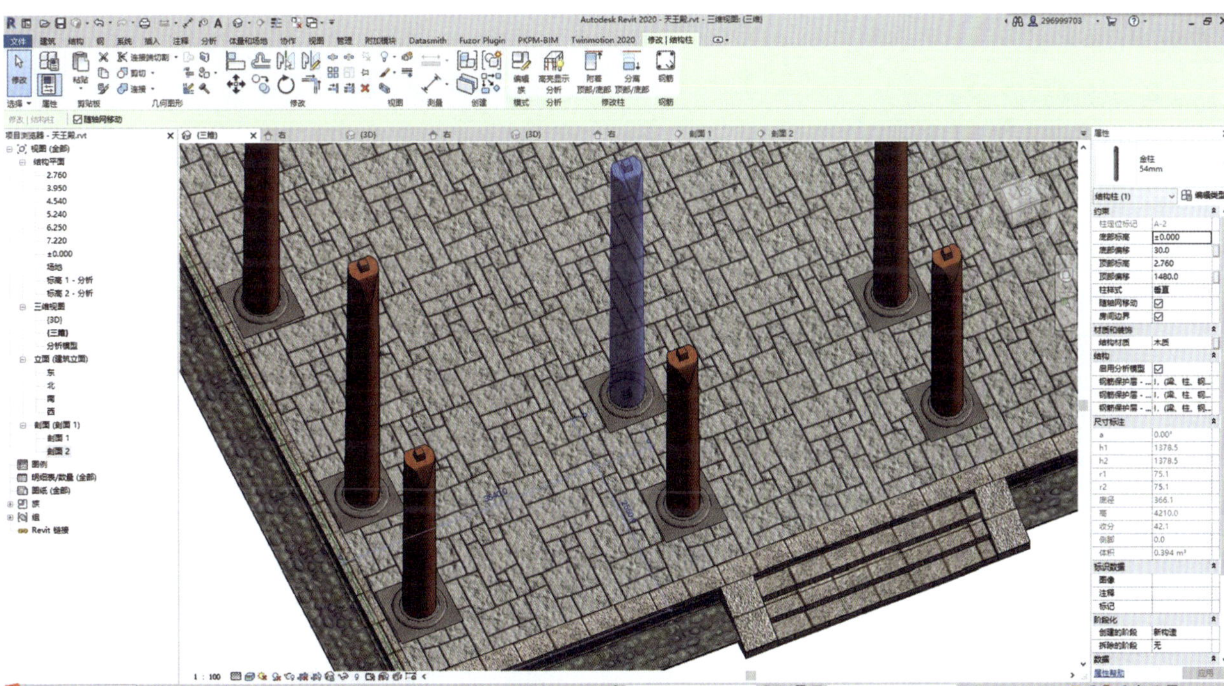

图 6.66 放置柱族并剪切海眼

(4)枋族的创建

枋是位于建筑面阔方向连接于柱与柱之间的水平构件，作用在于稳定柱和梁，在大木结构中主要有额枋、金枋、随梁枋和穿插枋。处于正脊位置的枋称为脊枋。古建筑项目中枋的参考比例如表 6.4 所示。

表 6.4　枋参数表

枋	大式		小式	
	高	径	高	径
大额枋	6.6 斗口	5.4 斗口		
小额枋	4.8 斗口	4 斗口		
重檐上大额枋	6.6 斗口	5.4 斗口		
单额枋	6 斗口	5.5 斗口		
平板枋	2 斗口	3.5 斗口		
檐枋（老檐枋同）	4 斗口	3.5 斗口	同檐柱径	$\frac{4}{5}D$
金（脊）枋	3.6 斗口	3 斗口	$D-2$ 寸	$\frac{4}{5}D-2$ 寸
燕尾枋	3 斗口	1 斗口	$\frac{1}{2}D$	$\frac{1}{6}D$
支条	2 斗口	1.5 斗口		
贴梁	2 斗口	1.5 斗口		
天花枋	6 斗口	4.8 斗口		
承椽枋	7 斗口	5.6 斗口		
雀替	长 $=\frac{明间净面阔}{4}$	高 $=1\frac{1}{4}$ 柱径	厚 $=\frac{3}{10}$ 柱径	

注：D 为檐柱径。

（5）枋参数族样板选择

枋族较柱族分类多，且榫卯工艺要求细致，其最大相同点是都属于线性的构件，可以利用 Revit 族构件中的基于线的公制常规模型，或者公制结构框架来建立参数化族（见图 6.67）。

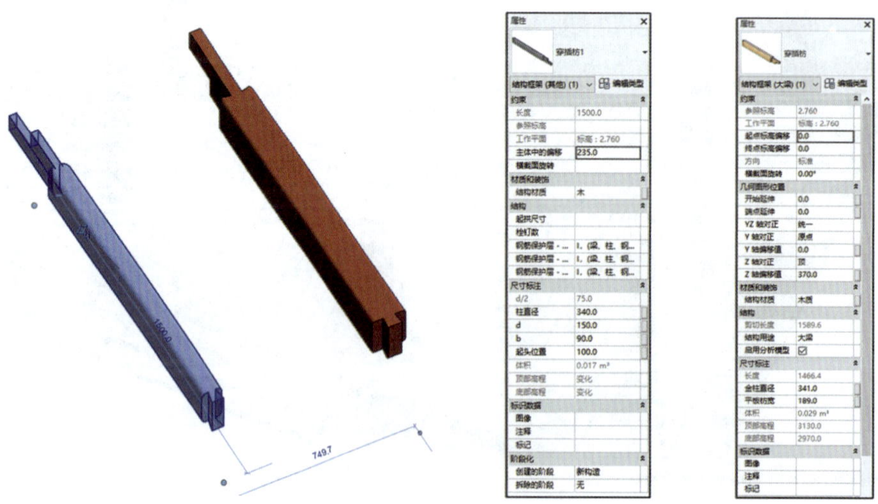

图 6.67　基于线的公制常规模型（左）与公制结构框架（右）参数对比

通过不同族样板创建参数化构件的属性对比，公制结构框架族属性栏约束信息和几何图形位置参数调整构件方便灵活，但是由于结构框架本身的族性质的设定，调整构件位置时需要更多的手动干预；基于线的公制常规模型参数较少，调整空间位置时较为灵活，但是需要参照面作为工作基础面。通过两个不同族类型的特征分析，公制结构框架族更适用于大批量的相互连接构件，需要注意的是在编辑族的时候，属性栏中结构参数用于模型行为的材质一栏调整为“木材”，结构框架长度舍入一栏数值输入0，防止混凝土材质互相首尾剪切，且构件端头留有余量的特性。

枋族的榫卯工艺要求较多，形式也比较复杂，所以在本章节中，根据不同位置和功能，每一个枋族都选择适合的族样板单独设置参数化族库模型。

(6)大额枋的制作

由于在瑞应寺天王殿建筑中，大额枋是直接安放在檐柱顶上，所以端头几何形式比较简单，无榫卯、霸王拳和三岔头，只需要注意四周收1/10的圆馒楞，直接利用方形梁修改放样轮廓即可。构件与柱头、穿插枋、栽销的卯口直接用构件剪切几何图形命令剪切出来即可。

如图6.68所示，将大额枋方形轮廓族四角改为收1/10高度的圆弧角，并用参数公式进行限制，另存为矩形木质梁的轮廓后载入矩形框架梁族中。将矩形框架梁的轮廓替换为木质梁的轮廓并另存为大额枋族文件。然后将轮廓族中的D、B参数分别链接大额枋高、径参数。修改完毕后，将属性栏中用于模型行为的材质改为“木材”性质，结构框架长度舍入改为“0”，后面所有结构框架族构件均需要改动这两个属性。最后载入项目，按照点云模型位置和断面形状改动斗口参数和Z轴偏移值。

(7)平板枋的制作

根据《营造法式》，平板枋间缝(端头榫卯)有螳螂头口和勾头搭掌两种形式，瑞应寺平板枋连接形式为勾头搭掌(见图6.69)，安装长度与大额枋平齐。其主要参数性质与大额枋相仿，只是其端头的榫卯形式有勾头、搭掌或者平齐三种情况，所以直接打开大额枋族进行制作，另存为平板枋，根据《清式营造则例》调整其径、高的参数比例。

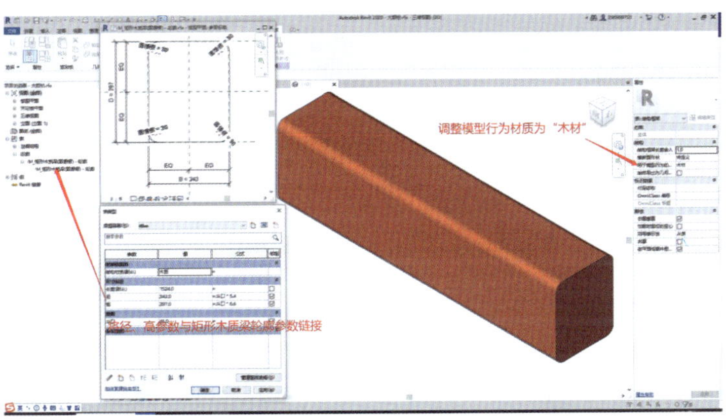

图6.68　大额枋轮廓族和大额枋参数设置

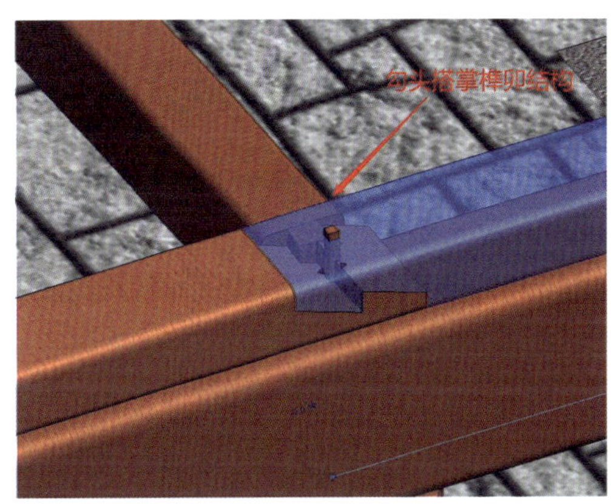

图6.69　勾头搭掌榫卯效果

a.调整结构框架族的整体长度。

平板枋长按面阔，端头榫卯至柱中，加上勾头搭掌的长度，两端须出头柱半径。按照前述要求，将结构框架的放样线段两端均拉长一个柱半径，满足勾头搭掌的长度要求(见图6.70)。

b.建立勾头搭掌的参数化模型。

将勾头搭掌的形状用空心剪切切割出来，由于勾头搭掌有三种逻辑情况——勾头、搭掌或者任意一端齐平，所以设计了三个逻辑情况与之相对应(见图6.71)。

勾头搭掌：确认就呈勾头状，取消就呈搭掌状。

左平：点击平板枋左侧与左构件参照平面齐平，取消则呈榫卯状。

右平：与左平相对，响应平板枋右侧的形状变化。

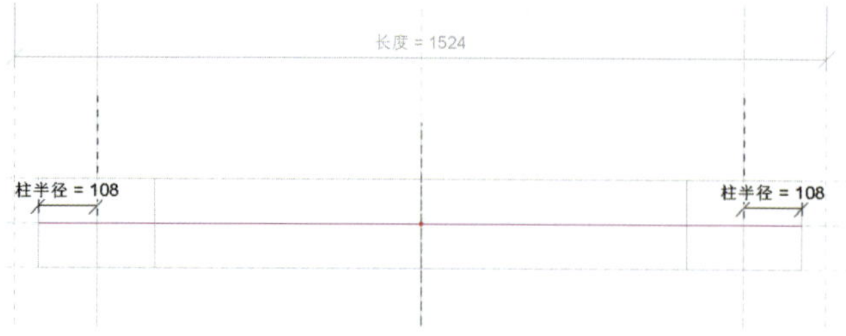

图 6.70 结构框架族长度调整

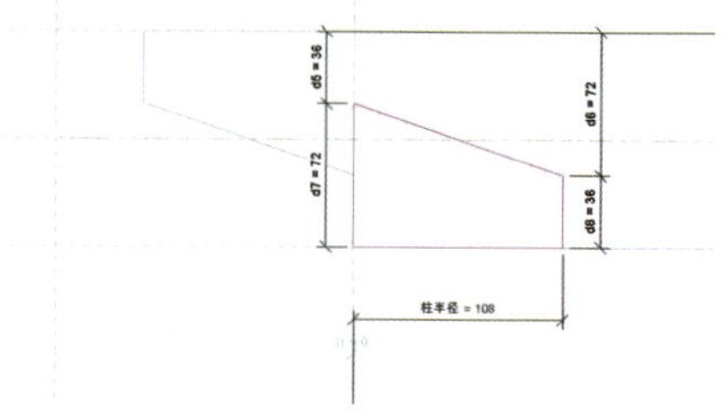

图 6.71 勾头搭掌参数逻辑及其对应左端参数设计

由勾头搭掌参数化设计图(见图 6.72)可以看出,榫卯结构由两个简单的梯形形状剪切得到,因此可以通过逻辑运算调整梯形相对于构件上边缘的位置和梯形侧边长度,根据逻辑公式正确切割构件。整体公式的逻辑推理为:当呈勾头状时,d5 为高度的 1/3,d6 为高度的 2/3,d7 和 d8 刚好剪切下半段;呈搭掌状时,d5 和 d6 数值为 0,d7 和 d8 数值则刚好能够剪切梁的上半段;当选择左平时,整个剪切形状通过 l1 的参数带动和外侧剪切形状合并,正好将长出左构件控制平面的多余体形全部剪切;同样,右侧的剪切体形也是通过 d9、d10、d11、d12 相应参数驱动(见图 6.73)。

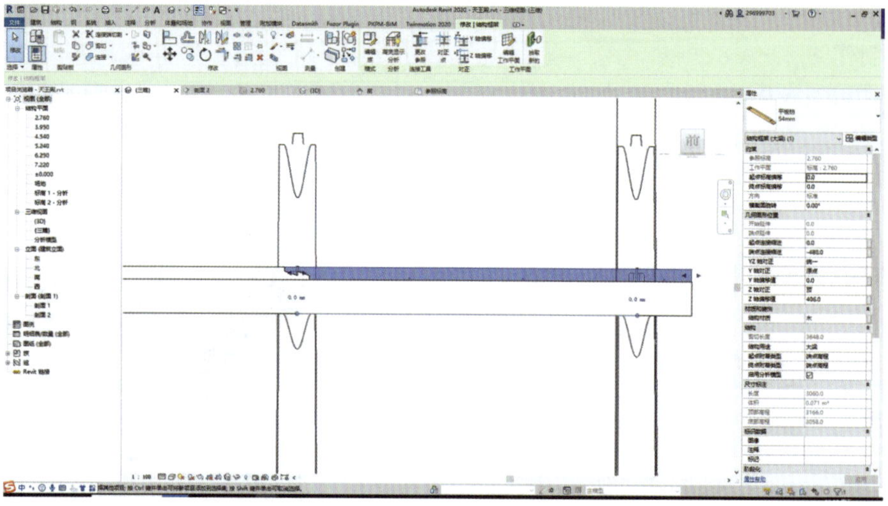

图 6.72 平板枋勾头搭掌整体剪切效果

(8)穿插枋的制作

在清式建筑中,穿插枋是檐柱和金柱的联系构件,按照山面压檐面的要求,两端均为透榫。而天王殿具有辽金时期的建筑风格,穿插枋一端用透榫联系金柱,另外一端则用燕尾榫联系在大额枋上,如图 6.74 所示,所以前后呈两种形式的榫卯结构。

穿插枋的枋身部分构件与平板枋相同,将大额枋的高、径对应改为 4 和 3.5,然后另存即可。透榫和燕尾榫则需要根据榫卯工艺要求另行制作。

a. 透榫的制作。

清《工程做法则例》规定透榫由柱外皮向外出半径或自身高度的 1/2,但是对比现场拍摄的点云信息截面可以看出,实际的透榫和柱外皮相平,而且穿插梁一般是抱肩榫,即用榫肩将柱侧包裹起来的做法,需要在 Revit 参数族制作中加以体现。

如图 6.75 所示,通过空心圆弧在柱端剪切出环抱柱侧的榫肩形状,然后根据参数要求将直榫形状分为直榫后端全高部分和直榫前端半高部分分别处理,这样的做法,可通过调整 h1 的高度,便于应用逻辑控件(山面檐面)形成特定的榫卯构件。

b. 燕尾榫的制作。

如图 6.76 所示,燕尾榫头宽根窄,收分 1/10,根据公式计算得出斜角为 5.71 度,且其长度为联系构件

图 6.73　勾头搭掌参数逻辑及其对应左端参数设计

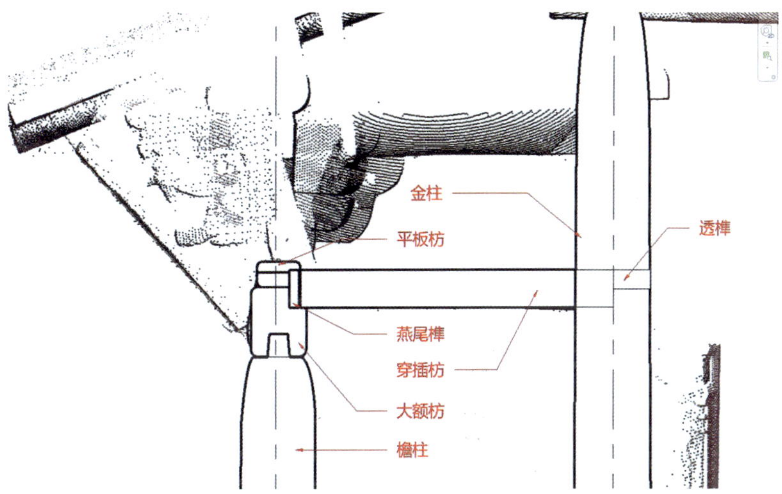

图 6.74　模型构件与点云信息截面对比

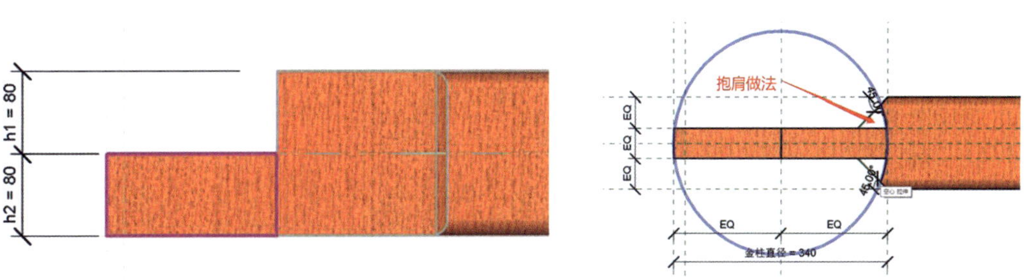

图 6.75　透榫的俯视图和正视图做法

的 1/4。燕尾榫模型建立方法很多，先用参照面将平板枋的宽度在右构件线（即结构框架右侧端头位置）的两侧均分出来，且再进行一次均分，形成 1/4 的等分线。然后利用参照线一端分别与 1/3 的均分线和平板枋宽度锁定，定位燕尾榫收分角度，形成固定角度，然后再用空心剪切锁定轮廓并闭合线，剪切出所需的燕尾榫轮廓（见图 6.77）。

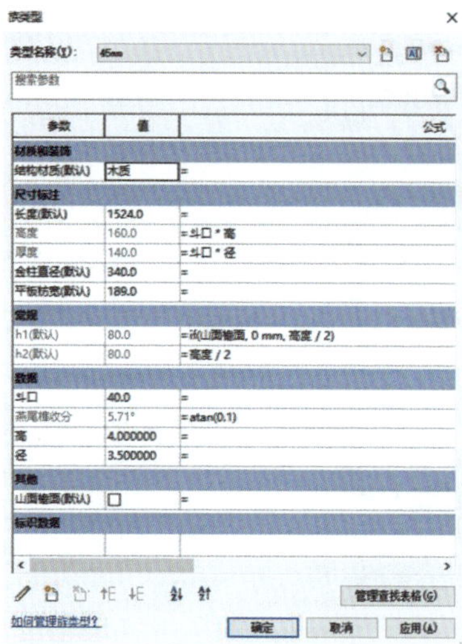

图 6.76　穿插枋的参数设置

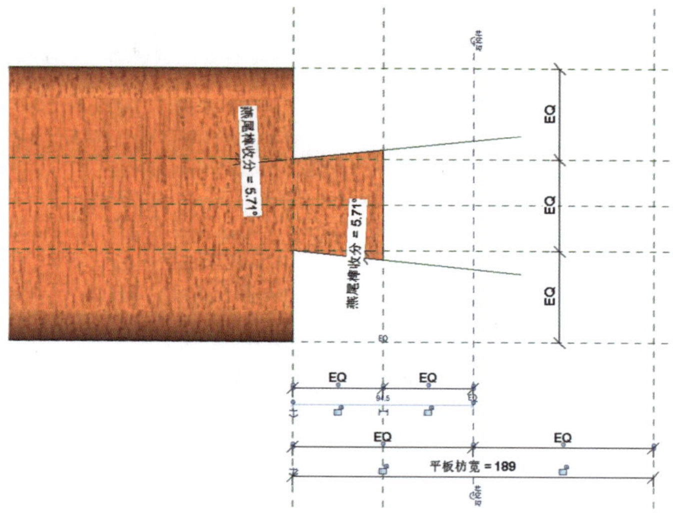

图 6.77　燕尾榫俯视图

将属性栏中的用于模型行为的材质改为木材，载入项目中，拖拽结构框架的定位线端点分别至金柱圆形和平板枋中心线，修改金柱直径和平板枋宽度参数。微调穿插枋属性中的起点连接缩进参数，至透榫榫肩紧密贴合金柱表面为准，如图 6.78 所示。

图 6.78　穿插枋的安装

（9）雀替的制作

雀替是古建筑的特色构件之一，宋代称“角替”，指置于梁枋下与立柱相交的短木，减少梁柱相交接处的向下剪力，防止横竖构件间角度倾斜。唐代建筑不用雀替，宋、辽、金、元的一些高级建筑上也有不用雀替的实例。南北朝、宋代中期和辽代的雀替质朴无华。宋末和金代雀替下部出现了蝉肚造型。元代蝉肚造型繁复，明清蝉肚逐渐简洁，但底部另加一斗一拱，且明代雀替前端出现了鹰嘴突样式。明、清雀替不仅彩饰，还有浮雕卷草和龙等图案。

雀替有七类，分别为大雀替、雀替、小雀替、通雀替、骑马雀替、龙门雀替、花牙子，其造型繁复，装饰意味浓厚。利用 Revit 的参数化族进行数据驱动非常复杂，而且构件的复用概率极小，因此一般用死族，即无参数的族直接建立，以求模型效率的最大化。从雀替的点云数据（见图 6.79）可以看出，天王殿的雀替宽度占到了明间净宽的 1/3 左右,通过实地测量,其高度也达到了柱径的 3 倍。由于雀替与柱端相平,可以使用上起下落的方式安装,因此使用大头榫。在模型建立时,其造型以点云数据和现场摄像为准,但是在雀替和柱相交接部分,要注意柱身的收溜和抱肩榫的用法,以求雀替端头与柱身紧密交接。

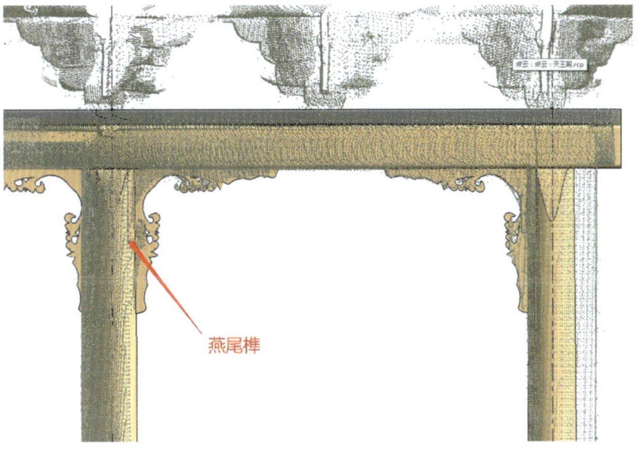

图 6.79 雀替点云数据与模型对比

(10)老檐枋、金枋、脊枋的制作

a.悬山建筑木构架布置。

从建筑物的柱网分布以及正身梁架的构造看,悬山建筑与硬山建筑并无多少区别,所不同的只是稍间檩木的变化。

硬山建筑稍间檩木完全砌在山墙内,悬山建筑稍间檩木则出挑于山墙之外。悬山檩木悬挑出梢,使屋面向两侧延伸,在山面形成出沿,有防止雨水侵袭墙身的作用,这是悬山建筑优于硬山建筑的地方。

檩木出梢也带来了山面木构架暴露在外的缺点,对于建筑物外形美观和木构架端头防腐蚀都是不利的。为解决这个矛盾,古人在挑出的檩木端头外侧拦挡一块厚木板,使暴露的檩木得以遮护和覆盖,这块木板称为"博缝板"。

清式则例规定,博缝板厚 0.7～1 椽径,宽 6～7 椽径(或二檩径),长随椽长,按步架分块,随屋面举折安装,呈曲线形状。

悬山梢檩向外出挑尺寸,清代则例有两种规定,一种是由稍间山面柱中向外挑出四椽四当;另外一种是,由稍间山面柱中向外挑出尺寸等于上檐出尺寸。挑出的梢檩部分下面施加燕尾枋,燕尾枋高、厚均同垫板,安装在山面梁架外侧,应看作垫板向出梢部分的延伸和收头。燕尾枋下枋子头做成箍头枋,既有拉结柱子的结构作用,又有装饰功能。燕尾枋是悬山建筑檩木悬挑端的衬托木,主要是为加强悬挑檩木的强度,兼起装饰作用。

天王殿木构架布置如图 6.80 所示。

与悬山建筑山面构架有关系的山墙,也有不同做法,常见的有三种。一种是墙面一直封砌到顶,仅把檩子挑出部分和燕尾枋露在外面。另一种是五花山做法,采取这种做法时,山墙只砌至每层梁架下皮,随梁架的举折层次砌成阶梯状,将梁架暴露在外面,有利于构件的透风防腐。另外,墙面砌成阶梯形,又有改变墙面平板单调的外形,丰富立面效果的作用。还有一种做法,山墙只砌至大柁下面,主梁以上木构全部外露,梁架的象眼空当用象眼板封堵。

财神殿山墙砌筑样式如图 6.81 所示。

b.老檐枋、金枋、脊枋族的建立。

从老檐枋、金枋、脊枋对比(见图 6.82)可以看出,老檐枋两端连接构件全部为圆柱,与枋之间的接合面为抱肩做法。金枋两端连接构件为柁墩和金瓜柱,与枋之间做燕尾榫接合。最复杂的为脊枋,如果其中一端连接构件为山柱,就需要把燕尾榫转变为箍头榫,两者的接合面也需要符合抱肩要求。

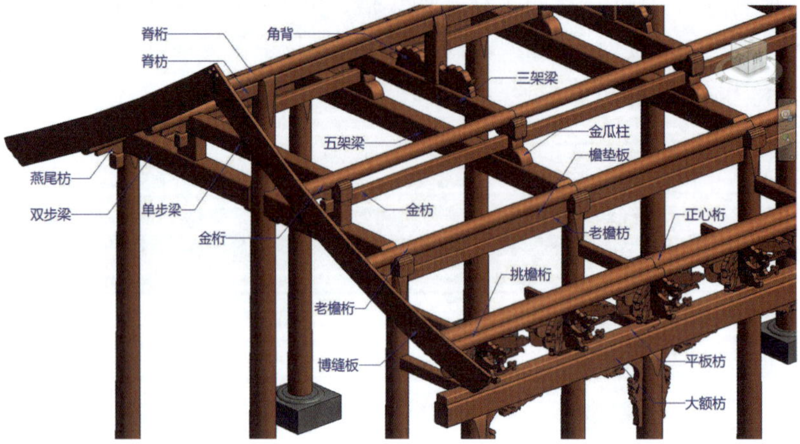

图 6.80 天王殿木构架布置

图 6.81 财神殿山墙砌筑样式

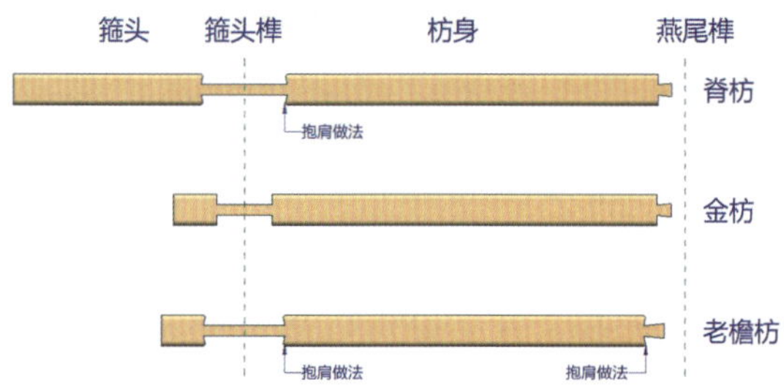

图 6.82 老檐枋、金枋、脊枋族对比图

箍头枋要求一端做燕尾榫,一端做箍头榫和霸王拳或三岔头,箍头的高、厚均为枋子正身尺寸的 8/10,长度做霸王拳时由柱中向外加长 1 柱径,做三岔头时加长 1.25 柱径,榫厚同燕尾榫,搭角处按山面压檐面刻半搭交,小额枋做大进小出榫。

老檐枋、金枋和脊枋建族方式基本相同,其中结构最为复杂的当属脊枋,下面以脊枋作为特例详细说明,老檐枋和金枋可以直接复制脊枋族,修改文件名称,简化族参数、标注和参照线、面后单独成族。

第一步,用结构框架模板创建族,文件命名为脊枋保存;

第二步,在左右两端各加参照平面,分别与左右构件平面添加长度距离参数左箍头和右箍头,将框架两端分别与参照平面锁定(见图 6.83)。

第三步,将带有圆馒楞的矩形木质梁轮廓族载入替代原有的矩形轮廓族,圆馒楞半径为长边的 1/10(见图 6.84)。

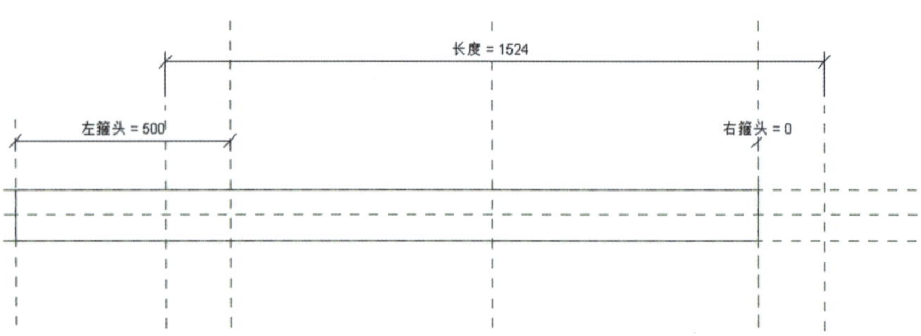

图 6.83 脊枋族框架的初步设定

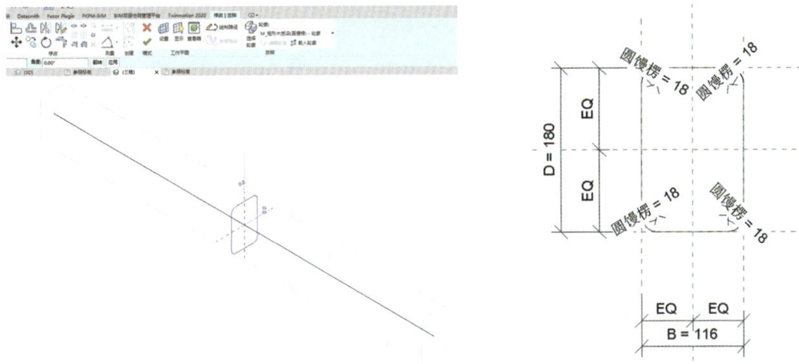

图 6.84　脊枋族截面设定

第四步，在枋的前后两端分别按照图 6.85 建立参照平面网，标注其尺寸参数。在相应位置建立参照线，将参照线的顶点与接触的参照平面分别锁定，并设定其与水平方向的角度参数，其中未设定参数名称的角度为固定参数，点击尺寸标注后锁定即可。按照图示要求设定完成后，修改参数值运行检查，确认每一个参数值均能正常变动后进行后续步骤。

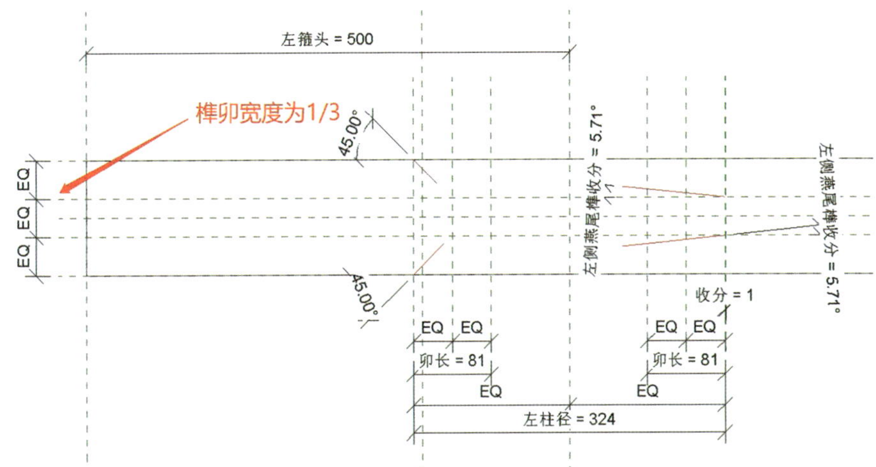

图 6.85　脊枋族参照平面和参照线网的设定

第五步，使用空心融合命令剪切柱截面，将轮廓圆心与柱中心点参照面分别锁定(见图 6.86)。注意柱的侧脚做法，空心融合底部轮廓的圆心偏移中心线为结构框架高度的千分之五，底径比柱直径增加结构框架的千分之十。

第六步，在枋端头的左右两侧分别做图 6.87 所示的空心 45 度剪切形状形成抱肩，并与相应的参照线和参照平面锁定。设定左平角的角度参数，以便根据不同状态随时参变。

第七步，通过拉伸命令建立燕尾榫的实体，并与左右两侧的参照线和参照平面分别锁定，设定左右卯榫的长度参数，以便在不同的应用状态下变化(见图 6.88)。

第八步，设定各尺寸和角度参数的逻辑公式，为简单起见，通过设定“左右”和“箍头”两个布尔参数值(见图 6.89)，调节两端均为燕尾榫，或者左右两端有一端为箍头榫的三种应用情况(见图 6.90)。

(11)梁族的创建

梁是古建筑中的水平受力构件，常支撑于两柱顶端或其他梁枋上，依建筑位置有大梁、抱头梁等。较大型的建筑物中，梁是枋子斗拱上的，斗拱下面才是柱子；在较小型的建筑物中，梁直接放置在柱头上。

按照梁的位置，梁分为单步梁、双步梁、三架梁、五架梁、七架梁、顺梁、扒梁、角梁；按照梁的外观，梁分为直梁和月梁(虹梁)；按照梁头式样，梁分为挑尖梁头、批竹梁头、蚂蚱梁头。表 6.5 为古建筑梁的参数比例。

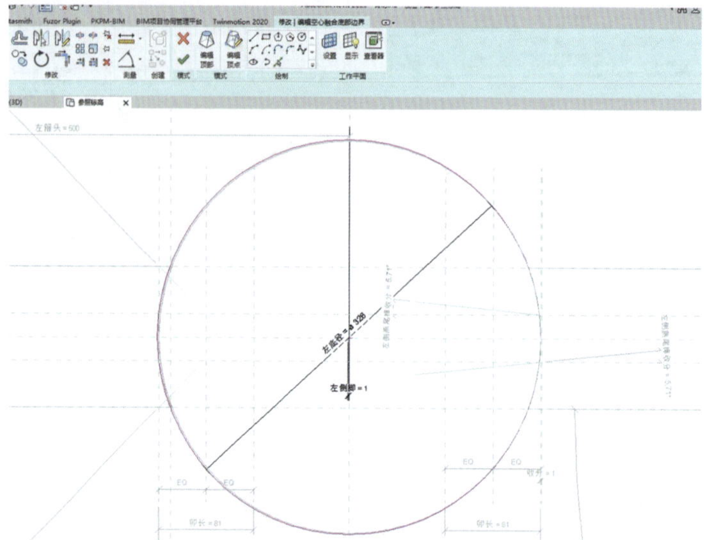

图 6.86　脊枋族柱截面的剪切

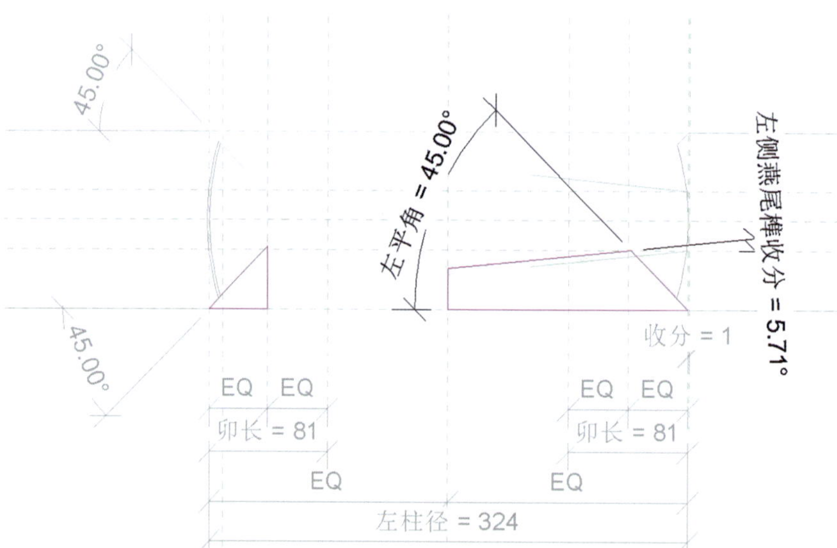

图 6.87　脊枋族抱肩做法

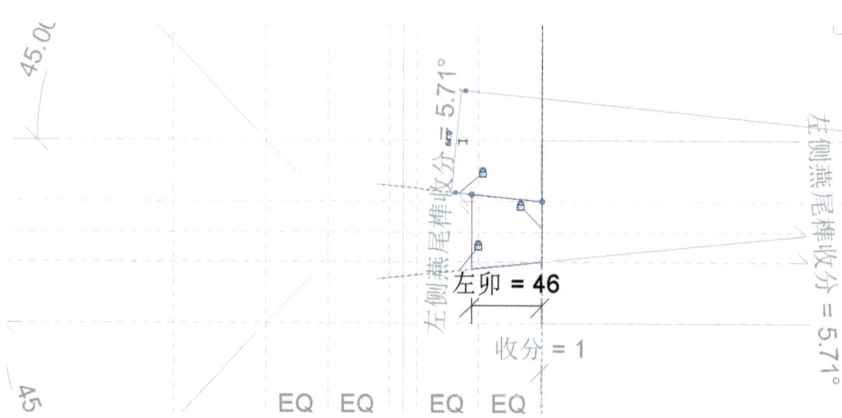

图 6.88　脊枋族榫卯结构单独建立

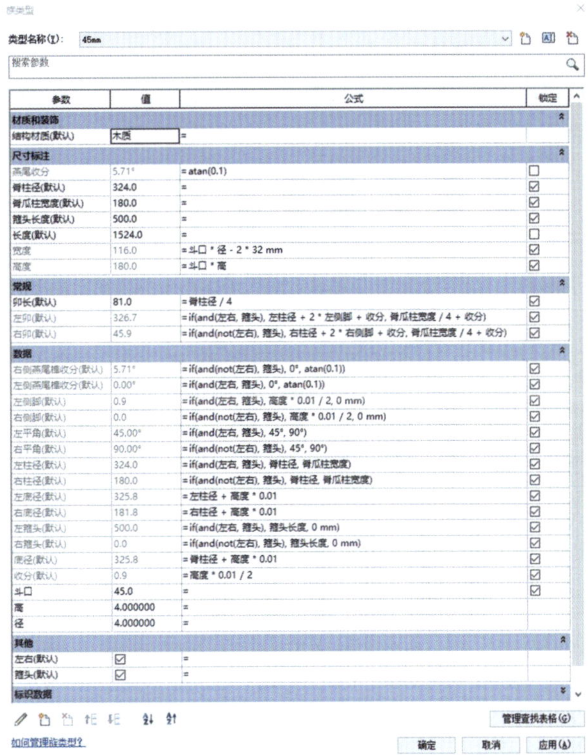

图 6.89　脊枋族逻辑参数设置

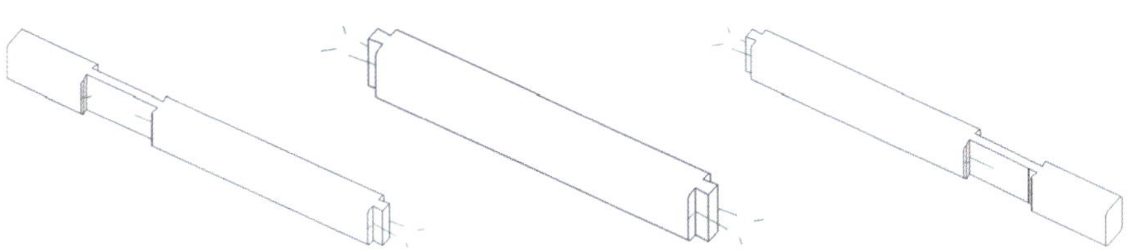

图 6.90　脊枋族的三种应用情况

表 6.5　梁参数表

梁	大式		小式	
	高	厚	高	厚
挑尖梁	$\frac{\text{正心桁至挑檐桁}}{2}+4.75$ 斗口	6 斗口		
挑尖随梁	4 斗口	3.5 斗口		
挑尖假梁头	$\frac{\text{正心桁至挑檐桁}}{2}+4.75$ 斗口	5 斗口		
抱头梁			1.5 檐柱径	1.2 檐柱径
穿插			$1D$	$\frac{4}{5}D$
挑尖顺梁	同挑尖梁			
随梁	4 斗口+1%长	3.5 斗口+1%长		
扒梁	6.5 斗口	5.2 斗口		

续表

梁	大式		小式	
	高	厚	高	厚
采步金	7 斗口+1%长	6 斗口		
采步金枋	4 斗口	3.5 斗口		
递角梁	桁径+平水	柱头径	桁径+平水	柱头径
角云	0.5 桁径+平水	柱头径	0.5 桁径+平水	柱头径
递角随梁	4 斗口	3.5 斗口	D+2 寸	D
抹角梁	6.5 斗口	5.2 斗口	1.5 正心桁径	1.2 正心桁径
抹角随梁	5.8 斗口	4.7 斗口		
七架梁(大柁)	8.4 斗口或 1.2/1.3 厚	7 斗口或 D+2 寸/3 寸	2.1 或 1.3 厚	D+2 寸
五架梁(二柁)	7 斗口或$\frac{5}{6}$大柁高	5.6 斗口或$\frac{4}{5}$大柁厚	同大式	同大式
三架梁(上柁)	$\frac{5}{6}$二柁高	4.5 斗口或$\frac{4}{5}$大柁厚	同大式	同大式
双步梁	1.2 厚	D+2 寸	1.2 厚	D+2 寸
单步梁	$\frac{5}{6}$双步梁高	$\frac{4}{5}$双步梁厚	同大式	同大式
顶梁	按下架梁收 2 寸	按下架梁收 2 寸	算梁通例： 凡大柁不论架数俱按柱径加二寸为厚，高按厚之 1.2 倍。往上每层梁之高厚，俱按下层之十分之八，或六分之五。	
太平梁	同三架梁	同三架梁		
榻角木	4.5 斗口	3.6 斗口		
穿梁	2.3 斗口	1.8 斗口		
天花梁	6 斗口+2%长	$\frac{4}{5}$高		
天花枋	6 斗口	$\frac{4}{5}$高		
帽儿梁	径=4 斗口+2%长			
贴梁	2 斗口	1.5 斗口		

注：D 为檐柱径。

a. 梁参数与族样板的选择。

在古建筑的构架中，连接金柱和檐柱的挑尖梁，一般不起承重作用。当檐柱与金柱之间距离过大时，在挑尖梁正中还可以加一根立柱，上架一条梁和一根桁，此时挑尖梁便具备承重作用，同时梁另立别名，称为“双步梁”，宋称为“乳栿”。

硬山建筑中，贴山墙的梁架称为排山梁架。排山梁架正中的山柱从地面一直通到屋脊且支持脊檩，把梁架从中分为两段，使五步梁变成两根独立的双步梁，把三步梁变成两根单步梁。

根据表 6.5“梁参数表”可知，所有梁架尺寸均以大柁(七架梁)为基准。而大柁有三种取值标准，一是高、厚分别以 8.4 斗口和 7 斗口为准；二是厚以檐柱径+2 寸或者 3 寸为准，高为厚的 1.2 或 1.3 倍，檐柱径为 6 斗口。根据点云数据模型和三维模型的反复比对，大柁厚取檐柱径+2 寸，高为厚的 1.2 倍。余下五架梁、三架梁、双步梁和单步梁均以表中要求数据为基准(见图 6.91)。

梁架本身具有 Revit 结构框架族类型中的各种特性，利用框架族中的几何约束和图形位置参数调整模型较为方便，和枋族共同承受木构架纵横方向的荷载，在梁族建立之初，同样选择公制结构框架的族样板，详细的族建立方式参照枋参数族样板(见图 6.92)。

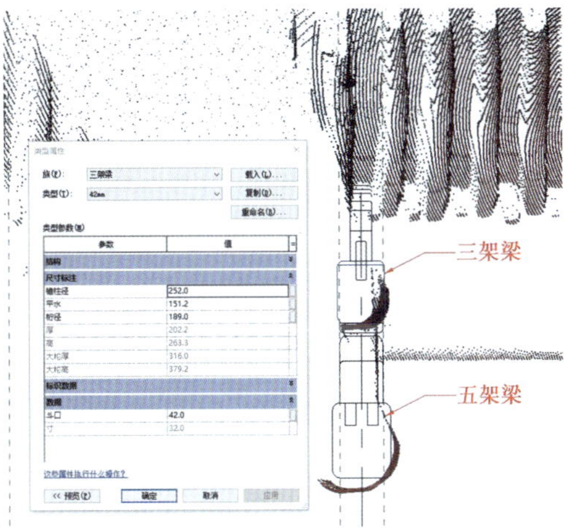

图 6.91　参数选择与点云数据的对比

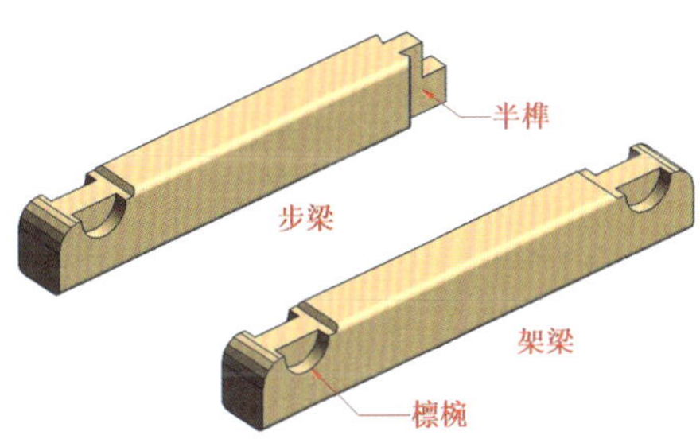

图 6.92　架梁和步梁

b. 选择族样板建立滚楞轮廓线。

以五架梁为例(七架梁、三架梁通过修改高、厚参数控制)。选择公制结构框架族样板新建族文件后，另存为五架梁，利用修改梁方形轮廓族参数的方法，将方角修改成圆弧角。将圆弧角半径参数化，命名为圆馒楞。打开族类型对话框，公式栏在"="符号后改为条件参数 if(D>B,D/10,B/10)，意思是如果轮廓的长边大于宽边，则圆馒楞半径为长边的 1/10，否则为宽边的 1/10，注意条件参数中所有符号必须在英文书写状态下输入，否则程序会报错(见图 6.93)。

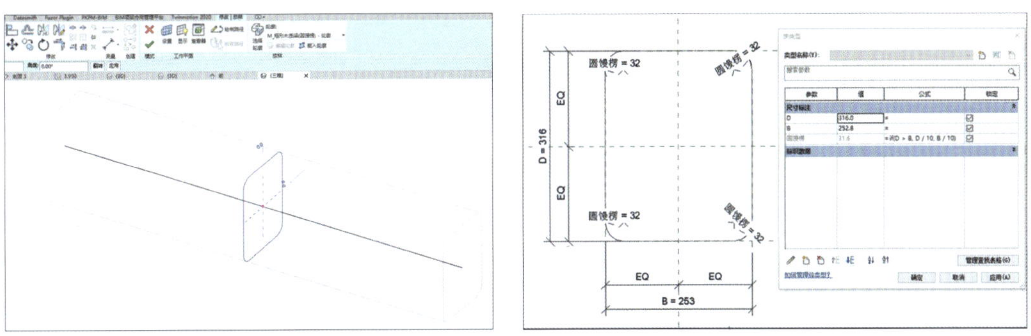

图 6.93　梁整体滚楞轮廓体形的建立

建立好轮廓族以后，通过修改参数的方法测试无误，另外保存为 M_矩形木质梁(圆馒楞)-轮廓，载入五架梁族文件中，点击梁实体编辑放样，将原有的矩形轮廓替换为圆馒楞轮廓。在项目浏览器中找到族—轮廓—M_矩形木质梁(圆馒楞)-轮廓的条目双击，打开圆馒楞类型属性对话框，将圆馒楞类型属性对话框尺寸标注中的 D 和 B 分别关联五架梁族类型中的高和厚的参数，形成联动(见图 6.94)。

c. 建立平水线、抬头线和梁头参照平面。

根据图 6.95 梁头参照平面，最先确定梁头位置。《清式营造则例》中五架梁的解释，长按四步架，外加桁径二分，也就是梁头每侧长度长出构件控制线也就是桁中线一桁径，桁径宽度为 4.5 斗口。分别在梁左右构件控制线的外侧建立梁头参照平面，参照平面距离构件控制线一桁径，将框架梁放样路径左右端与梁头参照平面分别锁定，确立五架梁整体长度。

确定檐柱径里口线，如图 6.95 所示，通过等分构件控制线定位檐柱径的里口线，即里口线距离构件控制线

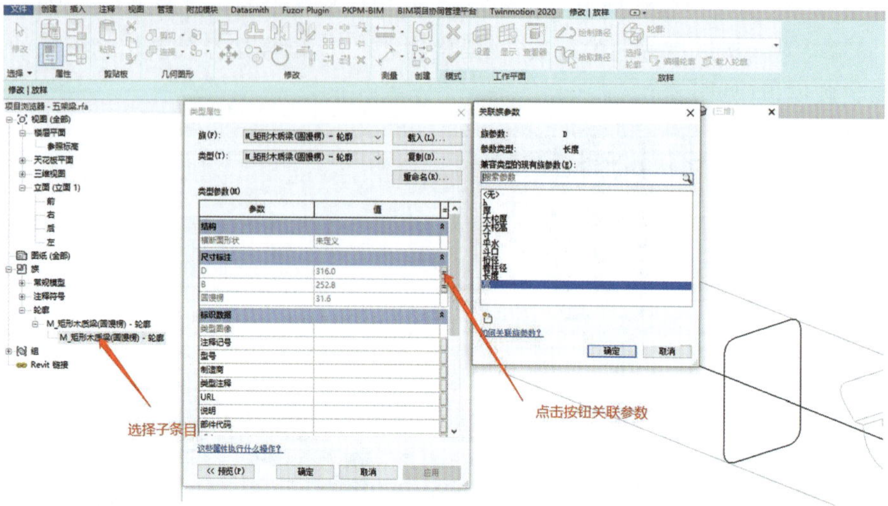

图 6.94 类型属性参数的关联

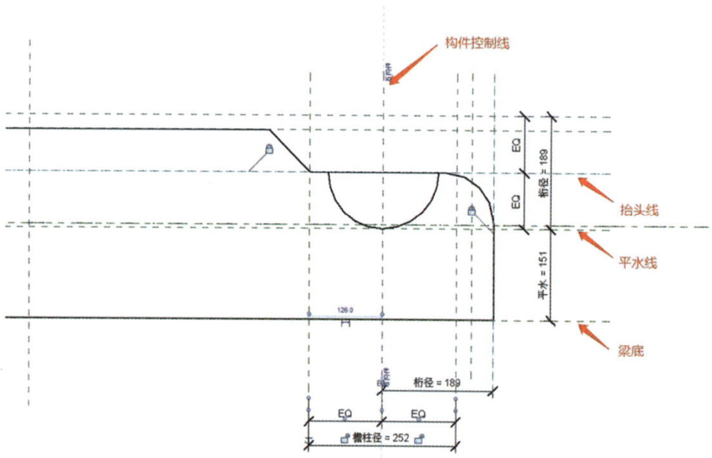

图 6.95 梁头(侧视)参照平面的建立

为 0.5 倍的檐柱径。

确定平水线和抬头线。平水线即垫板高度,通常为 0.8 倍的桁径。抬头线为平水线向上 0.5 倍的桁径,这里通过均分桁径的方法确定抬头线,可以减少参数的设置。

d. 确定桁椀卯口,建立梁头样式。

分别在框架梁两端建立参照平面网后,在前立面视图建立空心拉伸形状,与参照平面线分别锁定,用以剪切梁头。

按照桁径的大小在桁中线两侧画出桁椀宽度,在此范围内顺梁身方向分四份,中间两份保留为梁鼻子,旁边各一份用空心圆柱剪切出桁椀的凹槽,将所有轮廓边缘与各个参照控制平面锁定(见图 6.96)。

e. 建立梁尾样式。

架梁两端均横搭在柱头上,全部为梁头样式。步梁一端横搭在柱头上,另外一端(梁尾)则用半透榫和替木相互卯固穿插于山柱之中。

半透榫是清制横向构件将端头插入柱内不出头的木榫,分为大小榫,大榫长按 2/3 柱径,小榫长按 1/3 柱径,榫厚按 0.5 倍柱径。一般只用于以柱为中心,两边为同一水平高的梁枋,穿入柱内与其连接。为了弥补这种木榫接合力较差的弱点,一般在对接处再设置一根拉结构件,如替木或雀替,替木或雀替用销子与梁枋连接。拉结构件长按 3 倍柱径,宽、厚按 0.3 倍柱径。

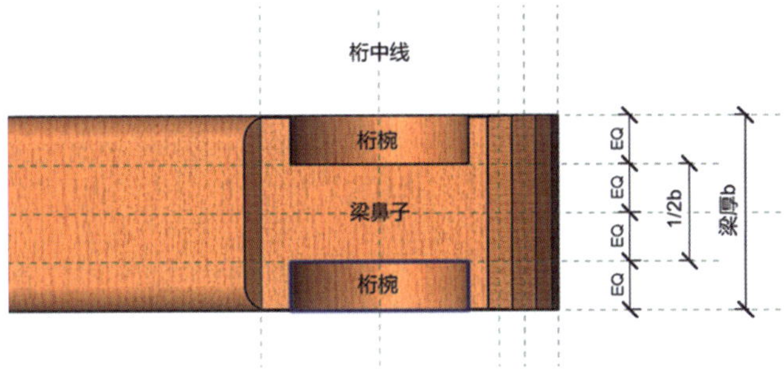

图 6.96　梁头(俯视)样式

通过半榫俯视图,梁尾半榫同样要做抱肩,由于中柱有收分的做法,其梁顶和梁底的剪切半径有梁高 1/100 的缩减,需要用空心融合来剪切出下大上小的圆弧形状,其他部分抱肩可参考透榫的抱肩做法(见图 6.97)。

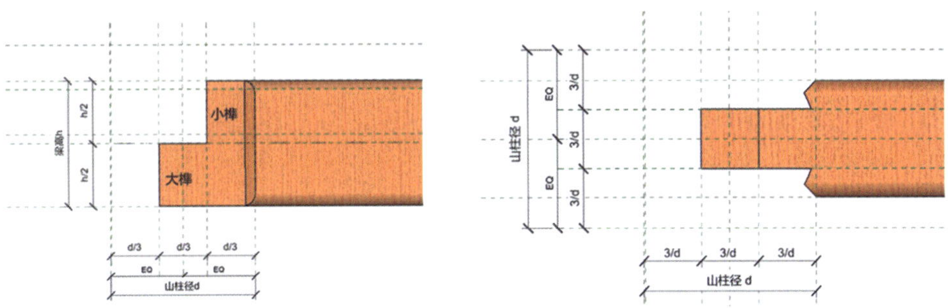

图 6.97　梁尾(侧视、俯视)半榫样式

f. 梁体形控制参数化。

图 6.98 为步梁的参数化公式,根据梁参数表,步梁和架梁的高、厚全部与大柁(七架梁)的高、厚成比例缩减,为减少参数的设定,方便族在项目中的使用,尽量把无须通过手动调整的参数通过公式与斗口参数联动。架梁参数去掉山柱径和山柱底径即可。

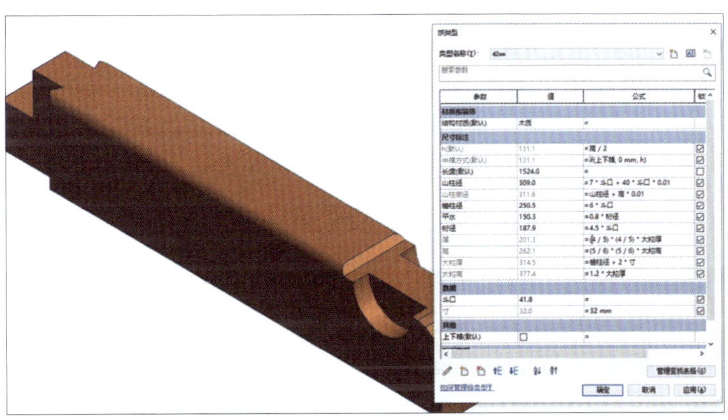

图 6.98　步梁的参数化公式

(12)桁檩族的创建

桁檩是古建筑大木作梁架结构中沿建筑面阔方向架构的木构件,即为每一架间起连接拉拽和承重作用的长木,清代大式建筑称"桁",小式建筑称"檩",宋式建筑称"榑"。架于殿内梁栿和檐下梁头之上,或柱头科之间,根据桁所处位置,可分为上金桁、下金桁、脊桁等。桁檩是直接承受屋面荷载的构件,并将荷载传递到梁柱之上。这里介绍挑檐桁、正心桁、金桁和脊桁族的建立。桁檩体形参数比例表如表 6.6 所示。

表 6.6　桁檩参数表

桁檩	大式	小式
	径	径
挑檐桁	3 斗口	
正心桁	4.5 斗口	1D
金桁	4.5 斗口	1D
脊桁	4.5 斗口	1D
扶脊木	4 斗口	

注：D 为檐柱径。

第一步，建立桁檩族轮廓。

桁族和梁族属性相同，选择结构框架族样板，建立 M_圆形木质梁-轮廓形状，其属性栏中的用于模型行为的材质选为木材(见图 6.99)。

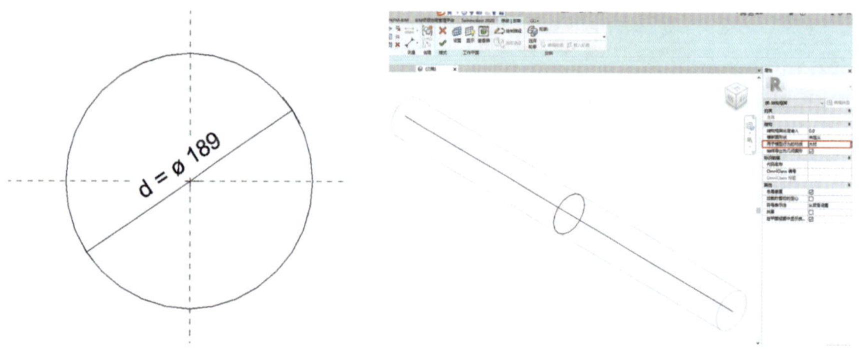

图 6.99　桁檩族圆形参数轮廓的建立和属性栏木材性质的选择

第二步，建立悬挑端部线。

桁檩在左右端部构件中，一部分是悬挑出山墙外的，需要在结构框架样板中原有的左、右构件线的外侧，分别建立左、右悬挑头参照平面，将左右箍头距离参数化，便于控制端头的悬挑距离。以左右构件线为中线，在桁檩一半位置利用空心剪切形状，剪切出与梁鼻子头宽度相同的卯口，和梁鼻子部位契合(见图 6.100)。

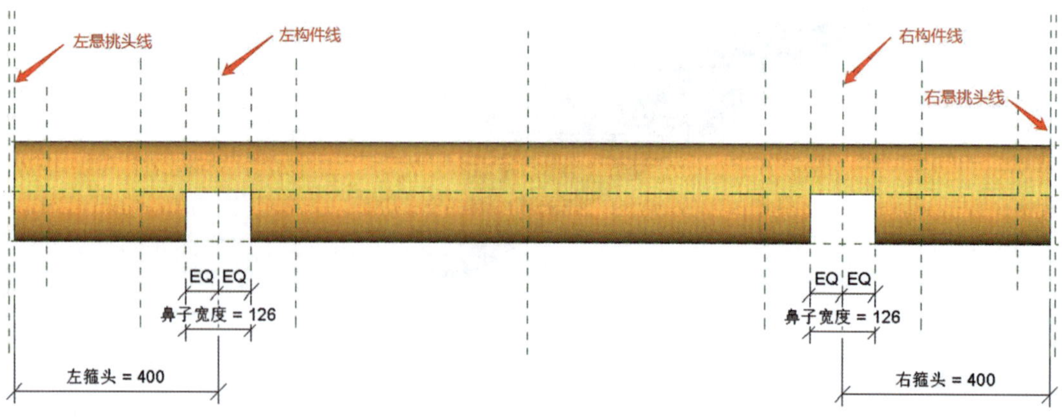

图 6.100　桁檩族悬挑结构的建立(侧视图)

第三步，建立左右榫卯结构。

如图 6.101 所示，卯口与榫头的变化，是通过参照平面锁定空心剪切轮廓，运行逻辑参数控制参照平面的距离，剪切结构形状形成的。

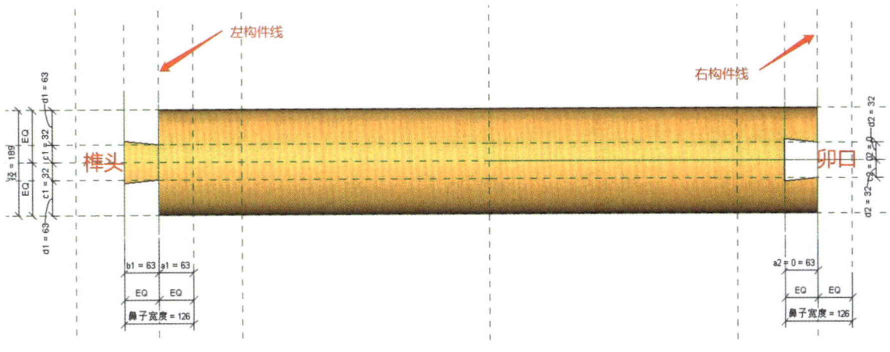

图 6.101　桁檩族悬挑结构的建立(俯视图)

图 6.102,如左侧视图所示,空心剪切轮廓的四条边,分别通过距离参数 a1、b1、c1、d1 控制,e1 和 f1 分别控制两条斜边的剪切角度。右侧视图为参数的控制逻辑,通过选择其他栏中的燕尾、左平、右平选项让构件参数变化,便于用一个参数化族呈现构件不同的安装形式。

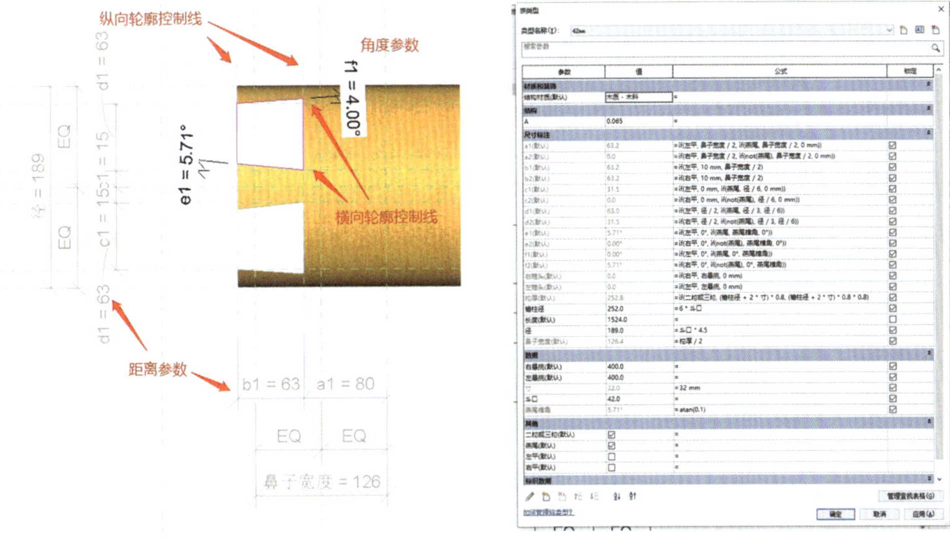

图 6.102　桁檩族榫卯主要控制参数和程序逻辑(俯视图)

如图 6.103 所示,通过布尔参数“燕尾”“左平”“右平”三个值的勾选,实现构件左右两边的长度控制参数 a1、b1、c1、d1、a2、b2、c2、d2 和角度控制参数 e1、f1、e2、f2 在不同条件下的变化。通过调节左右两端的悬挑参数值,来控制桁檩两头的悬挑距离。从而实现通过属性控制,在一种族类型情况下实现不同形态的变化。

上图是以金桁族举例,其他正心桁、挑檐桁和脊桁根据自身不同的参数情况,调整逻辑参数公式,另存为单独族类型即可。

第四步,改变脊桁截面。

脊桁与其他桁檩截面稍显不同,在脊桁的上部端面,为平稳放置扶脊木,端面是被刨平的,形成半圆形截面,边缘直线的长度为(4 斗口/4.5 斗口)×2,如图 6.104 所示。将直线两端与参照控制平面锁定,替换掉金桁轮廓。由于脊桁直接放置于脊瓜柱上,需要删除原有梁鼻子处的空心剪切。另存为脊桁即可。

第五步,扶脊木的制作。

在木构架的脊桁檩木之上,为了便于加固瓦作正脊及构件的稳定性,常每隔一定距离设置一根木脊桩,用来承接安装木脊桩的构件,清制称为“扶脊木”。扶脊木的主要作用是在大式尖山屋顶或殿庭建筑正脊上,作为栽置脊桩(即作为屋脊骨撑)和承接椽子的条木,一般做成六角形截面,上面栽脊桩,两侧剔凿椽窝,如图 6.105 所示。

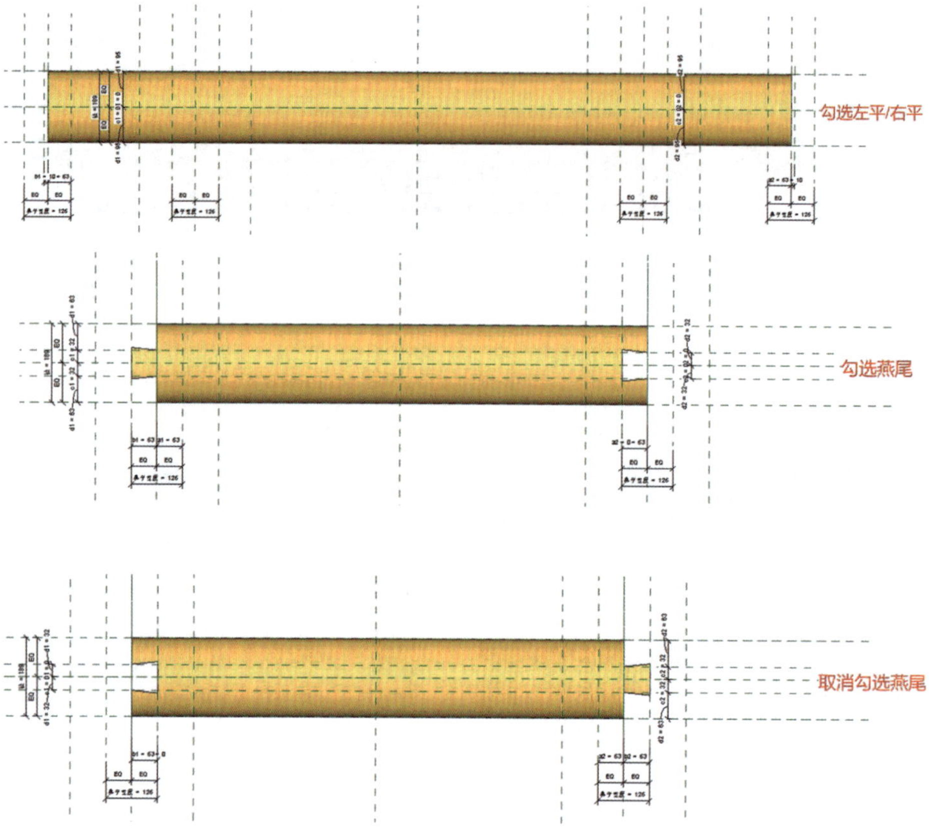

图 6.103　布尔参数控制构件体形变化(俯视图)

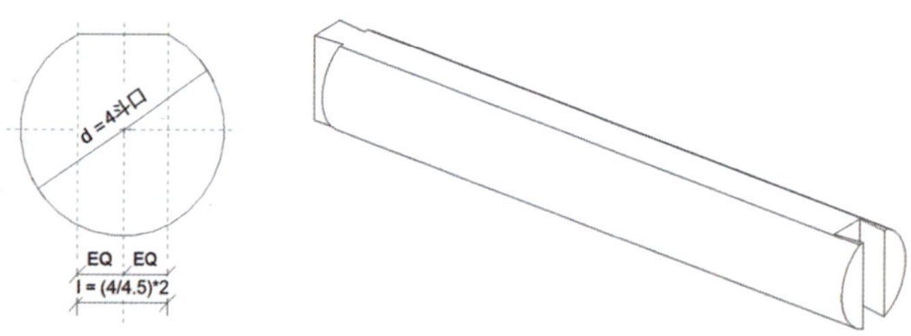

图 6.104　脊桁截面与三维效果

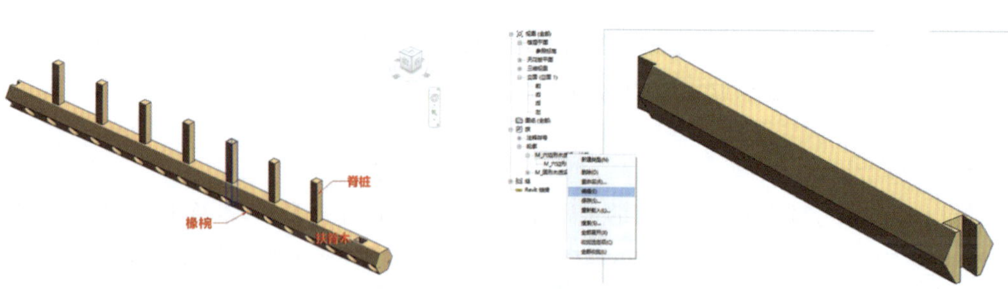

图 6.105　扶脊木各部分结构

在 Revit 中结构框架、柱、墙、板都有自身特殊的结构扣减规则，通过这些构件族特殊的体形变化将所有结构联系起来，避免产生几何体形的重叠。所以在软件中用公制结构框架样板建立的族往往不能利用结构修改面板中的“剪切”或者“连接”命令与其他族类别产生扣减关系。为了能够在扶脊木中更好地表现椽窝和脊桩槽这种榫卯结构，另外选择基于线的公制常规模型族样板文件创建扶脊木模型。

在基于线的公制常规模型中，同样可以将金桁的有关参数和轮廓族复制进来，将金桁的圆形截面改为扶脊木的六边形截面，如图6.105。在项目浏览器的族→轮廓中找到需要修改的轮廓，右击出现活动列表，选择编辑即可进入轮廓族编辑界面。

六边形轮廓需要将内角锁死，防止外接圆直径变化引起变形。载入扶脊木族以后替换掉圆形截面，将六边形轮廓族中参数"d"与扶脊木族参数"径"关联，这样在修改斗口参数时便能产生扶脊木直径的同步变化。

6.2.6 槛框大门

槛框大门是清《工程做法则例》所用的大门，它由两柱间的槛框、走马板、门枕等部分组成，安装门扇后即为槛框大门。对大门的门扇有多种做法，常用的有实榻门、棋盘门、撒带门等。

在上槛与下槛之间的空当，一般分为三档安装木板，此板称为"走马板"，板厚2 cm至3 cm，作用是显示大门的壮观与威严。

在中槛与下槛之间是安装门扇的空间，为了安装门扇，在中槛上的室内一侧，应装钉一根套住门扇轴的木构件，称为"门栊"或"连楹木"。门栊与中槛连接，采用一种特制的木销，称为"门簪"，其外端做成六角形簪头以做装饰，里端为扁形插销榫，穿过中槛与门栊，在尾端用销钉穿孔固定。

在下槛两端之下，正对门扇转轴处安装门枕，门枕承接门扇轴下端轴窝构件，用石块加工而成的称为"门枕石"，用木方制作而成的称为"木门枕"，它卡在下槛之下，与其十字相交，在室内的一端凿有轴窝（称为"海窝"）。门枕既起下槛垫木作用，又被固定作为门轴窝。木门枕其界面宽按1至0.8柱径，厚按0.4柱径，长按2柱径（随所依附金柱或檐柱而定）。

(1)实榻门

实榻门由若干块厚木板拼装而成，体大质重，非常坚固，故名"实榻"，是清制所用门扇中规格最高的一种门扇，多用于宫殿、庙宇、府邸等建筑的大门。

实榻门靠门缝一块板称为"大边"，带门转轴的一块称为"攒边"。大边与攒边之间的木板称为"门心板"。其尺寸《工程做法则例》述："凡实榻大门槛框、边抹、穿带俱与棋盘门同，其门心板之厚与大边之厚同。"

门心板采用凸凹企口缝的木板相拼而成。背面剔凿，用"穿带"将其连接加固，穿带数根据门扇大小分为九、七、五根三种。门扇正面用门钉和包叶加固，门钉纵横个数按穿带分为九路、七路、五路。转轴用寿山福海，正面还装有装饰拉环"铺首"。

(2)棋盘门

棋盘门是清制用作单扇或双扇大门的常用门扇，是一种带边框的门扇，常用作府邸、民舍的大门。棋盘门边框由大边、攒边、上抹头、下抹头组成，框内嵌入拼接门心板，板背面用3至4根穿带连接成格状，故取名为"棋盘"，也有的称为"攒边门"。棋盘门没有门钉、包叶，只有"寿山福海"，拉手为门钹。

(3)瑞应寺山门

通常寺院为了避开市井尘俗而建于山林之间，因此称山号、设山门，故寺院正面的楼门名"山门"。后世造于平地、市井中的寺院，亦泛称山门。一般具有三个门，所以又称"三门"。象征"三解脱门"，即"空门""无相门""无作门"。今之寺院或仅有一门，也可称之为三门。这三座门常盖成殿堂式，或至少把中间的一座盖成殿堂，叫作"三门殿"或"山门殿"。

瑞应寺山门如图6.106和图6.107所示。

6.2.7 隔扇

隔扇是安装在内金柱或廊内檐柱之间的屏障，由槛框和隔扇门组成，是用于分隔室内外空间的装饰屏障，清制称为"隔扇"，宋制称为"格子门"，《营造法原》称为"长窗"。它既可以作为围护结构的屏障，也可以兼作廊内厅堂大门。作为维护结构者称为"外隔扇"，作为厅堂大门者称为"内隔扇"。

格扇槛框是固定格扇的框架，它与大门槛框一样，做有上、中、下槛，长、短抱框，间框和横披等，但不做腰枋、余塞板和门枕。木格扇每一开间按双数设置，分为四扇、六扇、八扇、十扇等。有的格扇还装有帘架。帘架由上、中抹头及边框、横披等组成。边框由掐子（铁管脚箍）固定在中下槛上，帘架各构件的截面尺寸与格扇相同或稍小。

图 6.106　瑞应寺山门正面

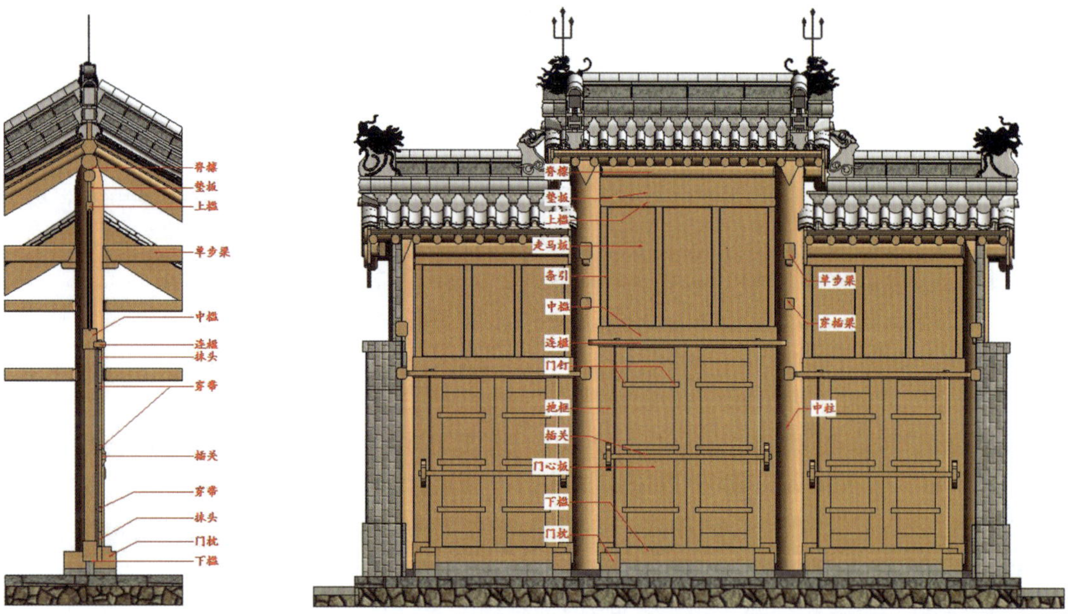

图 6.107　瑞应寺山门断面和背面

(1)隔扇门

隔扇门是安装在槛框内的一种活动性屏障门,每一隔扇大致可分为上下两段,上段为心屉,下段为绦环板和裙板,下段与上段之长按四六开,即所谓“四六分隔扇”。它的组成构件为:上、中、下抹头,左、右边框,心屉、绦环板、裙板等。

(2)槛窗

槛窗是清《工程做法则例》外围槛墙之上的木窗,《营造法原》称为“半窗”。槛窗由上槛、中槛、风槛、榻板、抱框、心屉、通连楹等组成,槛窗扇实际上是将隔扇中的裙板以下去掉而成,所以其结构与隔扇相同。

“风槛”就是木窗的下槛,因不贴地面,坐落在木榻板上,故更名为风槛。

“榻板”是窗底下皮封盖砖墙顶的木板,即现代建筑中的木窗台板。

“通连楹”即简易的门栊,两端挖有轴窝,是固定窗扇和上转轴的横木。

“楹木”是固定窗扇下转轴的海窝木,分为“单楹”和“连二楹”(承接相邻两个窗扇的转轴)。

槛窗与隔扇如图6.108所示。

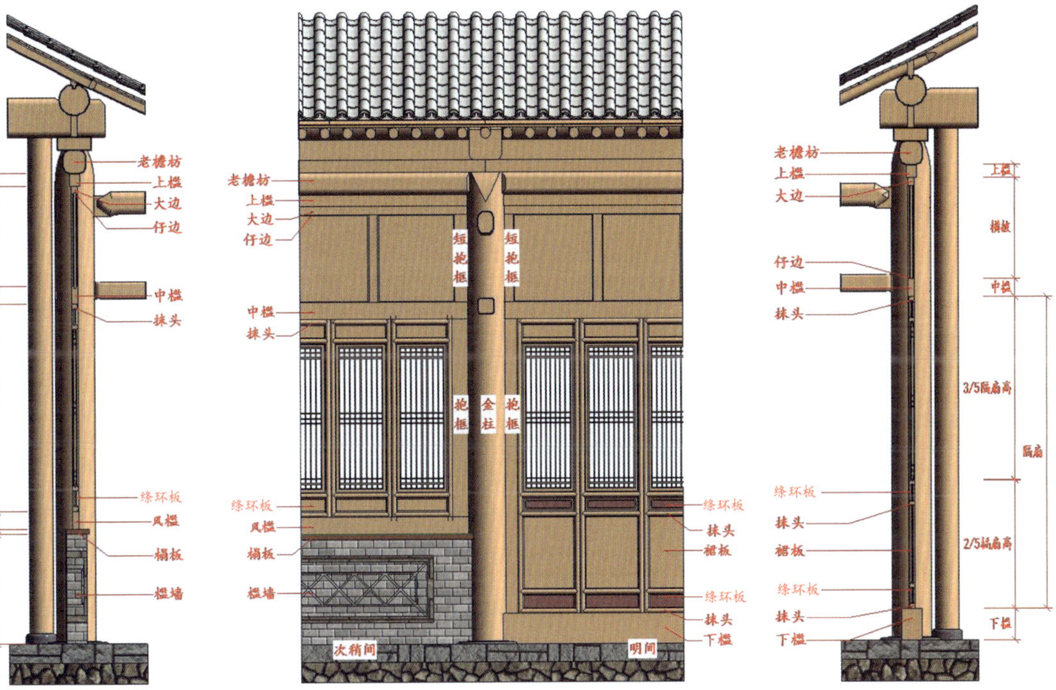

槛窗横断面　　立面　　隔扇横断面

图6.108　槛窗与隔扇

6.2.8　瓦作

(1)工艺操作

屋面瓦作工艺是指在屋顶木基层的望板或望砖以上，进行一些泥瓦活的操作工艺，其工艺操作层次分为屋面筑底、屋面铺瓦和屋面筑脊等。

"屋面筑底"，是指对屋面最底层的基面，为了达到防水、保温、隔离等作用，对其进行铺泥、抹灰等铺垫所做的工作。这是保证屋面防水、隔热、保温的基础工作。

"屋面铺瓦"，是指在底层铺泥抹灰干燥以后，对屋顶各面布瓦区域进行"排当放线"，安排瓦垄、瓦沟的高度和位置，然后按照一定顺序和操作规程，铺筑屋面面瓦，包括琉璃瓦屋面、布筒瓦屋面、合瓦屋面、仰瓦灰梗屋面、干搓瓦屋面等。

"屋面筑脊"，是指在屋面铺瓦完成后，在相邻瓦面衔接上，砌筑屋脊，包括正脊、垂脊、戗脊、博脊、围脊等。这是为了防止各个屋面连接处漏水，并美化屋顶形象的屋顶结尾工作。

(2)屋面琉璃瓦瓦材

"琉璃瓦"是一种表面施有彩釉的高级瓦材，有黄、绿、蓝、黑等颜色，一般用于级别比较高的建筑屋面。清制琉璃瓦屋面所用的瓦材比较复杂，整个屋面除屋脊部分外，屋面部分的瓦件有筒瓦及其瓦垄、板瓦及其瓦垄、勾头瓦、滴水瓦、星星瓦及其钉帽、瓦钉等。在攒尖屋顶还有竹子瓦和抓泥瓦等。在瑞应寺古建筑屋面建模过程中重点介绍筒瓦、板瓦、滴水瓦和勾头瓦。

①琉璃板瓦。

"板瓦"是一种横截面为1/4圆凹弧形的淌水瓦，瓦的前端稍宽，后端稍窄，仰卧在泥灰背上，一般统称为"底瓦"(见图6.109)。由若干板瓦纵向由下而上，层层叠接而成的凹形垄沟，称为"底瓦垄"，它是承接雨水的导水沟槽。

②琉璃筒瓦。

"筒瓦"是一种横截面为半圆筒凸形的散水避水瓦，瓦的后尾有接头榫(称为熊背)，它是盖在两条板瓦垄之间的空当(称为蛐蜒当)上,一般统称为"盖瓦"(见图 6.110)。由若干筒瓦纵向由下而上首尾相接而成的凸形垄梗,称为"盖瓦垄",它是散水避水的导水梗。

③琉璃滴水瓦。

"滴水瓦"是板瓦垄檐口终端"收头"的檐口瓦。滴水瓦前端比板瓦多出一个下垂的蝴蝶形舌片,引导雨水下滴(见图 6.111)。滴水瓦的后端插入板瓦下,并在其两端各有一缺口,以便加钉予以固定。

④琉璃勾头瓦及钉帽。

"勾头瓦"是筒瓦垄檐口终端"收头"的檐口瓦。勾头瓦前端比筒瓦多出一个圆形的勾头片(又称"烧饼盖"),瓦背上有一钉孔,以便加钉瓦钉固定,瓦钉之上盖钉帽,防止雨水渗入(见图 6.112)。

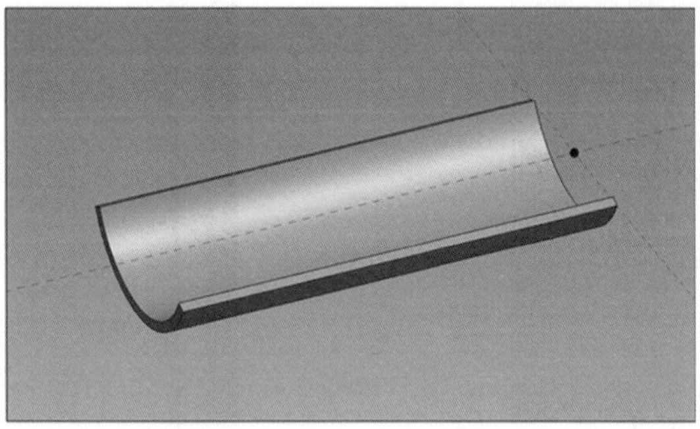

图 6.109　板瓦

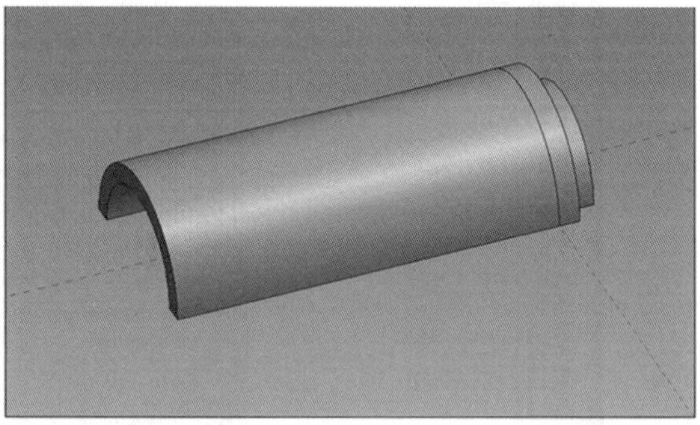

图 6.110　筒瓦

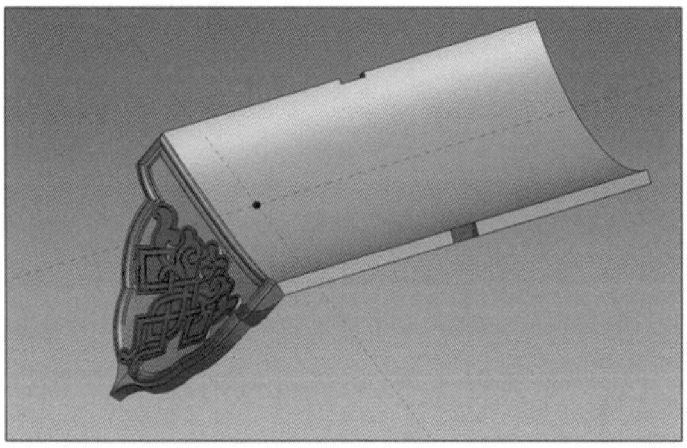

图 6.111　滴水瓦

图 6.112　勾头瓦

(3)琉璃瓦屋面的铺筑

琉璃瓦屋面,在明清时期用得比较普遍,瓦面铺筑工序如下:

①做好审瓦冲垄。

铺瓦之前,将扭曲变形、破损掉釉、尺寸偏差过大的劣质瓦淘汰出去,将颜色差异过大的放到不明显处使用。"冲垄",即指铺筑几条标准瓦垄作为屋面筑瓦的标准样板。

②安放勾滴瓦。

檐口线是控制勾头瓦高度和出檐的准线,而滴水尖线是控制滴水瓦高度和出檐的准线。滴水瓦的出檐,一般为 6 mm 至 10 mm;勾头瓦的出檐,应使勾头"烧饼盖"里皮紧贴滴水舌片的外皮。

③铺筑底瓦。

按前面排好的瓦当和脊上号垄标记,顺着瓦垄方向拴挂一根上下方向的"瓦刀线",瓦垄高低以"三线"为准,再按拴线铺筑约为 30 mm 厚的瓦泥,依据"三线"高低进行增减,随后安放底瓦,第一块底瓦应窄头朝下压住滴水瓦,然后由下而上,层层叠放。

④铺筑盖瓦。

同铺筑底瓦一样,第一块筒瓦应压住勾头瓦的后榫,接榫处应先挂素灰后压瓦,素灰要按不同颜色加色粉(黄色琉璃瓦掺红土粉,其他掺青灰)。后面的瓦,按此一块一块地衔接,瓦的高低要按瓦刀线顺直,个别稍小的瓦以瓦垄中线为准，不能出现一侧齐、一侧不齐的现象。

筒板瓦屋面如图6.113所示。

图6.113 筒板瓦屋面

⑤筒瓦捉节夹垄。

盖瓦垄铺筑完成后，对每垄筒瓦的衔接缝用小麻刀灰勾抹严实，上口与瓦翅外棱抹平，称为“捉节”。然后对筒瓦两边与底瓦的空隙(上下接缝)，用夹垄灰填满抹实，下脚平顺垂直，称为“夹垄”。抹灰完成后，应清扫干净，釉面擦亮。

(4)清制琉璃屋脊

清制琉璃屋脊是与琉璃瓦屋面相配套的屋脊，脊上所用构件，都是厂家生产的窑制琉璃产品，屋脊种类包括琉璃正脊、琉璃垂脊、琉璃戗脊、琉璃围脊、琉璃博脊等。

①琉璃正脊。

琉璃正脊分为尖顶式正脊、卷棚式正脊，它是由长条脊身和脊两端构件所组成。一般庑殿琉璃屋面多为尖顶式正脊，而硬山、悬山、歇山等琉璃屋面，有尖顶式和卷棚式两种琉璃正脊。瑞应寺四座大殿和山门全部采用的是尖顶式正脊。

②琉璃垂脊。

琉璃垂脊分为两种：一是垂脊分为兽前段和兽后段，二是垂脊只有兽后段而无兽前段。垂脊是以垂兽为界，分为兽前段和兽后段。庑殿、硬山、悬山、攒尖等琉璃屋面的垂脊，分为兽前段和兽后段，而歇山琉璃屋面的垂脊，只有兽后段。在瑞应寺大雄宝殿、天王殿和山门的垂脊中，也一样只有兽后段。

大雄宝殿悬山屋脊构造如图6.114所示。

图6.114 大雄宝殿悬山屋脊构造

6.3 瑞应寺古建筑可视化编程

虽然 Revit 本质上是建模平台，但其强项不在于创建复杂的形体，而是在于建筑信息的获取与管理。相较于 3ds Max 或是 Rhino 而言，Revit 提供的建模方式较为严谨且提供的方法也比较少，仅有拉伸、融合、旋转、放样融合和空心形状等。如果在 Revit 中处理复杂曲面的造型问题，不仅要花费大量时间通过繁复的步骤逐步造型，有时还需要导入其他软件的实体模型作为参考来建立形体。

6.3.1 古建筑雕刻饰物介绍

古建筑不仅有体形较为单一、适合于参数化建模的木质结构、砖瓦结构，在屋脊檐角、斗拱窗棂、砖墙砌体还存在各种各样的雕刻花纹和浮雕饰物，如果在 Revit 中建立这些带有寓意和装饰性能的摆件（见图 6.115），就能够完美体现古建筑整体风貌。Revit 自带的可视化编程软件，具备实现和扩展各种复杂形体的建模条件，将雕刻物件载入 Revit 后将整个古建筑物完美体现，通过后期的渲染工作体现建筑物的完整风貌。

垂兽　　望兽　　鸱吻　　窗棂

图 6.115　古建筑中的雕刻饰物

6.3.2 Dynamo 应用程序介绍

Dynamo 应用程序是一款可视化编程工具，旨在同时供非编程人员和编程人员使用。使用户能够直观地查看脚本的行为、定义自定义逻辑以及使用各种文本编程语言的脚本。可帮助设计师创建使用外部库或任何具有 API 的 Autodesk 产品的工具。借助 Dynamo Studio，可在“沙箱”样式的应用程序中开发程序，扩展 Revit 的应用生态系统。

6.3.3 Python 语言环境介绍

Dynamo 的出现，是为了方便建筑师实现可视化编程。可是在单一应用 Dynamo 到一定深度后，会发现节点太多，逻辑表达行为混乱，节点计算功能冗余，这些问题将极大地拖累程序节点的可读性和运行速度。Python 作为一种灵活的编程脚本语言，除了可以实现节点功能外，还能引入第三方函数，增加参数化设计的便捷性，逻辑运算功能得到有效改善。Python 作为 Dynamo 的脚本函数进一步扩展了可视化编程的应用灵活性和应用环境，通过数字化建模高效地简化模型的建立方式。

6.3.4 Dynamo 在古建筑雕饰部分的应用

在古建筑雕饰建造工艺中，为了快速读取雕塑体形数据，可以采取两种方式：一种是通过三维扫描技术收集点云数据，建立整体模型，这种方式数据准确度高，数据中包含 RGB 值，能够准确无误地反映真实的建筑样貌，但是需要现场扫描，有建筑保护要求的地方的数据提取困难；第二种是利用相似性较高的灰度图（见图 6.116 和图 6.117），可以从网络中搜集，或者利用软件制作，以满足古建筑的应用要求，相对第一种方式建模较为方便。

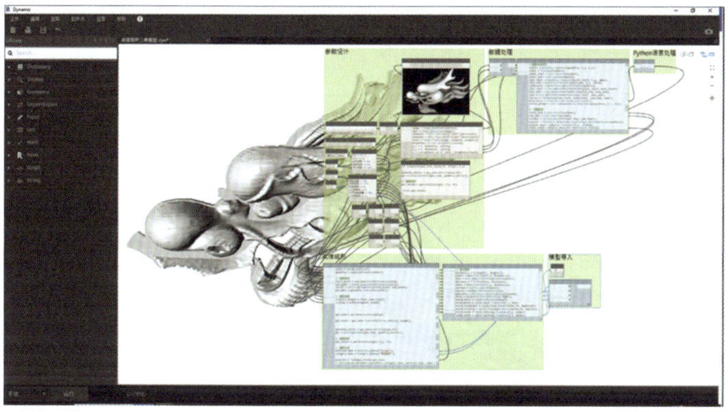

图 6.116 Dynamo 灰度图转换模型

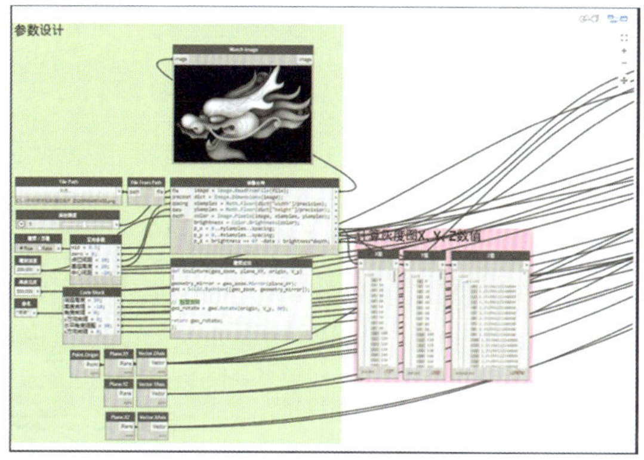

图 6.117 灰度图读取与数据处理

灰度图，又称灰阶图。把白色与黑色之间按对数关系分为若干等级，称为灰度。灰度分为 256 阶。除了常见的卫星图像、航空照片外，许多地球物理观测数据也以灰度表示。通过提取不同灰度的像素点计算其明暗度数值，将数值表现为对位场观测值的拉伸和压缩（即高度数值），形成像素空间点位，再将空间点位连接成线，将所有曲线依次相连融合成体量，即可形成我们需要的古建筑兽首或者浮雕等装饰物。

在 Dynamo 形成雕饰形状的程序设计中，主要有以下几个步骤：

（1）参数设计

在这个步骤中，主要任务是载入灰度图，提取灰度图像素点。通过各项参数设计，调整图像像素之间的距离，处理图像所占的平面空间。再将像素的灰度值提取出来，通过与设置的参数相乘作为像素点的高度值，形成点位数据。

（2）数据处理

此步骤主要根据前一步骤计算出的 x、y、z 数据形成 Dynamo 中的空间点位（Points），并按照顺时针顺序将空间点位连接成多段线，初步形成雕塑造型（见图 6.118）。

（3）Python 语言处理

利用 Python 语言中的 try/except 语句将相邻封闭的多段线形成实体时，程序执行过程中的异常情况，如实体体量边界重合、误差过小等情况会引起脚本语言报错。正在计算的多段线，越过报错的封闭多段线，与下一多段线形成实体，防止数据运算发出异常消息，中断程序运行。程序计算完成后，多个实体形状形成雕饰轮廓（见图 6.119）。

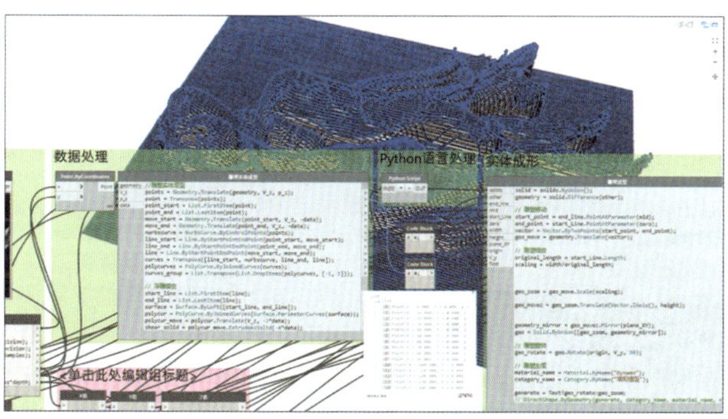

图 6.118 点位数据连接成线

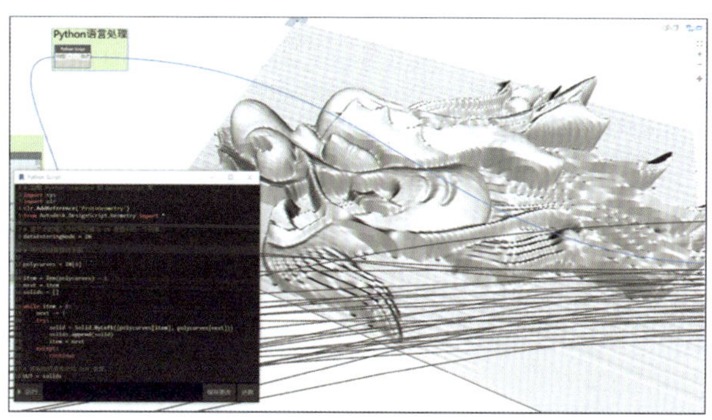

图 6.119 Python 语言数据处理效果

（4）实体成型

通过程序与设计参数的运算，调整雕塑的位置、大小、方向，选择剪切实体多余的部分，以及镜像形成左右对称的雕塑形状，或者保留底座，形成浮雕，通过融合命令（ByUnion）将多个实体变成整体形状。

(5)模型导入

最后一步就是通过 DirectShape. ByGeometry 命令将实体模型导入 Revit 族样板中形成需要的模型族(见图 6.120)。

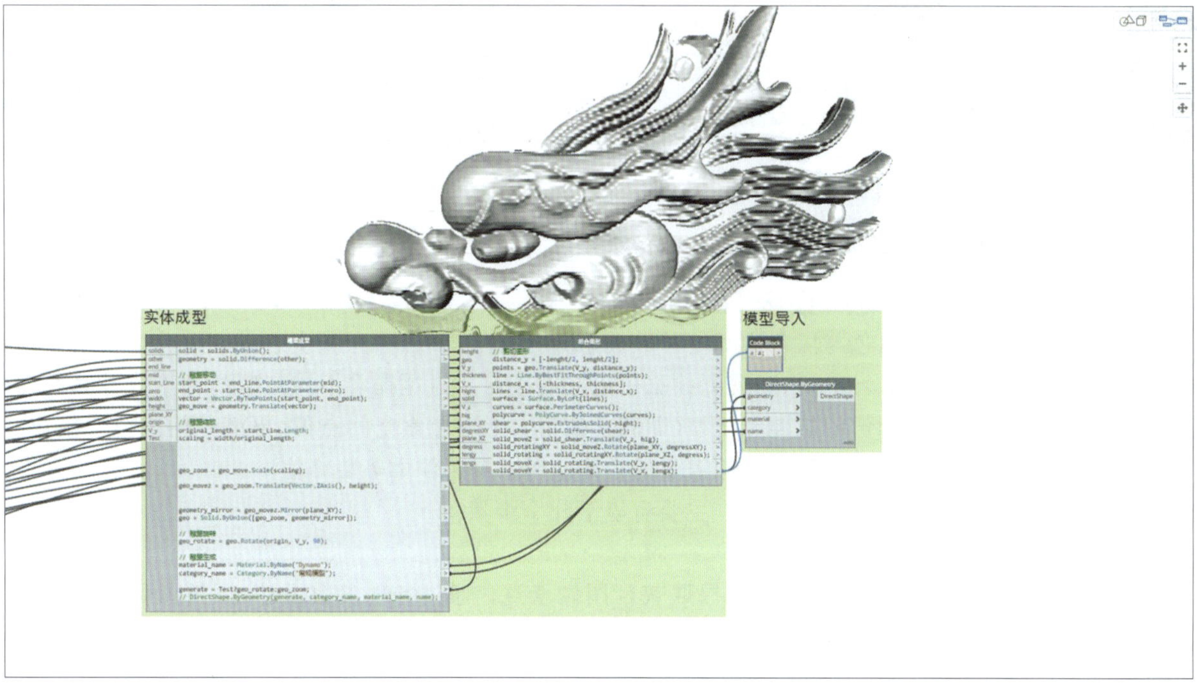

图 6.120　实体成型以及模型导入

6.4　瑞应寺古建筑信息化模型成果

瑞应寺全套信息化模型如图 6.121 至图 6.127 所示。

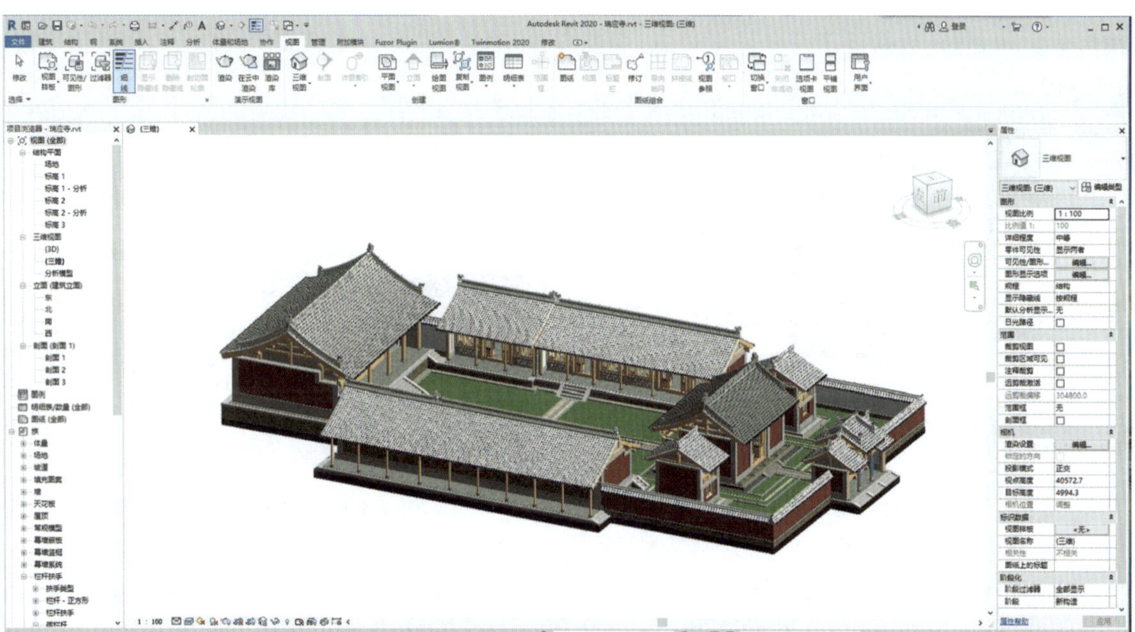

图 6.121　瑞应寺全套 BIM 信息化模型(Revit 软件模型)

图 6.122 大雄宝殿 Revit 信息化模型

图 6.123 天王殿(北侧)Revit 信息化模型

图 6.124 天王殿(南侧)Revit 信息化模型

图 6.125 鼓楼 Revit 信息化模型

图 6.126 钟楼 Revit 信息化模型

图 6.127　财神殿 Revit 信息化模型

项目 7

麦积山石窟及瑞应寺虚拟现实表现及VR展现

对于历史文化遗迹的信息化保存手段主要有文字描述、绘画、拍照、录像，以及后来的结合实地测量重绘其平、立、剖面等二维图纸。

瑞应寺的图纸文档仅存的是由中国市政工程西北设计研究院于 1999 年绘制的一套手绘版本图纸，一共二十余张，图纸包括瑞应寺中各大殿的平、立、剖及部分节点详图，如图 7.1 所示。

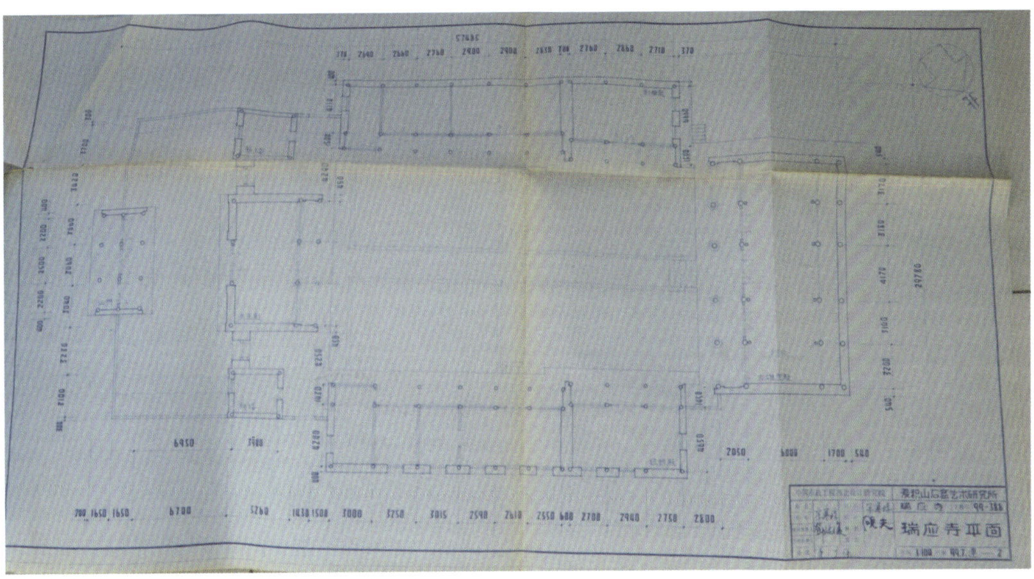

图 7.1　瑞应寺平面图(摘选一张)

随着科技的进步，利用三维软件重建实体模型也被广泛应用。近年来，无人机、三维扫描仪等现代测量仪器设备的出现，以及更多的三维信息化建模软件的出现，使得采用数字化、信息化手段保存历史文化遗迹成为可能。

但是这些方式也有其弱点，主要包括：第一，扫描只能记录其被扫描时刻的影像数据，任何的瑕疵也都被无死角地记录；第二，扫描生成的模型上贴图成像，这种模型并没有记录其他任何属性信息。显然，如果我们想要将墙体的构造层厚度、做法等信息都记录在模型上，采用扫描建模的方式是做不到的。其实，如果我们采用 3ds Max、SketchUp、Rhino 等软件创建模型来重现古建筑，同样也无法记录这些信息。为此，我们采用先进的建筑信息化建模手段 BIM 技术，来对古建筑等文物古迹进行建模，来记录各种有用的信息。

7.1 虚拟现实软件简介

BIM 技术的一个重要应用就是利用各种虚拟现实软件来实现对项目的虚拟现实模拟。其主要应用包括:项目三维效果展示、设计协同、碰撞检查、施工模拟、进度模拟、虚拟现实体验和图形图像处理等。最后还需要对模拟视频进行剪辑与编辑,向项目参与方提交最终的成果,以便其决策和使用。

要实现 BIM 虚拟现实模拟,就必须借助各种虚拟现实类的工具软件。目前,在建筑领域能够实现虚拟现实模拟的软件很多,主要包括两类软件:一类是用于创建三维模型的建模软件,目前 BIM 技术软件在国际上较为领先的有 Revit、3ds Max、Maya、SketchUp、CATIA 等软件;另一类是用于渲染表现的软件,主要有 Lumion、Twinmotion、Enscape、Navisworks、Fuzor、VRay 等软件。此外,为了获得更为丰富的渲染效果还需要借助诸如 Photoshop 等软件(或插件)对图片进行精细的处理。

利用各种软件创建的虚拟现实场景,还可以通过 VR、AR 等外接设备,让用户对项目得到全方位、真实的沉浸式体验。在给用户交付最终的成果方面,还要用到图像、视频编辑软件(如 Ae、Pr 等),本章也做了一些介绍。

本章将选择相应的虚拟现实软件进行虚拟现实表现。

7.1.1 虚拟现实建模软件简介

(1)模型的创建

对古建筑相关历史文化遗迹的建模,可以选择 Revit、3ds Max、SketchUp 等软件。

(2)Autodesk Revit

Revit 软件是由全球领先的数字化软件供应商 Autodesk 公司针对建筑设计行业开发的三维参数化、信息化设计软件。自 2004 年被引入中国以来,业已成为最流行的 BIM 创建工具,被越来越多的设计企业、工程公司所使用。

Revit 软件是专为建筑行业开发的模型和信息管理软件,它支持建筑项目所需的模型、设计、图纸和明细表,并可以在模型中记录材料的数量、施工阶段和造价等信息。

Revit 软件是由 Autodesk 公司推出的,针对建筑领域的一款建模软件。Revit 软件既是高效的设计与制图工具,同时也能解决多专业设计协同的困扰,通过信息共享来改善整个项目的设计流程。它不但可以建立信息模型,还可以用于全面的建筑分析,包括结构的可靠性分析、建筑节能分析和成本的概预算等。

Revit 软件的核心是 Revit 参数化更改引擎,它可以自动协调在任何位置(例如,在模型视图或图纸、明细表、剖面图、平面图中)所做的更改。Revit 也是我国建筑领域普及最广的 BIM 类建模软件。

实践证明,它确实大大提高了设计的效率,有相当不错的市场表现。

Revit 是现阶段 BIM 软件中比较出名的一款工具软件,软件教学信息丰富,且学习所需时间较短,对于新手而言比较易于上手。BIM 建立 3D 模型阶段较为费时,可利用 SketchUp 快速建立 3D 模型的特性,作为工程建筑的初步规划。Revit 支持 SketchUp 的文件类型,在后续实际设计或施工时再将 SketchUp 所建立的 3D 模型导入 Revit 修改,利用不同软件的特点及便利性提升 Revit 在不同工程阶段执行工作的效率。

在 Revit Architecture 中所有模型信息都储存在单一模型中,修改或变更任一构件,所有模型相关视图都会快速地自动更新,双向关联性强。另外,参数式组件(又称之为族群)也提供用户自行设计建筑组件的功能,例如门、窗等,而且不需要程序语言或编码操作。Revit 亦提供灵活的用户界面,软件内建简易教学影片及说明文档,利用 F1 键即可快速查询软件功能,缩短软件功能搜索时间。

BIM 支持建筑师在施工前更好地预测竣工后的建筑,使他们在如今日益复杂的商业环境中保持竞争优势。Autodesk Revit Architecture 软件专为建筑信息模型(BIM)而构建。BIM 是以从设计、施工到运营的协调、可靠的项目信息为基础而构建的集成流程。通过采用 BIM,建筑公司可以在整个流程中使用一致的信息来设计和绘制创新项目,还可以通过精确实现建筑外观的可视化来支持更好的沟通,模拟真实性能,以便让项目各方了解成本、工期与环境影响。

Autodesk Revit Architecture 软件能够帮助用户在项目设计流程前期探究最新颖的设计概念和外观，并能在整个施工文档中忠实传达用户的设计理念。Autodesk Revit Architecture 面向建筑信息模型（BIM）而构建，支持可持续设计、碰撞检测、施工规划和建造，同时帮助工程师、承包商与业主更好地沟通协作。设计过程中的所有变更都会在相关设计与文档中自动更新，实现更加协调一致的流程，获得更加可靠的设计文档。

Autodesk Revit Architecture 全面创新的概念设计功能带来易用工具，帮助用户进行自由形状建模和参数化设计，并且能够让用户对早期设计进行分析。借助这些功能，用户可以自由绘制草图，快速创建三维形状，交互地处理各个形状。可以利用内置的工具进行复杂形状的概念澄清，为建造和施工准备模型。随着设计的持续推进，Autodesk Revit Architecture 能够围绕最复杂的形状自动构建参数化框架，并为用户提供更高的创建控制能力、精确性和灵活性。从概念模型到施工文档的整个设计流程都在一个直观环境中完成。

（3）3ds Max

众所周知的 3ds Max 软件是 Autodesk 公司基于 PC 系统的三维动画制作和渲染软件，广泛应用于广告、影视、工业设计、建筑设计、三维动画、多媒体制作、游戏、辅助教学以及工程可视化等领域。3ds Max 所提供的强大的功能远远超过了它自身低廉的价格，对硬件系统的要求相对来说也不高。3ds Max 的制作流程十分简洁高效，上手较为容易，在国内拥有较多的使用者，便于交流。

在 Windows NT 出现以前，工业级的 CG 制作被 SGI 图形工作站所垄断。3D Studio MAX 和 Windows NT 组合的出现一下子降低了 CG 制作的门槛，首先开始运用在计算机游戏中的动画制作，而后进一步开始参与影视片的特效制作，例如《X 战警Ⅱ》《最后的武士》等。

3ds Max 软件在建筑设计中，主要用于建筑模型的建立、效果图的渲染（也可借助其他渲染插件完成）和三维漫游动画视频的制作。但是，3ds Max 创建的模型并不具备更多的属性信息，所以其创建的模型并不是真正意义上的 BIM 信息模型。

（4）SketchUp

SketchUp（简称 SU）也被称为"草图大师"，是 Google 公司的一款应用于建筑领域的全新三维设计软件。它为我们提供了全新的三维设计方式——在草图大师中建立三维模型，就像我们使用铅笔在图纸上作图一般，草图大师本身能自动识别这些线条，加以自动捕捉。它的建模流程简单明了，就是画线成面，而后挤压成型，这也是建筑建模最常用的方法。但是它和 3ds Max 一样，只具备三维尺寸信息，不具备其他信息属性。

7.1.2 虚拟现实表现软件

（1）Lumion 简介

Lumion 是由荷兰 Act-3D 公司通过 Quest3D 软件平台开发的新一代三维可视化设计软件，主要用于制作电影和静帧作品。Lumion 已经逐渐成为建筑、规划和景观设计等诸多领域设计师进行渲染三维场景设计的第一选择。Lumion 所见即所得的表现模式、丰富的素材、便捷的操作方式以及极快的运算模式为方案表达提供了极强的表现力和视觉冲击力。Lumion 采用图形化操作界面，完美兼容了 Google SketchUp、3ds Max 等多种软件的 DAE、FBX、MAX、3DS、OBJ、DXF 格式，同时支持 TGA、DDS、PSD、JPG、BMP、HDR 和 PNG 等格式图像的导入。

在 Lumion 中内置大量动植物素材，通过素材添加以及对真实光线和云雾环境的模拟，可以在极短时间内创造出不同凡响的视觉效果。

Lumion 可以将场景输出为 AVI（MJPEG）、MP4（AVC）、BMP、JPG 等格式的视频或视频序列；同时也可以输出各种尺寸的静帧图。在未来的版本中还可以输出具有交互能力的场景包，为设计表达提供多种不同的表现形式。

能够实时预览、高模型细节植物、材质置换贴图功能、夜晚真实天空与极光效果、照片匹配功能、植物笔刷功能、景观开洞工具、局部剖切，这些功能为虚拟现实环境的创建、表现和渲染提供了非常强大的功能保障。

Lumion 软件最大的优点就在于人们能够快速地在计算机上直接创建和预览虚拟现实场景。并且 Lumion 软件支持 SketchUp、Revit、3ds Max 和其他许多三维建模软件创建的三维模型。在建筑领域能够实现虚拟现实模拟的软件还有很多，如 Navisworks、Fuzor、Revit，以及传统的三维设计软件如 3ds Max、SketchUp 等。为了获得更为丰富的渲染效果，还可以借助诸如 VRay、Twinmotion、Lightscape、Photoshop 等软件（或插件）对视频动画、图片进行更精细的渲染和处理。与这些软件相比，Lumion 软件有着容易学习掌握、实时编辑、实时观察、速度飞快、综合表现突出等诸多优点，应该说 Lumion 软件有着不可替代的地位。

此外，利用各种软件创建的虚拟现实场景，还可以通过 VR、AR 等外接设备，让用户对项目得到全方位、真实的沉浸式体验。

Lumion 软件本身包含了一个庞大而丰富的 3D 模型和材质库，包括建筑、汽车、人物、动物、街道、街饰、地表、石头等数百种材质，这让场景非常丰富，满足虚拟现实的视频、图片制作需要。软件还内置了植物、人与动物、电影特效、特殊效果、环境和天气，以及灯光插件等诸多功能。通过使用快如闪电的 GPU 渲染技术，能够实时编辑 3D 场景；使用内置的视频编辑器，创建非常有吸引力的视频。

目前，Lumion 被广泛应用于景观设计、旅游景区设计、建筑设计及部分舞美设计中。通过在实际项目中运用发现，Lumion 被用于项目前期投标及方案汇报的时候，不但通过率极高，而且甲方对 Lumion 这种直观、真实的表达方式都比较满意。应该说 Lumion 是一款不可多得的、非常容易上手的虚拟现实软件，在 BIM 技术应用领域被广泛应用于制作动画视频、虚拟现实漫游和建筑效果图等。

（2）Twinmotion

Twinmotion 是一款专为建筑需求而设计的工具集，可以作为 Revit 软件的插件安装使用，非常方便灵活，能够完全集成到工作流程中。软件适用于设计、可视化和建筑交流等领域。可以在几分钟内就为项目创建高清图像、高清视频。通过安装单机版，可以随时导出项目为. exe 文件，该文件可以作为交互 3D 模型被客户端访问。Twinmotion 是一款与 ArchiCAD 和 Autodesk Revit 一键同步的可视化渲染软件。

Twinmotion 结合了时下最强大的实时技术和专为建筑设计而准备的各种各样的工具。在 Twinmotion 中，图像的精度和质量完全达到了现实级的水平，同时软件也提供了时下流行的工具，例如全局光照明、HDR 等。软件开发出了能够使当前显卡更加高效、多核心处理器表现更佳的技术，可以进行 GPU+CPU 优化渲染。

Twinmotion 是一款完全实时的解决方案，它具有很多建模工具，来应对各种复杂的建筑结构。Twinmotion 能够实时地显示动态阴影系统，即使是最精确、最复杂的阴影，而没有计算限制。内嵌时钟和地理坐标功能，还有雾效、景深、水环境及真实的植被效果。只需一键点击，用户的整个 3D 模型、所有建筑物体的 BIM 信息和项目的组织排序会在分秒之间同步到 Twinmotion 中。模型中的植物、人物、车辆、材质等会自动转换为 Twinmotion 资源库内的对应模型。Twinmotion 中的模型会同时根据天气和四季做出智能的变化。Twinmotion 提供了预设的 3D 形状，以应付建筑和制造业中的主流设计应用程序。

（3）Fuzor

Fuzor 是一款将 BIMVR 技术与 4D 施工模拟技术深度结合的综合性平台级软件，它能够使 BIM 模型瞬间转化成带数据的生动 BIMVR 场景，让所有项目参与方都能在这个场景中进行深度的信息互动。

Fuzor 的 Live Link 为 Fuzor 和 Revit、ArchiCAD 之间建立了一座沟通的桥梁，此功能使两个软件可以双向实时同步两者的变化，再也无须为了得到一个良好的可视化效果而在几个软件中导来导去。

Fuzor 软件是基于自有的 3D 游戏引擎开发，模型承受量、展示效果、数据支持都是为 BIM 量身定做，支持 BIM 模型的实时渲染、实时 VR 体验。

Fuzor 支持基于云端服务器的多人协同工作，无论在局域网内部还是互联网，项目参与各方都可以通过 Fuzor 搭建的私有云服务器来进行问题追踪、3D 实时协同交流。

Fuzor 能够通过简单高效的进度模拟方式来为用户创建丰富的 4D 进度管理场景，用户可以基于 Fuzor 平台来完成各种工程类型的施工模拟项目。

Fuzor 有强大的移动端支持，可以让大于 5G 的 BIM 模型在移动设备中流畅展示。用户可以在移动端设备中自由浏览、批注、测量、查看 BIM 模型参数，查看 4D 施工模拟进度等。

Fuzor 可以把文件打包为一个 EXE 的可执行文件，供其他没有安装 Fuzor 的人员像玩游戏一样审阅模型，同时他们还可以对 BIM 成果进行标注，甚至可以进行 VR 体验。

Fuzor 软件可以从 Revit、ArchiCAD、Navisworks、SketchUp、Rhino、3ds Max 等软件中同步项目模型，还

可以将常用的进度计划软件导出的 XML 格式文件导入到 Fuzor 软件中，或者直接在 Fuzor 中创建进度计划。如果设计更改了，Fuzor Construction 软件可以快速匹配更改的内容，而无须重新指定关联对象。如果在 Fuzor Construction 中修改了进度计划，可以导出对应的进度计划文件，然后再将该文件导回到 P6 这样的进度计划软件中，这样可以使进度计划在不同软件中保持完整一致。

用户可以通过 Fuzor Construction 拥有的强大的多条件选择过滤器选择任意对象，软件提供了丰富的工程车辆库，可以创建实际建造的动画场景，并进行安全分析、净高分析、安全防护模拟等。Fuzor 引入了 2D、3D 对照系统，同步显示 2D 和 3D 实时模拟，同步看到进度计划的实施模拟过程，这让交付变得异常简单。

软件界面和功能介绍，详见本章第 7.3 节相关内容。

(4)Photoshop

Photoshop 简称“PS”，是由 Adobe Systems 公司开发和发行的图像处理软件。Photoshop 主要处理由像素所构成的数字图像。使用其众多的编修与绘图工具，可以有效地进行图片编辑工作。PS 有很多功能，在图像、图形、文字、视频、出版等各方面都有所应用。

Photoshop 的专长在于图像处理，而不是图形创作。图像处理是对已有的位图图像进行编辑加工处理以及运用一些特殊效果，其重点在于对图像的处理加工；而图形创作软件是按照自己的构思创意，使用矢量图形等来设计图形，如 CorelDRAW、Illustrator 等。平面设计是 Photoshop 应用最为广泛的领域，无论是图书封面，还是招贴、海报，这些平面印刷品通常都需要 Photoshop 软件对图像进行处理。

在 BIM 技术应用方面，使用 Photoshop 对后期相关图片进行更为精细的处理，以便达到更好的表现效果。

从麦积山上俯视拍摄的瑞应寺全貌如图 7.2 所示。

图 7.2 鸟瞰瑞应寺全貌

本项目案例选自 2019 年度甘肃省教育厅产业支撑引导项目“基于 BIM 与倾斜摄影测量技术的麦积山石窟历史文化遗迹的信息化复原与 VR 展现”研究课题的一部分，旨在通过 BIM 与倾斜摄影测量技术对麦积山及瑞应寺古建筑部分进行信息化复原，并为文物保护及游客提供能够通过 VR 设备进行的较为真实的交互体验与相关信息的记录。

麦积山石窟部分主要是通过三维扫描仪、无人机倾斜摄影测量技术完成整体麦积山石窟部分和周围场景的点云数据的扫描，并生成模型。本案例截取麦积山点云模型作为案例配景，其扫描及成像内容不再赘述。

古建筑部分主要是对麦积山脚下的瑞应寺做了三维扫描，也查阅了一些现代测量后形成的二维图纸，再结合 BIM 技术用 Revit 软件对瑞应寺进行建筑信息化建模。由于本案例主要是完成对古建筑部分的虚拟现实表现，所以其建模方法不再赘述，读者可另参考本课题相关专著进行了解。案例截取了瑞应寺中的天王殿部分利用 Lumion 10.0 软件对其进行虚拟现实的表现。

7.2 麦积山石窟及瑞应寺虚拟现实表现技术

虚拟现实表现需要将模型导入到虚拟现实表现软件中进行设置、渲染和输出。本项目选择 Lumion 软件进行虚拟现实表现。

7.2.1 模型导入 Lumion 软件

根据项目精度的需要，可以利用三维点云数据处理软件将扫描测量获得的点云数据模型进行处理，得到三维数字模型（见图 7.3）。这种模型能够真实地记录三维物体外形的任何细节，即使是微小的裂纹、斑驳等细节都能被完整地记录。这可以作为后期创建三维信息模型的参考。

图 7.3 三维扫描的瑞应寺天王殿点云模型截图

将处理后的三维数字模型导入到 Lumion 软件中，就可以作为创建麦积山石窟、瑞应寺及地形地貌的依据。Lumion 软件支持的三维模型数据格式比较多，比如被广泛使用的 FBX、OBJ、RVT、3DS 等格式。因此，我们只要选择软件能够识别的数据格式就可以加载到 Lumion 中。另外，还必须注意的是模型比例的问题，导入的模型大小必须与实际大小相一致才不会在后期虚拟现实环境的创建中出错。其中，地形模型、麦积山模型是扫描生成点云模型创建的，而瑞应寺是用 Revit 软件创建的信息化模型。

首先，将扫描的麦积山石窟模型、地形模型和瑞应寺模型导入到 Lumion 软件的山地场景中，如图 7.4 所示。

直接导入 Lumion 软件后的模型，还存在以下几个问题：

第一，地形区域是局部的，并不能和软件中的地形完美融合。这是由于在选取无人机倾斜摄影测量时，必然会选定一定区域进行测绘，这就使得生成的地形模型只能是局部地形。至于远山、远景，只能用比较接近的山体素材或者在软件中创建。

第二，地形模型的各个位置高程是受扫描精度影响的。选择不同的无人机、不同的扫描精度，势必会使得地形的精确度不同。另外，地形的精确度还和扫描时间长短、项目需要等因素有关。

第三，在地形中，并未携带原始地形中的树木植被、其他建筑等物体。这是由于树木植被等物体会遮挡真正的地形，为此在扫描完地形模型后，用软件处理地形时将植被等物体忽略，只保留了地形的数据。

第四，麦积山石窟模型也是无人机拍摄生成的。由于麦积山石窟是国家重点保护文物，在进行无人机航拍

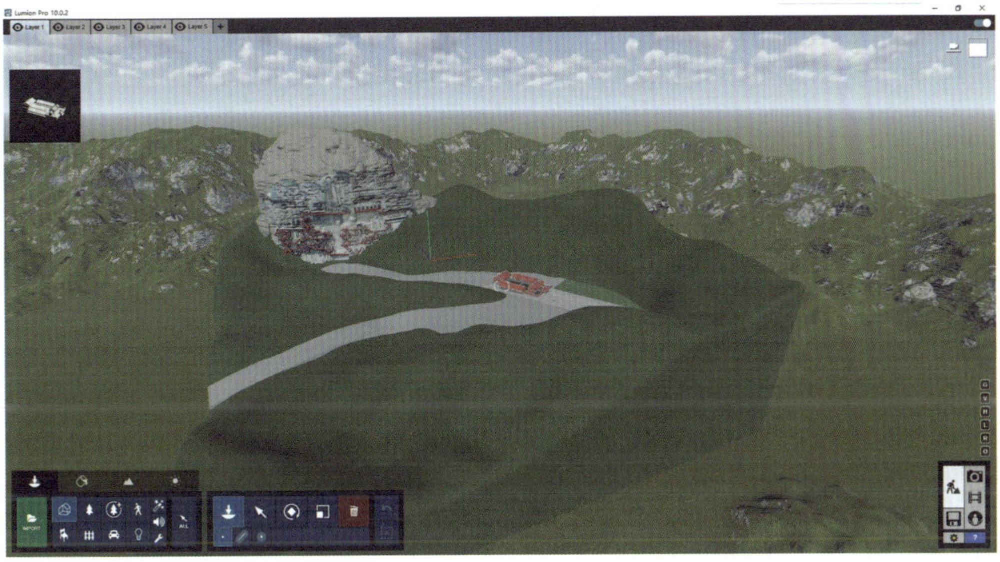

图 7.4 在 Lumion 软件中加载麦积山石窟与瑞应寺模型

测绘时，必须控制在 30 米以上的安全飞行距离，这就使得麦积山石窟的山体模型精度有限。

第五，瑞应寺模型只是将点云模型作为参考，实际上并未直接选择倾斜摄影的点云模型，而是用了 BIM 建模软件创建的模型。这是由于点云建筑模型并不精确，即使通过扫描，仍然有很多部位是扫描不全的。而本项目的瑞应寺古建筑，是应用 BIM 创建信息模型的主要研究对象。为此，通过参考扫描的点云数据，加上实测实量和三维信息化建模软件创建，就可以得到较为真实准确的古建筑模型。

为此，对于导入的模型，需要做如下处理：

第一，用 Lumion 软件的地形创建功能拉伸地形，使得软件中的地形与导入的模型地形能够融合。这不仅需要耐心细致的创建，还需要实地考察、拍摄一些视频作为参考，才能创建出与实际场景相似或者一致的模型。

第二，再次调整点云模型的大小，使其和真实环境大小完全一致。由于地形模型、麦积山模型和瑞应寺模型是由不同软件或方式创建的，这就需要将地形模型与 Revit 软件创建的瑞应寺古建筑模型匹配一致才行。

第三，导入地形的材质，需要选择符合真实环境的材质。

第四，对于瑞应寺，首先需要调整其位置，使其方位与实际方位一致，可以对比点云模型调整其大小，使其与实际大小完全一致。

7.2.2 Lumion 软件自然景观表现

当模型基本调整完成后，就需要创建环境了。首先创建地形，我们参考实测数据、影像、图片等资料，将扫描获得的地形与用软件拉伸获得的地形融合为一体。

对软件描绘的地面进行调整，力求地面丰富、多样、自然，如图 7.5 所示。

图 7.5 描绘场景

然后，对不同地面材质进行合理的融合和过渡，使得地面场景符合一般地面自然规律。在放置不同的树木时，应该考虑地理位置、环境、季节等因素，合理放置不同的树种，并安排其高低错落、层次变化和颜色不同等。

再对场景添加落叶、杂草、石头、矮树、灌木等，使场景更加生动，如图 7.6 至图 7.8 所示。

图 7.6　落叶场景的表现

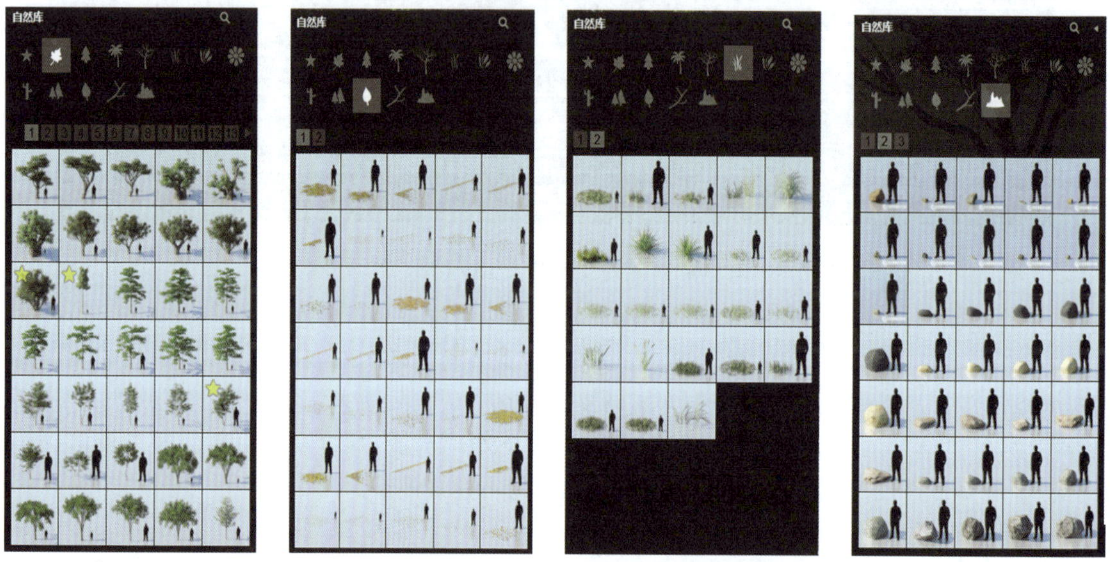

各种树木的放置　　落叶的放置　　草丛的放置　　石头的放置

图 7.7　自然景观素材的放置

图 7.8　矮树、灌木、石头、落叶等场景的表现

在 Lumion 软件中，选择地形选项卡。点选按钮，即可创建地形。可以根据需要切换抬升、下降、平整、起伏和平缓选项，并且选择合适的画笔大小和速度（见图 7.9），直至创建出满意的地形（见图 7.10）。

其次是创建树木、草地等绿色植被。如果想要完全真实、一致的植物，是无法用逐一扫描的方式来实现的。

图 7.9　地形创建选项卡

图 7.10　地形的创建

Lumion 软件虽然自带了大量的植物素材，但要做到和真实环境的树木、草地等植被完全一致几乎是不可能的。其实，只要是用软件完成创建的，这种差别就是难以消除的，这是由软件的局限性造成的。我们可通过耐心细致地选择、比对合适的植物素材，尽量使得创建的植物与真实环境相近或者基本一致。

选择创建选项卡，点选放置按钮（见图 7.11），即可创建各种树木、草丛等植物（见图 7.12）。

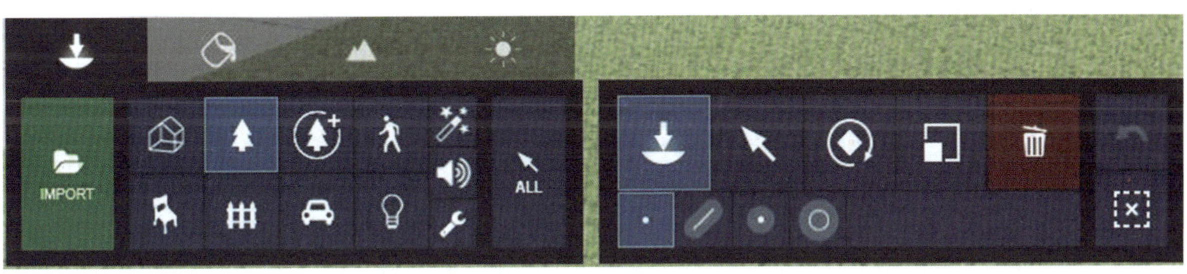

图 7.11　放置植被选项卡

再次是创建建筑物、构筑物等物体。如果 Lumion 软件中能够找到素材，我们直接调取放置即可；如果软件中找不到类似的，那我们只能通过建模软件来创建模型。其中，护栏是用 Revit 的栏杆功能创建的（见图 7.13）；香炉是用扫描生成点云模型的方式创建的（见图 7.14）。

图 7.12　植被的放置

图 7.13　栏杆的放置

图 7.14　香炉的放置与表现

类似地，对于碑刻等物体，最为真实的还原方式就是扫描。这就需要逐一对物体进行扫描，以获得比较好的三维模型。

7.2.3 Lumion 软件材质的表现

对于麦积山崖壁材质可以选用默认材质，而对于未赋予的材质山体等，则选用沙砾岩材质；栈道材质选择红色金属漆材质，但还需进行做旧处理，才能比较符合实际情况。对于麦积山瑞应寺前广场地面来说，室外也有好几种材质，包括花岗岩、砌石、基石、条石等材质（见图 7.15）。

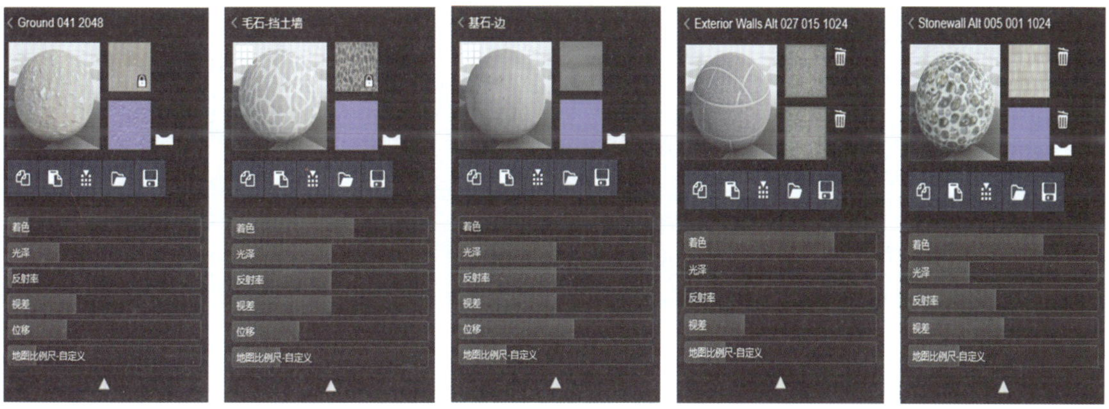

沙砾岩　毛石挡墙　基石　条石　卵石

图 7.15　麦积山材质表现

瑞应寺中的材质也非常多，包括瓦屋面、中国红墙面和木作、白色墙面、青砖墙面、各种砌石地面等。在设置各种材质时，除了需要找到正确的贴图以外，还需要调整其着色、光泽、反射率、视差、位移和比例尺，以及贴图坐标、旋转方向、风化等参数。如香炉材质还需选择风化数值为 0.1，才能使得香炉的铁锈更加真实。瑞应寺主要使用的材质，其参数如图 7.16 所示。

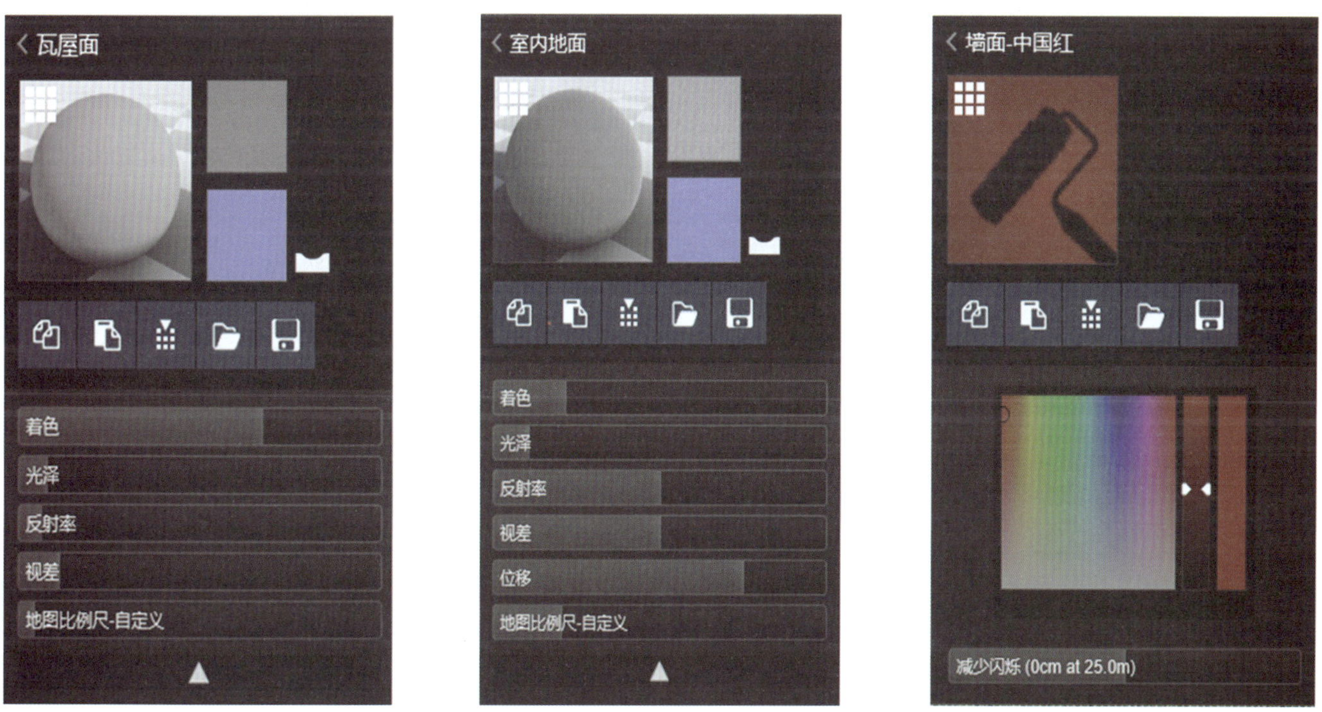

瓦屋面　室内地面　中国红墙面

图 7.16　瑞应寺材质表现

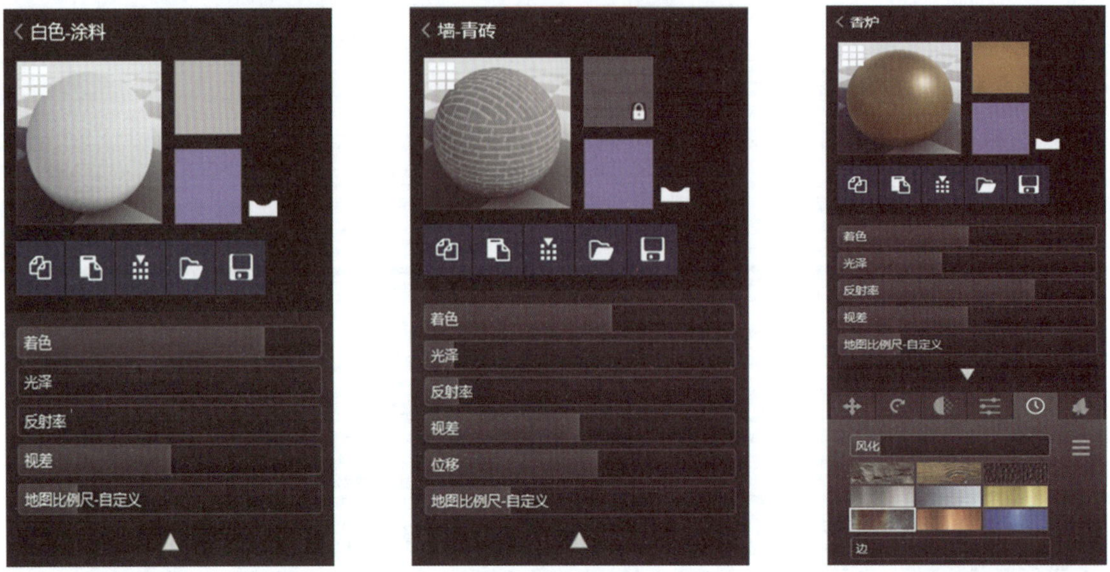

白色墙面　　青砖墙面　　香炉材质

续图 7.16

对于匾额、壁画，应将贴图处理好，再进行模型贴图。这些贴图均为实际拍摄后，用 Photoshop 软件修复处理后的图片。另外还需调整其 UV 贴图的方向和比例，应尽量还原其实际大小（见图 7.17 和图 7.18）。

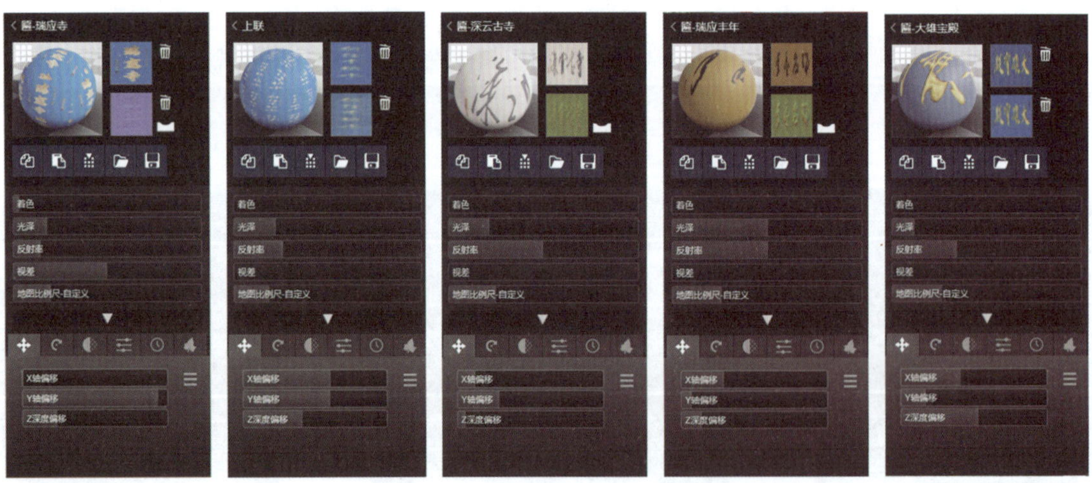

瑞应寺　　山门对联　　寺古云深　　瑞应丰年　　大雄宝殿

图 7.17　匾额、对联材质表现

瑞应寺中最为重要的就是大雄宝殿内的两幅壁画，分别位于大殿的东西两个山墙上。这两幅壁画需要正投影拍摄，而普通的拍摄方式仍然有视差，我们是通过多图片拍摄后进行拼接处理完成最终的贴图的。同时也需要调整其坐标偏移值，直至符合实际壁画的大小和位置（见图 7.19）。

7.2.4　Lumion 软件环境特效的表现

对于天气，可以用软件自带的天气系统调整太阳的方位、高度、亮度和云量，只是在这里调整控件较少（见图 7.20）。

而对于较为复杂、丰富的天气状态，则需要在特效中调整。特效的加载，需要切换到拍照模式或动画模式下进行。

在软件的右下角，选择拍照模式，或者选择动画模式。这两种模式均可设置不同的天气特效，两种模式下设置天气特效的区别在于，拍照模式仅可设置静止特效，而动画模式下既可设置静止特效，也可设置动态特效。

图 7.18 山门处的材质贴图

图 7.19 壁画贴图

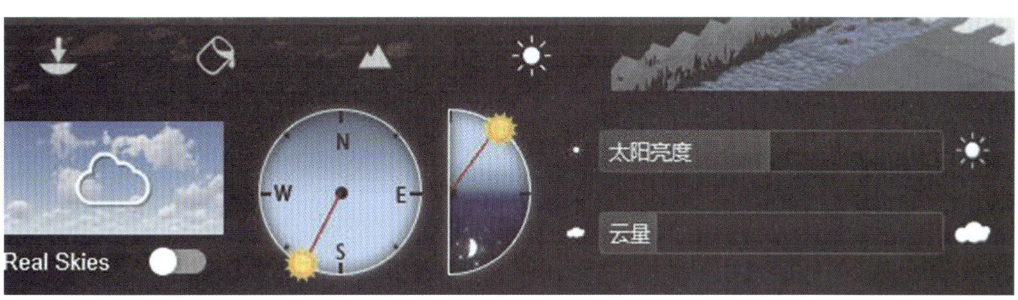

图 7.20 天气系统

点选软件右下角“功能设置”栏中的按钮，进入“拍照模式”，点击左上角的特效图标，进入特效面板。其包含太阳、天气、天空、物体、相机、动画、艺术和高级特效等效果选项卡，在该面板中可为场景添加特效、渲染输出静帧图片，用于制作场景效果图。但有些特效仅在创建动画模式下才可用，如风、移动等特效。

点击软件界面右下角“功能设置”栏中的按钮，进入“动画模式”面板，然后点击左上角的特效图标，进入“新增特效”面板。这里同样包含太阳、天气、天空、物体、相机、动画、艺术和高级特效等效果选项卡。在这里的特效面板中，可以为环境添加视频特效，如行走视频动画等。

在拍照模式或者动画模式下，点击左上角“自定义风格”按钮 Empty ，即可设置画面风格。主要包括自定义风格、现实的、室内、黎明、日光效果、夜晚、阴沉、颜色素描和水彩九种风格(见图 7.21)，这些风格下的特效参数是预设的(见图 7.22)，方便用户直接选用，也可在预设的各种特效下进一步调整，以提高特效设置的效率。

图 7.21　自定义风格

图 7.22　黎明预设效果

在拍照或动画模式下，点击左上角“特效”按钮特效，打开“选择照片”效果面板，主要包括太阳、天气、天空、物体、相机、动画、艺术 1、艺术 2 和高级等几种特效效果，如图 7.23 所示。

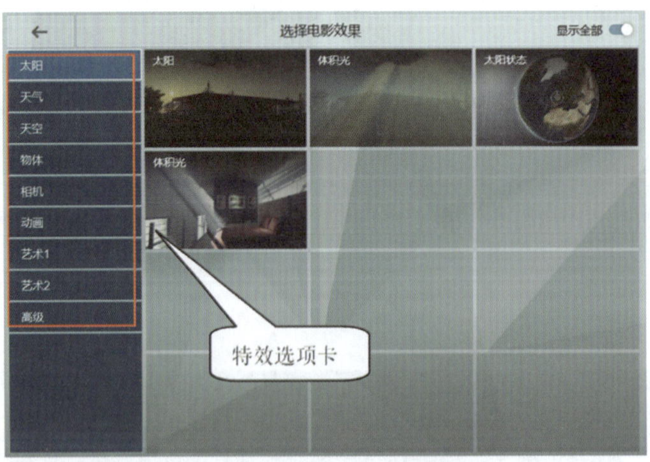

图 7.23　“照片特效”之“太阳”面板

限于篇幅，这里只介绍与麦积山石窟及瑞应寺项目相关的功能。

在天气特效面板中，包含雾气、风和沉淀三种特效。

(1)雾气

添加雾气特效，可对雾气的密度、衰减值、亮度和颜色进行设置，拖动滑块调整数值大小，可以观察到画面中雾气的不同变化。

雾气密度可在0～2之间调整，数值越小雾气密度越小，能见度越高，即当数值为0时，雾气基本消散不见；数值越大则雾气密度越大，能见度越低，即当数值为2时，环境完全笼罩在雾气中。

雾衰减可在0～1之间调整，数值越小则衰减越微弱；数值越大则衰减越明显。

雾气亮度可在0～1之间调整，数值越小雾气的亮度越低；数值越大则雾气的亮度越高。

应该注意的是，雾气效果需要同时调整这几个参数，以达到真实的效果。

(2)沉淀

沉淀用以表现雨雪天气，通过对雨/雪、降水阶段、粒子数量、粒子大小、被植物和树木堵塞、阻塞距离、添加雾和阻塞偏斜的滑块调节，可以表现不同的雨雪效果(见图7.24和图7.25)。

图7.24　雨后特效

图7.25　雪天特效

雨/雪可在 0～1 之间调整，当为 0 时是雨，当为 1 时是雪，在 0～1 之间时，则为雨雪混杂。

降水阶段可在 0～1 之间调整，以表现降水初期或后期。

粒子数量可在 0～1 之间调整，以控制雨雪颗粒的数量多少。数值越小颗粒越少；数值越大则颗粒越多。

粒子大小可在 0～1 之间调整，以控制雨雪颗粒的大小。数值越小颗粒越小；数值越大则颗粒越大。

被植物和树木堵塞的参数可在 0～1 之间调整，以表现植物、树木在雨雪下的效果。数值越小，则植物或树木被遮挡得越少；数值越大，则植物或树木被遮挡得越明显。

阻塞距离可在 0～1 之间调整，用以调整雨雪阻塞的距离。

添加雾可在 0～1 之间调整，用以调节在雨雪天气条件下雾的浓淡效果。

阻塞偏斜可在 −1～+1 之间调整，用以调整雨雪阻塞的偏斜程度。

7.2.5 Lumion 软件效果图制作与动画渲染

(1)拍照模式

软件切换到拍照模式下，为场景添加特效，如图 7.26 所示。

图 7.26　拍照模式

其主要特效调整参数如图 7.27 所示。

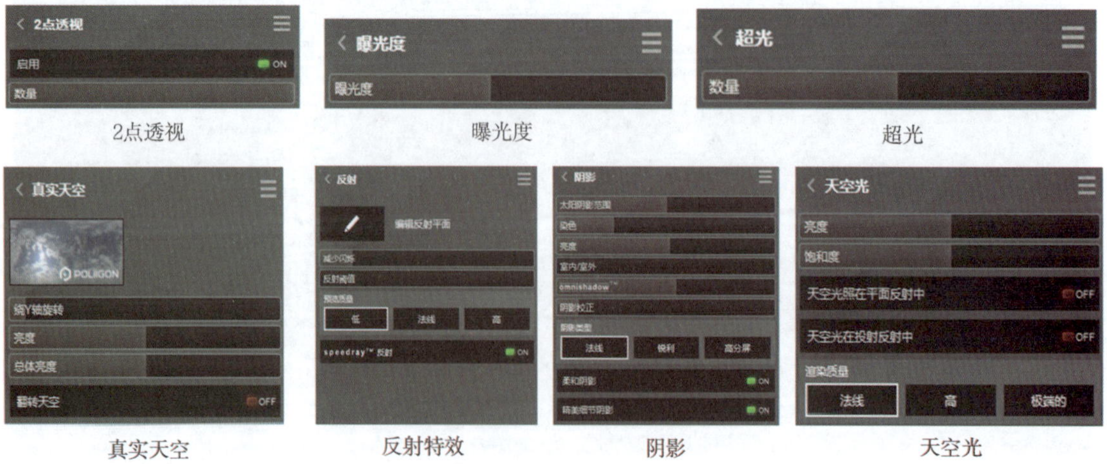

2点透视　曝光度　超光

真实天空　反射特效　阴影　天空光

图 7.27　主要特效参数

最终，渲染出一张天王殿效果图，如图 7.28 所示。

图 7.28　天王殿最终效果图

还得在场景中创建相关的构筑物、建筑物模型。对场景添加树木、植被等物体。

可以依据照片，再对场景中的建筑物部分赋予材质、颜色表现，如图 7.29 所示。

秋季颜色特效　　2点透视　　颜色校正

图 7.29　颜色特效

选择合适的角度生成效果图，如图 7.30 和图 7.31 所示。

根据所需表现环境要求，添加各种特效。如需创建雨后麦积效果图，可添加如图 7.32 所示的特效。添加特效后的效果图表现如图 7.33 所示。

(2)动画模式

点选软件右下角动画模式按钮，点击视频录制按钮，为场景捕捉关键帧，生成一段视频。

图 7.30 瑞应寺院内效果表现

图 7.31 瑞应寺院外场景表现

然后为场景添加几个特效——太阳、沉淀和真实天空，其参数设置如图 7.34 所示。

关键帧捕捉后，点击右下角的确定键，完成视频片段的截取，如图 7.35 所示。软件可自动计算各个关键帧之间的视频。

调整好后，点击右下角的渲染按钮，可以为渲染视频设置输出品质、每秒帧数等参数，即可生成动画文件，该动画文件一般为 MP4 格式文件，如图 7.36 所示。

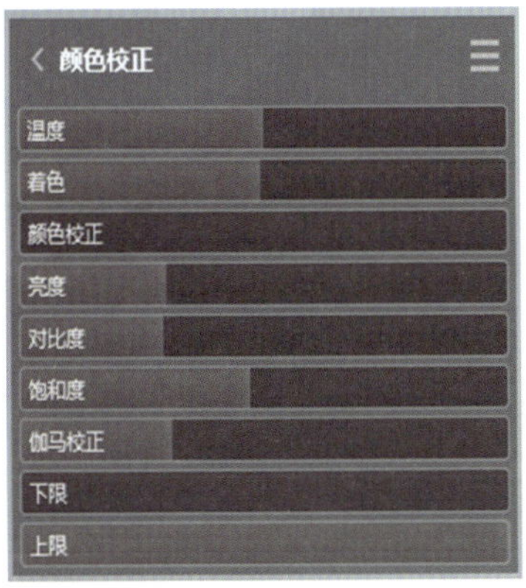

雾气

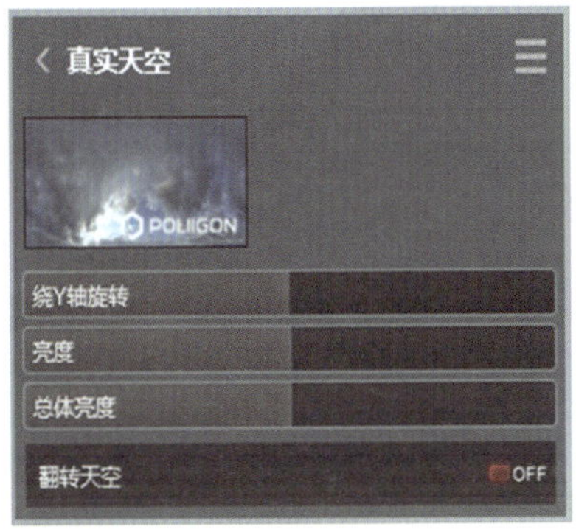

真实天空

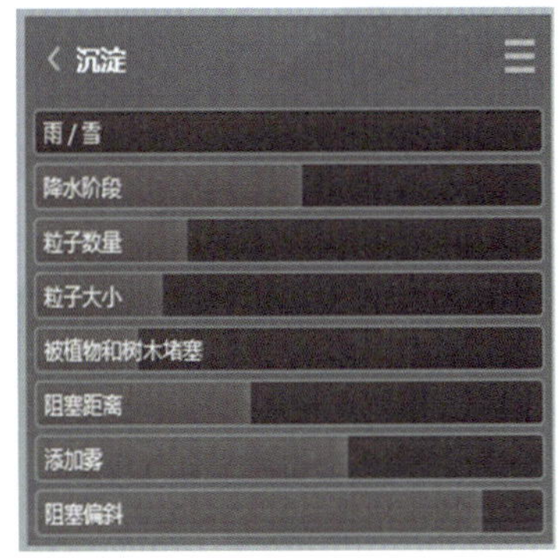

沉淀

图 7.32 雨后麦积特效参数

图 7.33 雨后麦积

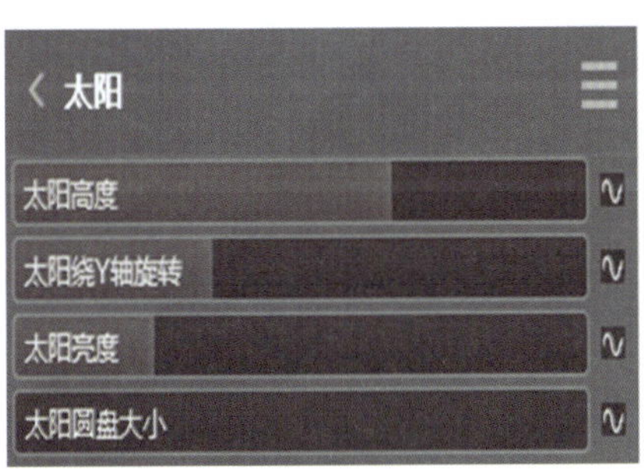

太阳特效

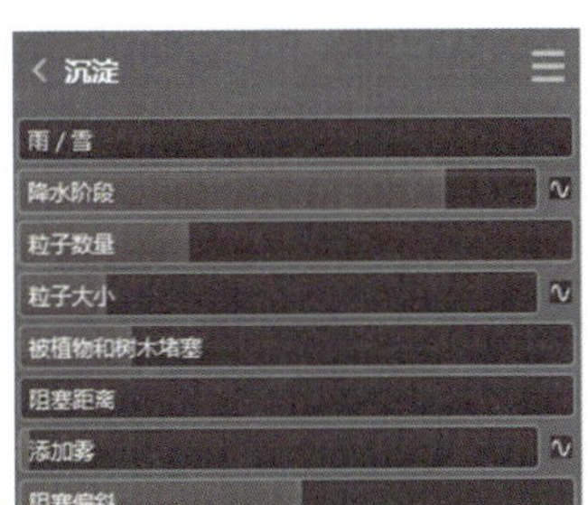

沉淀特效

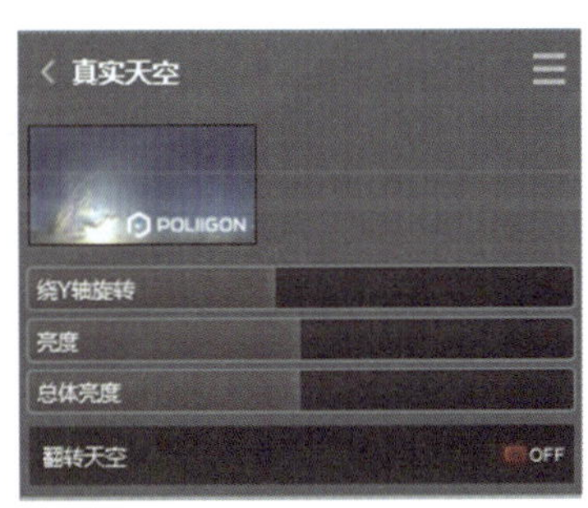

真实天空特效

图 7.34 动画模式下的特效参数

图 7.35 视频关键帧的捕捉

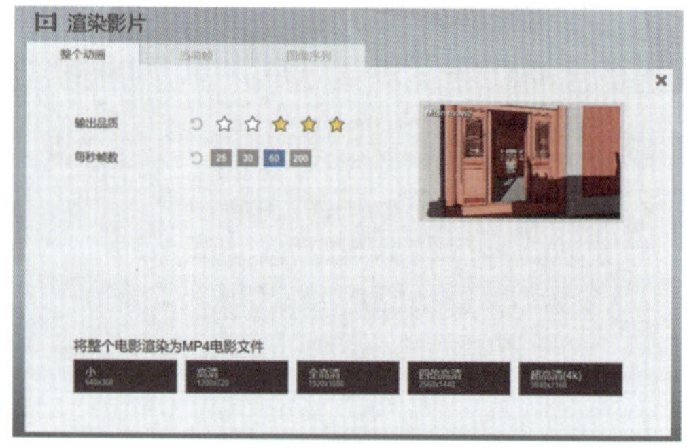

图 7.36 渲染影片

也可以单独为某一帧渲染出一张图片，该图片可以是 JPG、PNG、TGA、BMP 等几种格式的图片。

7.3 麦积山石窟及瑞应寺 VR 展现技术

7.3.1 Fuzor 软件创建 VR 虚拟场景

根据项目需要，利用三维点云数据处理软件将扫描测量获得的点云数据模型进行处理，得到三维数字模型。将处理后的三维数字模型导入到 Fuzor 软件中（见图 7.37 和图 7.38），就可以作为创建麦积山石窟、瑞应寺及地形地貌的依据。

图 7.37 瑞应寺点云及 Revit 模型载入 Fuzor 软件（1）

导入的模型包括从点云模型中创建的麦积山石窟、地形模型，Revit 信息建模软件创建的瑞应寺古建筑模型、地面模型等。

对导入到 Fuzor 软件中的任意构件，双击该构件即可得到该构件的所有信息。这些信息不但包括三维尺寸信息、位置信息，还包括颜色、材质、构造、结构等信息，以及其在软件中的 ID 号。在软件中，为了创建一些特效，还可以为这些构件添加声音、视频信息（见图 7.39）。

图 7.38　瑞应寺点云及 Revit 模型载入 Fuzor 软件（2）

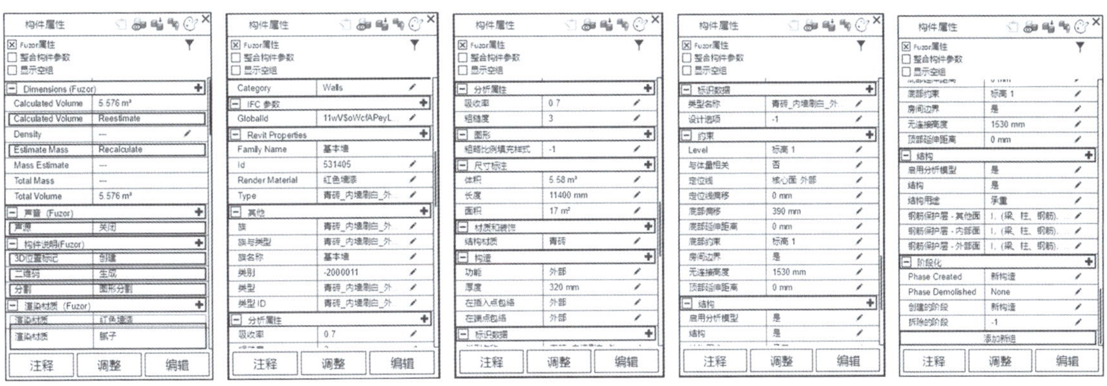

图 7.39　“围墙”的属性栏

7.3.2　Fuzor 软件中的虚拟材质表现

在制作虚拟环境时，场景中所有构件、物体均需要赋予相应的材质（见图 7.40）。由于数量过于庞大，在这里仅列举部分主要材质、重点材质加以说明，以展现不同构件、物体材质虚拟现实表现的方法。

（1）山体材质贴图

山体材质来自倾斜摄影扫描。山体为土黄色，在对山体进行无人机扫描时获取的材质贴图，在利用建模软件创建模型后，用作山体模型材质的贴图。这样的材质还包括崖壁、佛像、栈道、地形等。图 7.41 为几种草地材质素材。

（2）墙体的中国红颜色材质表现

选中场景中的构件，为这些构件创建材质。如墙体是中国红的外墙，在材质包中，首先设置其颜色的 RGB 值为 168、65、56（见图 7.42），在纹理贴图中为墙体添加一张有斑点的图片，以表现其表面历经岁月、风雨的痕迹（见图 7.43）。

图 7.40　麦积山石窟山崖材质赋予

草地1　草地2　草地3　草地4

图 7.41　几种草地材质

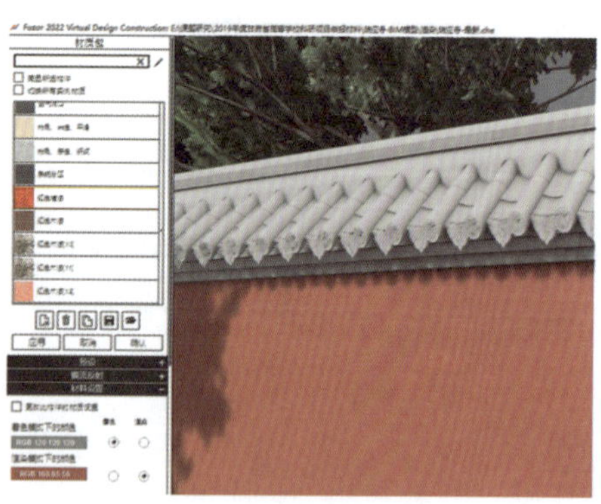

图 7.42　中国红材质赋予

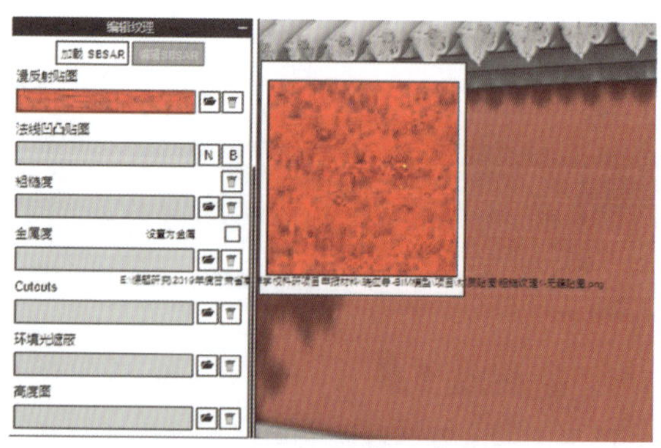

图 7.43　纹理贴图表现

(3)匾额、对联材质表现

首先需要制作贴图，如“瑞应寺”“寺古云深”匾额及对联“行经千折水，来看六朝山”等，如图 7.44 至图 7.47 所示。例如“寺古云深”牌匾，首先需要拍摄该牌匾照片，然后用 Photoshop 软件进行图片处理，使其能够成为素材用于构件贴图。对于牌匾、对联等需要对场景构件赋予材质的，都需要依次制作。

图 7.44　拍摄的“寺古云深”原照片

图 7.45　处理后的“寺古云深”贴图素材

图 7.46　拍摄的瑞应寺牌匾及对联照片

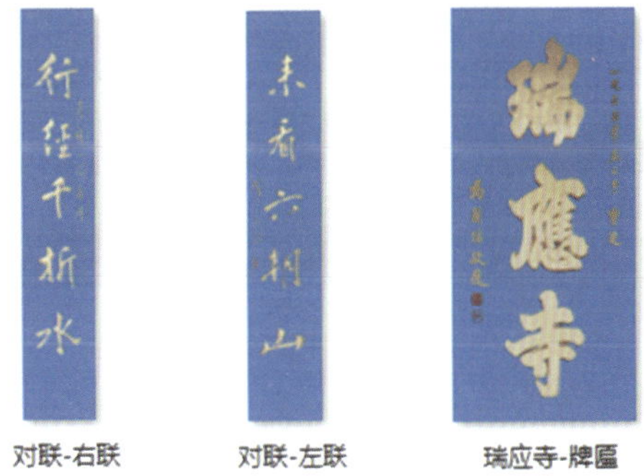

图 7.47　处理后的牌匾、对联贴图素材

(4)彩绘雕花

在瑞应寺中还残存一些彩绘纹理，在对纹理图样贴图素材进行处理时，分别处理了新、旧两种类型的贴图，便于用于模型复原时能展现不同的风格(见图 7.48)。

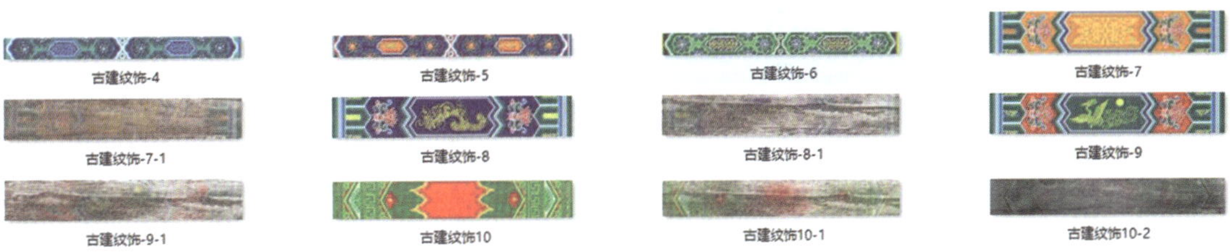

图 7.48　新旧两种彩绘贴图素材

(5)瓦

瓦屋面材质赋予了多种不同纹理的贴图，以丰富其外观效果(见图 7.49)。

图 7.49　瓦屋面材质赋予

(6)砖石材质

砖石材质(见图 7.50)分为石砌体材质、石板材质、砌石材质、砖石材质、条石材质、青砖材质等十多种不同的材质,对模型中的各种构件均需对应赋予其不同的材质贴图、凹凸贴图、法线贴图、遮罩图和高度图等(见图 7.51),还需针对不同的构件,调整其 UV 坐标、偏移值、UV 旋转角度,乃至反射等设置。

图 7.50 砖石材质赋予

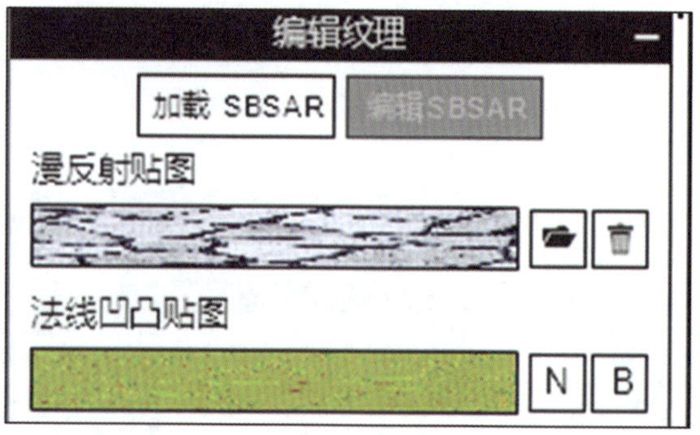

图 7.51 为材质编辑纹理

我们尽量还原其本来的面貌,但真实场景与虚拟场景必定会存在差异,这种差异只能凭借虚拟场景创建者的能力加以缩小。

各种构件的部分贴图素材如图 7.52 所示。

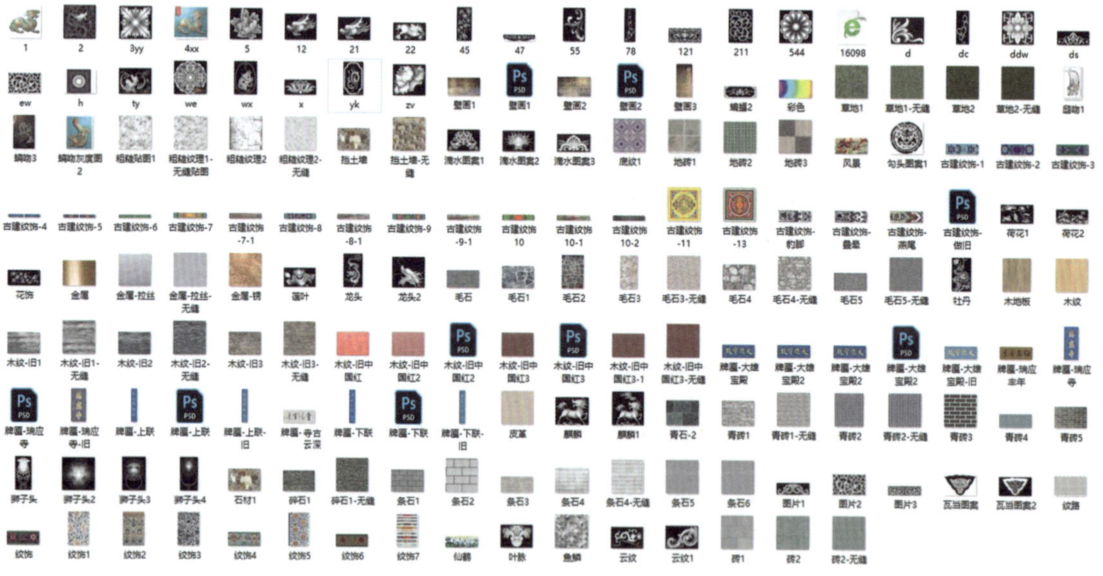

图 7.52 各种构件的部分贴图素材

温馨提示:需要说明的是,照片与素材图片存在色差,这就需要制作者反复观察、分析照片受到光线、天气、环境、拍摄角度等诸多因素影响的情况,在分析的基础上确定最终的颜色 RGB 值。例如,在拍摄的瑞应寺牌匾照片中的“瑞应寺”三个字,就与处理完成后的“瑞应寺”三个字目测差异很大,这是由于牌匾照片受到拍摄角度、光线的影响,存在色差。

瑞应寺山门处的最终展示效果如图 7.53 所示。

7.3.3 加载音频文件

在虚拟场景中,可以为任意构件添加声音,以表现虚拟环境的真实性。

(1)禅院钟声

选中钟楼中的大钟,打开声音设置,加载一个. mp3 格式的文件(见图 7.54),并对该声音进行设置,包括 3D

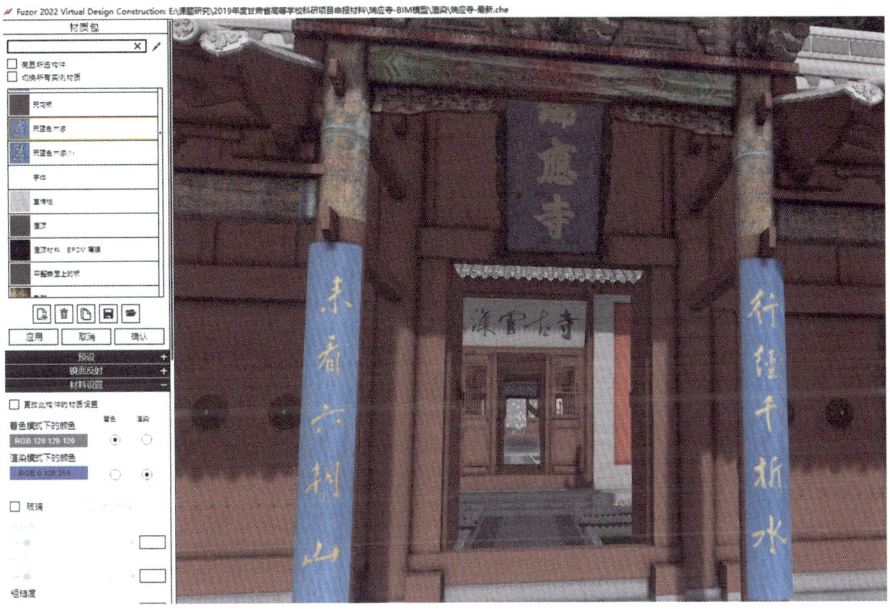

图 7.53　瑞应寺山门渲染效果

音效、音量、衰减、有效距离，以及声音类型（见图 7.55）。

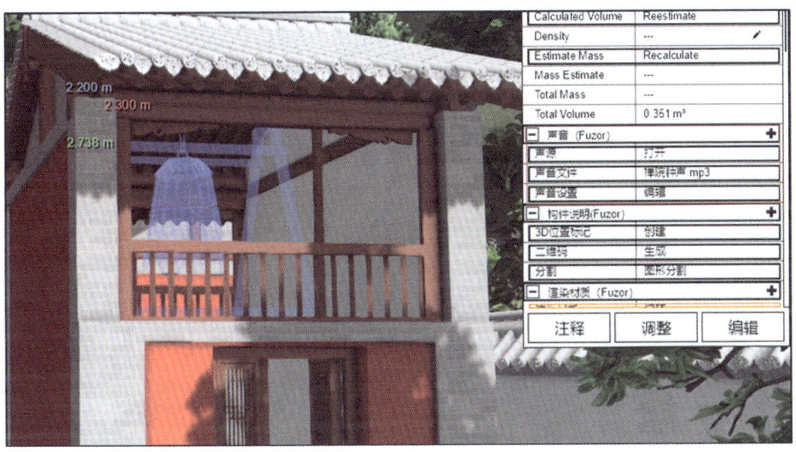

图 7.54　为钟模型加载“禅院钟声”音频文件

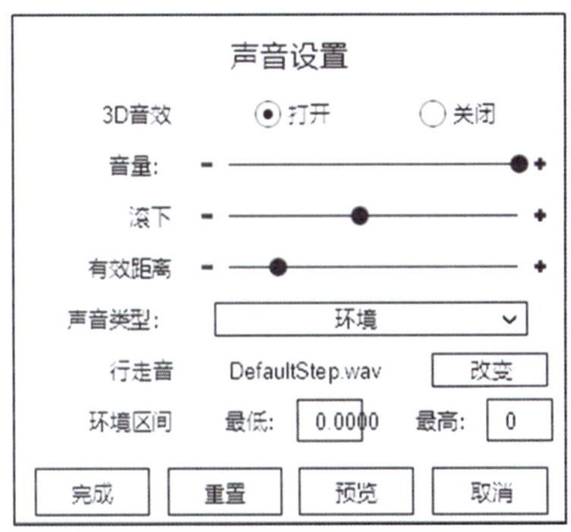

图 7.55　钟声声音设置

3D 音效：该选项能够增强音频的 3D 效果。

音量：控制声音大小，拖动滑块即可调整。

衰减：即为图 7.55 中“滚下”（这应该是翻译的问题），主要控制该声音距离人物或控制者远近衰减的程度。

有效距离：主要是调整声音影响的范围，即该声音在多大范围内能够听到，超过此范围声音听不到。拖动滑块可以调整。

声音类型：声音类型包括循环、环境及触发三种（见图 7.56）。

循环：该声音会不断播放。

环境：该声音会融入环境。

触发：需要点击赋予声音的物体来触发该声音的播放。这个设置更适合添加了解说词音频文件的物体，当人物需要播放时可以通过点击物体来触发该解说词。

（2）环境鸟叫声

环境鸟叫声，可以选择任意代表环境的构件，如山崖、地形等。本虚拟环境中选择的对象是山体模型。

在设置中，为物体调整好有效距离，该距离能够控制人物距物体多远开始听到声音（见图 7.57 和图 7.58）。

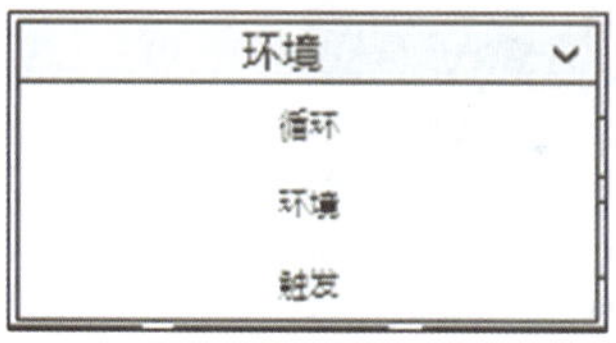

图 7.56　禅院钟声环境设置

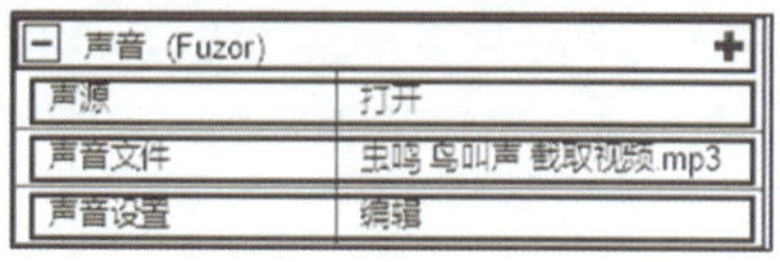

图 7.57　加载鸟叫声音频文件

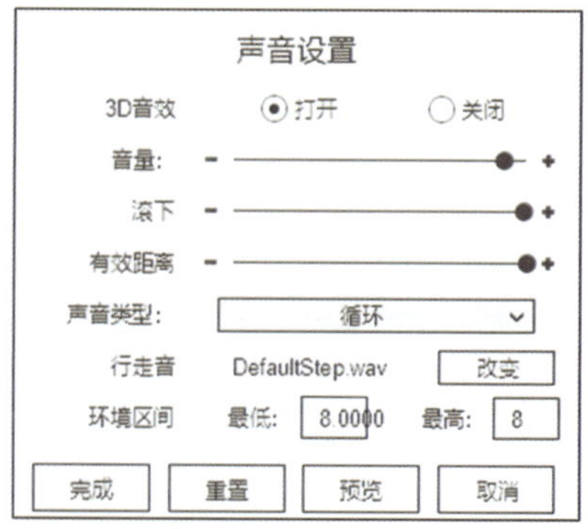

图 7.58　鸟叫声的声音设置

(3)其他声音文件

为了在佩戴 VR 眼镜后，能听到各种专业解说，可以用加载钟声、鸟叫声、其他声音的方法，为任意构件、环境创建、加载音频文件。

7.3.4　加载视频文件

为了配合讲解，在虚拟环境中添加一个“虚拟显示屏”，再在该显示屏上加载一个视频文件及配套的音频文件，以便为佩戴 VR 眼镜的人，丰富展示、体验效果。

在 Fuzor 软件中加载的视频，认可的文件格式有. mp4、. wmv，也可以在加载视频的对象上加载. png、. jpg、. tga 格式图片。

在这里，我们添加的是由中央电视台拍摄并播放过的《东方的微笑》大型麦积山纪录片。佩戴 VR 眼镜后，就可以在虚拟环境中体验专业解说带来的震撼(见图 7.59)。

图 7.59　为场景创建的虚拟大屏和加载的视频文件

7.3.5　导航控制

打开软件的导航控制栏，可以为场景选择控制场景的方案。

(1)控制模式的选择

对虚拟场景的控制有四种方式(见图 7.60)：

第一种是 Revit 控制模式，该模式是与创建建筑信息模型软件 Revit 相同的控制方式。

第二种是 Navisworks 控制模式，该模式是同于 Navisworks 软件控制场景的方式。

第三种是自由控制模式，该模式基本同于普通游戏软件控制场景的方式，即 W、A、S、D 键控制前进、向左、向下和向右移动，用 R 键控制直上，用 F 键控制直下。

第四种是人物控制模式，可以在场景中配合放置一个虚拟人物，同样也是用 W、A、S、D 等键控制场景中的人物移动的方式。同时可以为该人物设置其高度，以及是否显示该虚拟人物。还可以对主人物进行进一步设置，包括设置其站立、轮椅、自行车、车辆等模式。当然，在麦积山场景中，适合的只有站立、轮椅等人物模式。其中，人物样式又包括 32 种男士样式、27 种女性样式可供选择(见图 7.61)。

图 7.60 导航控制

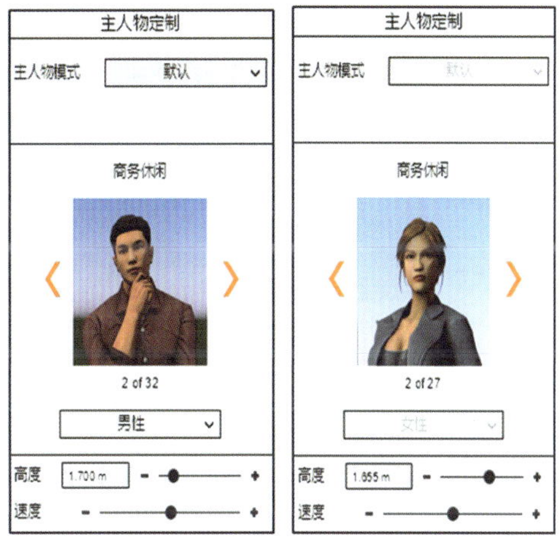

主人物（男）　主人物（女）

图 7.61 主人物定制

(2)其他设置

其他有关导航控制的设置包括相机速度、旋转速度、流畅度，均可通过滑块加以调整。

7.3.6 时间/天气的设置

在已经创建好的虚拟环境中，可以为场景设置时间、添加雨雪天气变化、选择天空效果，以及加载一个虚拟全景图(见图 7.62)。

(1)时间流逝速度

时间流逝速度，通过设置，可以让视频、VR 场景展现斗转星移的效果。

选择 0，即时间不变化，场景中的时间是固定值，不会随着漫游而变化。

选择 1×，即时间流动开始，以一倍速度，展示太阳从东方升起再到落山，然后又从晚上到第二天日出的效果。

选择 2×、4×，时间流逝速度会不断提高。

(2)日光分析

在日光分析中，可以具体设置场景所处的日期、城市、时区和经纬度，以模拟虚拟场景在真实地球的地理坐标。

(3)天气

天气：勾选天气卷展栏中的雨雪图标，可以切换为不同的雨雪场景(见图 7.63 和图 7.64)。在这里需要配合“天气”滑块一起调整。

雨雪天气的调整需要配合调整风的强度、风向和天空的类型。

风、风向：调整风的角度、方位，通过拖动滑块来调整其大小。

(4)天空盒子

在天空盒子卷展栏中，可以设置天空的类型为晴朗的天空、朦胧的天空和多云的天空。另外，可以为场景加载全景图片，使得远处的场景相对真实一些。

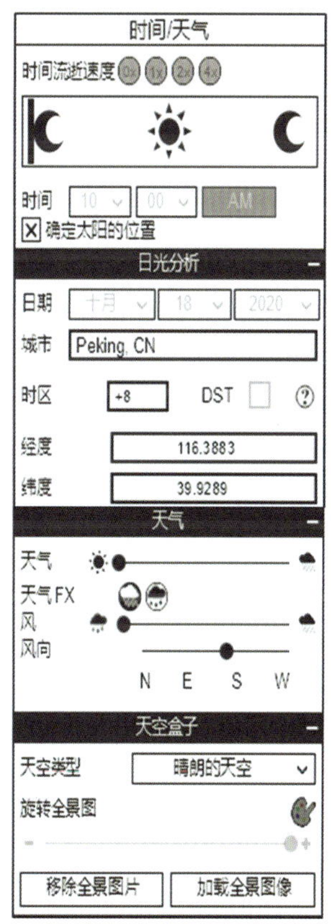

图 7.62 时间/天气

图 7.63　雨天

图 7.64　雪天

7.3.7　其他设置

(1)可见性设置

可以在可见性过滤卷展栏中,选择打开或隐藏某些类型的模型文件。这样,可以在虚拟场景中仅显示某些构件,使虚拟体验更加丰富。

(2)EXE 文件输出

将创建的可编辑文件,输出为一个 EXE 文件,该文件除了不能对场景进行修改以外,其余功能与 Fuzor 软件编辑完整版的完全一样,并且不需安装 Fuzor 专业软件即可操作,普通用户只要双击即可打开该文件,进行漫游动画及远程交流等操作。

EXE 文件可与 VR 设备连接进行 VR 体验。

7.3.8　VR 设备及 VR 虚拟体验

(1)VR 设备

虽然有了虚拟现实技术,但用户并不满足于只在计算机等设备上观看这些信息。随着科技的发展,更为真实的沉浸式的体验已经被广泛应用,VR 和 AR 技术的出现满足了用户更多的真实体验需求。

VR 即虚拟现实,是通过计算机仿真系统创建和生成一种模拟环境,让多源信息的交互式三维动态视景与实体行为的系统仿真融合,用户使用 VR 设备(见图 7.65)即可沉浸到该环境中。用户通过 VR 头显(常见的有 VR 眼镜、VR 盒子等)来对该虚拟环境进行体验,VR 头显是利用头戴式显示设备将人对外界的视觉、听觉封闭,引导用户产生一种身在虚拟环境中的感觉。其显示原理是左右眼屏幕分别显示左右眼的图像,人眼获取这种带有差异的信息后在脑海中产生立体感。

(2)VR虚拟体验

将创建好的虚拟场景导入到VR设备,佩戴好VR眼镜,即可使人处于一个虚拟的环境中(见图7.66)。在这个虚拟的环境中,可以实现场景漫游、查看各种构件的属性信息,进行简单的场景交互体验等应用。

这些应用能够实现远程观览,增加旅游体验,实现远程交互等。

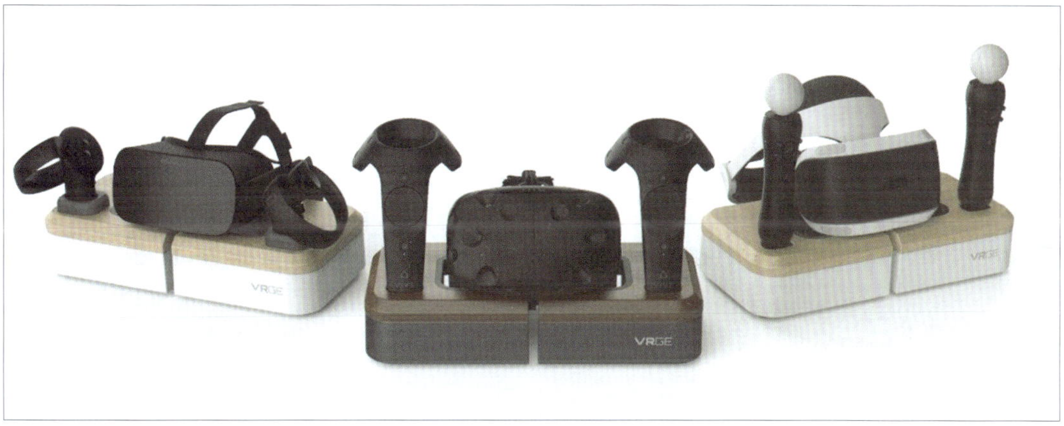

图7.65 VR设备

图7.66 虚拟场景中的漫游及VR体验

项目8 3D打印技术应用

8.1 3D打印技术简介

3D打印技术出现在20世纪90年代中期,实际上是利用光固化和纸层叠等技术的最新快速成型装置。3D打印,即快速成型技术的一种,它是一种以数字模型文件为基础,运用粉末状金属或塑料等可黏合材料,通过逐层打印的方式来构造物体的技术。

3D打印技术自产生以来,就是作为人类社会文明的一次重大突破而存在的。仅仅几十年的时间,3D打印技术就已经广泛应用于各个不同的领域,产生显著影响。同时,随着社会的进步,3D打印技术快速且广泛地被大众所关注、讨论和接受,3D打印机的价格也不断下降,更为其普及程度作出贡献,使更多普通用户能够体验到制造三维立体模型所带来的新奇感与愉悦感。现如今3D打印技术普遍应用,不仅仅是因为它更为多样化的材料选择和加工方式更加符合现代化道路的发展,也是因为它是人类文明历史上前所未有的一种生产生活方式和理念。

准确来讲,3D打印并非一种全新的技术,与其称它为新技术,不如称它为综合性生产方式,毕竟它综合了现代计算机、激光、材料等多种先进技术。可以说3D打印是一种应运而生的综合性生产技术,是人类文明进步的体现。甚至有学者认为,人类社会的第三次工业革命将由3D打印技术来引领。3D打印技术的重要性显而易见,它在航空航天、食品、医学、考古、制造、生活艺术等领域的应用,在未来数十年都将会成为全球范围内的重要的研究课题。

8.2 3D打印技术原理与应用

3D打印通常是采用数字技术材料打印机来实现的。而所谓的3D打印机与普通打印机工作原理基本相同,只是打印材料有些不同。普通打印机的打印材料是墨水和纸张,而3D打印机内装有金属、陶瓷、塑料、砂等不同的“打印材料”,是实实在在的原材料。3D打印机与电脑连接后,通过电脑控制可以把“打印材料”一层层叠加起来,最终把计算机上的蓝图变成实物。

通俗地说,3D打印机是可以“打印”出真实的3D物体的一种设备,比如打印一个机器人,打印玩具车,打印各种模型,甚至是食物,等等。之所以通俗地称其为“打印机”,是因为它参照了普通打印机的技术原理,其分层加工的过程与喷墨打印十分相似。这项打印技术称为3D立体打印技术。

8.2.1 3D打印技术的优点

(1)3D打印具有理论全能制造性

理论情况下,没有3D打印机制造不出来的立体几何模型,只有计算机设计不出来的,也就是说计算机所设计出来的三维图案不管有多复杂,都可以通过3D打印技术制造出来。当然,这是在不受材料限制的基础之上成立的。

(2)打印的精准性

3D 打印技术打印出的产品最薄可以达到 0.025 mm,又因其基于数据模型,以及与扫描技术相结合的特点,其制造的产品具有极高的精确性,使打印对象的实物还原能力达到了最高。这使得它更适用于医学、航空航天方面零件的制造,进而为相关产业的发展提供了更高的安全性。

(3)选材的多样性

3D 打印技术的选材不像普通打印机一样局限于喷墨,它可以用各种不同的材料进行打印,如金属粉末、陶瓷、光敏树脂等(见图 8.1),这就为满足不同领域的需求提供了条件。

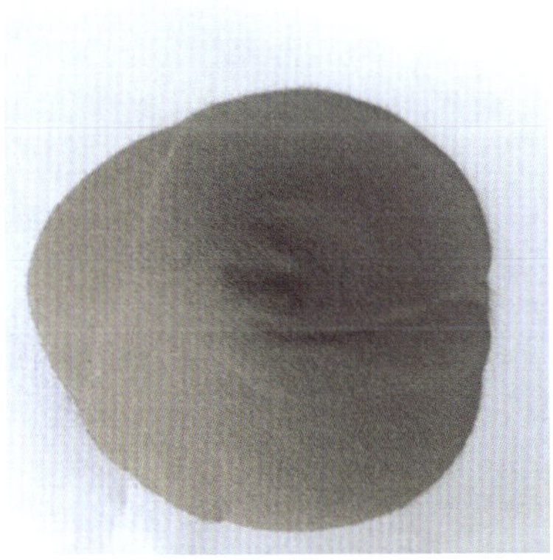

金属粉末

3D打印陶瓷

树脂佛像

图 8.1 3D 打印材料

(4)打印的瞬时性

3D 打印机可以根据需要,快速地产生反应,以满足工厂、企业的需求,使得产品的生产更加灵活。通常,利用 3D 打印技术运行的制造工艺(制造配件)直接与生产工艺(安装配件,制成成品)相结合,会大幅减少物流运输的成本,包括金钱和时间。

(5)生产成本低

不同于减材制造的传统工艺,3D 打印采用的是增材制造的加工方式,避免了额外材料的浪费,实现了对原材料的百分之百利用。除了在原材料方面的成本降低,如果能够实现就地取材、制造、生产,这期间的物流运输成本也会大幅度下降。

近年来 3D 打印产业获得了飞速发展。全球 3D 打印技术产值在 1988 至 2010 年间保持着 26.2%的年均增速,2011 年 3D 打印产业的市场规模为 17 亿美元。

8.2.2 3D 打印的应用领域

如今,3D 打印技术的应用已经涉及很多领域。这其中包括生物工程和医学领域、建筑沙盘领域、文化创意领域等。

(1)生物工程和医学领域

迄今为止,3D 打印已可用于打印手术辅助器械、人体器官、定制假体(见图 8.2 和图 8.3)。在一些外科领域,如骨科、口腔科等,已经出现了不少利用 3D 打印的成功案例。利用 3D 打印技术所打印的骨骼,可以作为人体骨骼的一个暂时的替代品,其支撑作用不亚于人体骨骼,而当人体受伤的骨骼重新恢复之后,打印出的骨骼也会自然溶解,这一材料对人体自然是无害的。2021 年,一位下颌骨感染患者被成功救治,这是 3D 技术产生以来首次成功救治病人。德国在利用 3D 打印技术打印人体血管这一方面取得了重大突破,3D 打印技术打印半月板等人体软骨组织在美国也逐渐开始普及。利用 3D 打印技术制作人体模型,可以让医生在做手术之前先练习一次,增加熟练度,增强医生的信心,减轻他们的心理负担,减小失误率,提高手术成功率。利用 3D 打印技术打印假体相比于传统制造工艺也具有更多优点。比如打印下颌骨内置物,运用医学上的 CT 扫描技术可以获得相应的影像数据,3D 打印利用这个数据可以制作出实体几何模型,这种依据自身情况所制作出的内置物与原骨骼具有较高的适配性，可以更好地修复人体内缺损的骨骼，进而对整体骨骼对象的力学性能和生理性能进行重建。

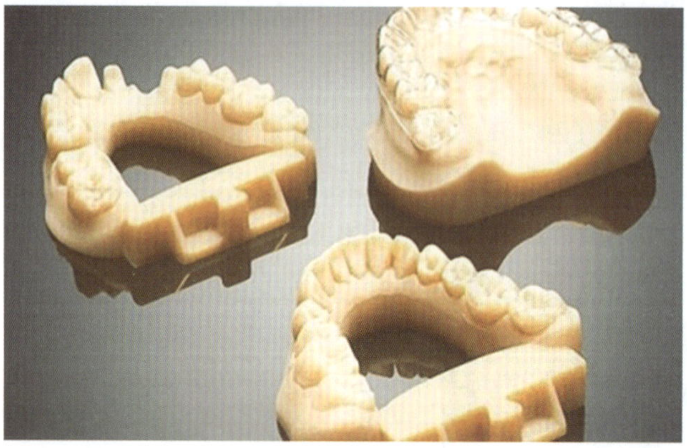

图 8.2　3D 打印牙齿

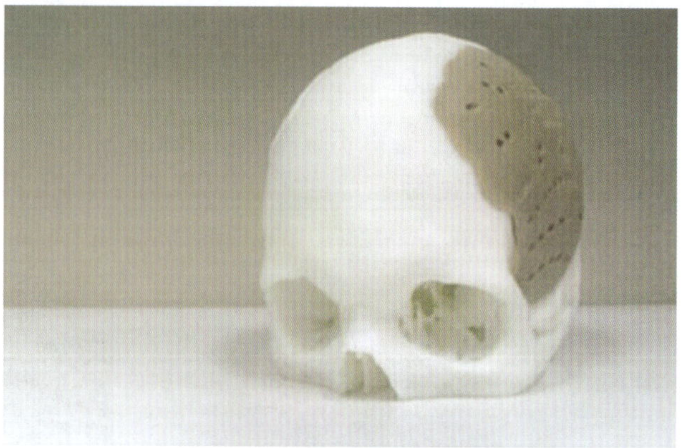

图 8.3　3D 打印头骨再造

(2)建筑沙盘领域

①初期实体模型。3D 打印能够保存设计师的一切念头，将设计师的念头变为双眼可以见到的实际实体模型，与顾客共享、探讨、改进，提高顾客满意度及减少纠纷案件。

②城乡规划。城乡规划宏伟蓝图已不用平面图的方式展现，3D 打印让城乡规划用立体方式展现，使全部有远见的观念和核心理念都能真正由此可见。

③新楼盘沙盘模型。房产公司再也不需要花几十万元找一家专业做沙盘模型的企业来给即将开盘的房地产做展现沙盘模型了，使用 3D 打印技术即可打印新楼盘设计效果图，省掉繁杂的沟通交流过程，解决制作成本高、周期长等难题。

3D 打印在建筑沙盘领域的应用如图 8.4 和图 8.5 所示。

图 8.4　3D 打印城市沙盘

图 8.5　3D 打印地形沙盘

(3)古物拷贝

应用三维扫描技术得到拷贝文物的三维模型，随后应用 3D 打印技术得到仿制品，再在仿制品上浇铸拷贝，能够批量制作(见图 8.6 和图 8.7)。

(4)数字雕塑作品

数字雕刻和 3D 打印技术融合促使艺术大师很多奇特的艺术创意能在短期内变成实际，设计构思已不是一张张的工程图纸，而是一件件有利于了解的实体模型(见图 8.8)。

图 8.6　3D 打印的佛头

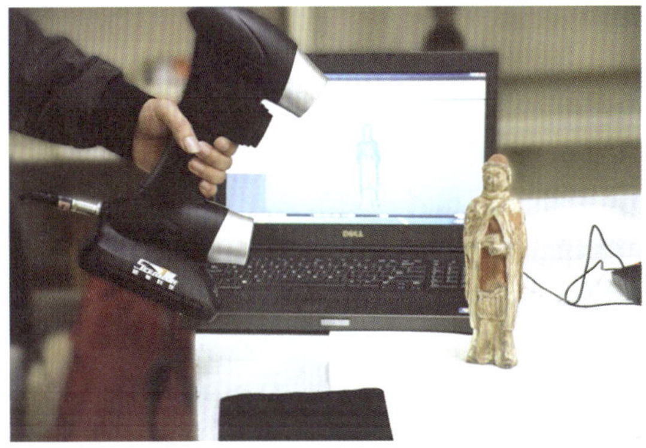

图 8.7　正在扫描出土文物

图 8.8　3D 打印的实体模型

8.3　麦积山石窟和瑞应寺 3D 打印制作过程

8.3.1　数据采集

在麦积山、瑞应寺的制作过程中我们采用了两种数据采集方式，麦积山采用的是无人机倾斜摄影数据采集方法。

随着无人机技术、倾斜摄影技术及三维实景建模技术的发展，利用倾斜三维进行高精度测量成为一种主流的测绘模式。倾斜三维高精度测图解决方案是基于倾斜摄影技术、实景三维模型技术对地形、地貌数据进行采集，是利用实景三维模型进行测图。用低空无人机搭载多方向镜头进行倾斜摄影测量，全方位获取建筑物纹理信息，通过三维建模精确还原建筑物形状。在内业测图中，可以清晰地看到建筑群体的分布和地形地貌；通过旋转、移动，可观察到原地形的每一个细节。真实全面；可直接在三维模型上进行精确测量及场站选择，便道设计优化、变更方案的确定高效便捷，为施工人员提供可靠数据，节约大量时间、精力，有效地提高了工作效率，降低了施工成本。

(1)麦积山数据采集

由于麦积山面积比较庞大，所以我们采用无人机倾斜摄影测量技术进行数据采集。前期我们首先带着无人机操作人员去天水市麦积山拍摄场地实地考察，进行拍摄的难度评估，此外还需要寻找一个视野开阔、较为平坦的操作点，便于后期的拍摄和起降无人机，并进行试飞。

接着需要等待良好的天气，需要考虑空气污染程度、风速、视野、视线情况。在气流较为稳定、光线充足的条件下才能获得较为完美的航拍效果。

经过数天的拍摄，拍摄完成后进行后期制作完善。具体内容包括裁剪（调整构图）、调整色阶（调整不正确曝光）、调整色调（调整白平衡）、增加锐度（调整图片清晰度）等，最后输出成FBX模型，此次采集就算完成。

（2）麦积山石窟佛像数据采集

麦积山石窟佛像，我们采用三维激光扫描技术进行数据采集。三维激光扫描技术的优点有：非接触式、数字化程度高、扩展性强、精度高。

进行三维扫描首先须确保三维扫描仪是建立在一个稳定的环境中（包括光环境——避免强光和逆光对射；三维扫描仪的稳固性等），要最大限度地减少环境破坏，确保三维扫描结果不会受到外部因素的影响。

在进行三维扫描前，对机器进行校准是尤为关键的一步。三维扫描仪要知道自身在什么环境下进行扫描，才能扫描出准确的三维数据。在校准过程中，要根据三维扫描仪预先设置的扫描模式，计算出扫描设备相对于扫描对象的位置。为了更好地扫描出佛像的三维特征，使数据更精准，我们在佛像表面贴标记点。标记点贴在物体周围不会影响数据，但在整个采集的过程中，贴着标记点的物体之间不能发生相对移动。这也更好地保护了文物，不会损伤文物。

准备工作完成后便可以对物体进行扫描了。用三维扫描仪对扫描物体从不同的角度进行三维数据捕捉，更改物体摆放方式或调整三维扫描仪相机方向，对物体进行全方位的扫描。

扫描完成后就进行点云数据拼接转换，导入Magics软件进行手动拼接，然后对扫描得到的点云数据进行去噪和平滑处理。

处理完成后进行数据转换，生成STL格式文件，与市面上其他3D软件对接。

（3）瑞应寺三维数据采集

瑞应寺属于文史遗迹，体积较大，不能整体移动，且实地场景光照来源杂，对获取高精度建筑及壁画纹理信息影响很大，所以我们采用地面固定式的扫描方式进行数据采集。

扫描仪需要架设固定站进行扫描，根据厂家品牌型号的不同，扫描距离一般在几十米至一百米之间，在测量距离10米处，精度可以达到毫米级别。

仪器特点：扫描范围广，主动测量，不受光源因素影响，多用于古建筑街区、洞窟、遗址现场发掘等大场景类型的数据采集。

在开始扫描作业之前，需要对街区进行现场踏勘，了解街区内各方面的情况，例如街区建筑分布情况、对街区作业有影响的天气情况，等等。为了保证后期数据拼接的精度，标靶在布设位置时要有方便识别、有利于观测等多个方面的考虑。根据对现场的踏勘和卫星影像图及规划图等资料分析，将使用地面固定式三维扫描仪进行数据采集。

根据扫描仪对回波数据的接收角度及点云间距，以及寺院院内、寺庙内的长、宽等多方面的考虑因素，对建筑进行扫描。扫描完成以后，需要检查数据是否存在缺失及不合格的情况，并针对以上情况进行数据补扫，最终完成整个瑞应寺的数据扫描。扫描完成后进行点云数据拼接转换，导入Magics软件进行手动拼接，然后对扫描得到的点云数据进行去噪和平滑处理。

处理完成后进行数据转换，生成STL格式文件，与市面上其他3D软件对接。

8.3.2 数据处理

（1）Geomagic Studio点云数据处理

Geomagic Studio软件是美国雨滴（Raindrop）公司出品的逆向工程和三维检测软件，它可从扫描所得的点阵模型创建良好的多边形模型或网格模型，并转换为NURBS曲面。该软件主要功能包括：横切截面轮廓线获取；新点坐标数据处理技术；按曲率连续填补破洞；自动将NURBS曲面边界合并到新的扫描测量数据中。其主要特点是支持多种扫描仪文件格式的读取和转换、海量点云数据处理等。

（2）读取与渲染

在得到扫描仪的扫描数据后，运用对齐功能将分块的点云数据统一到同一个坐标系上。由于是杂乱的点，显示并不直观，在 Geomagic Studio 软件中使用 Shade Points 命令渲染点云数据，增加三维感、真实感、以便于后续操作。

(3)滤除噪声点

由于受镜头畸变、测量时环境光、图像处理的算法等的影响，采集的数据含有较多的噪声点。先人工删除大片孤立的点云数据，再自动过滤掉超过设定阈值的孤立噪声点，提供了两种方法：①手动删除噪声点；②Reduce Noise 命令自动过滤噪声点。

(4)生成曲面

使用多边形网格(ploy mesh)封装，进入 Wrap 封装阶段。封装实质上使许多细小的空间三角形逼近还原 CAD 实体模型。将点云组织起来生成一个曲面，操作方法为：点击 Point(点)→Wrap(封装)，点击 surface 选项。在点对象上创建一个多边形网格，Model Manager(模型管理器)创建了一个新对象，但被测模型本身的几何拓扑关系或遮挡、破损以及不同站点之间点云数据拼接存在缝隙等原因，会导致部分表面无法测量或采集数据存在破损现象。

(5)漏洞修补

封装生成数字化模型后，发现存在破损，可通过填充孔命令在这些缺失数据区域来创建一个基于曲率的填充(curvature-based filling)或一个平面填充(flat fill)，执行全部填充、部分填充或桥填充，单击多边形→填充单个孔→点击洞的红色边缘；或运用绳索工具选中凹下去和凸出来的地方→多边形→全部填充，将缺失数据补充完整。

(6)数据精简

Geomagic Studio 软件提供了点云数据的精简命令，通过设置一个采样百分比就可以将点云数据均匀减少。

(7)提取特征线

在 Geomagic Studio 软件中有两种特征线提取方法。一种方法是使用切割(Cross Section)提取曲线特征。用户指定一个平面，软件将与该平面相交的零件外形特征线提取出来。软件默认的切割平面有 X 轴、Y 轴、Z 轴的法平面，用户也可以通过手工指定法方向来确定切割平面，并且可以设置点云数据在某一方向的截面切割数量，对于曲率变化比较大的截面可以增加截面切割数量来保留曲面特征。另外一种方法是将软件自动抽取的零部件特征、边界转换成特征线，如果自动抽取的特征线并不完全是我们需要的，需通过执行“升级/约束”命令进行修改。

在软件中设置只显示点云数据的特征线，并以截面为单位将截面上的点云以样条曲线相连，就可以将点云转换成样条曲线。

(8)创建 NURBS 曲面

NURBS 曲面重建包括检测曲率、构建及编辑曲面片、构建风格、拟合曲面等。在开始曲面拟合过程之前，对于曲率变化比较大，或表面由多个自由曲面区域组成的曲面，首先对其表面进行区域划分。这是零件曲面重建的关键环节，应以曲面分析为基础进行合理划分。曲面片划分过小则曲面太碎，过大则难以捕捉点云形状。系统自动构建好的曲面片需进一步调整，松弛曲面片可使轮廓线变得挺直。操作方法为：编辑→相位→图形相位→路径→自动曲面(将曲面细节设置为最大)。

(9)模型输出

创建曲面模型后，可将该曲面数据输出成 STL 或 OBJ 格式，用于其他 3D 软件编辑。

8.3.3 3ds Max 和 ZBrush 处理

在得到 OBJ 或 STL 三维数据以后，我们就可以进入 3ds Max 或者 ZBrush 进行编辑。由于瑞应寺数据对于尺寸精度要求比较高，所以我们用了 3ds Max 软件进行修复，在建造模型前需要获得古建筑内部结构和每个构件的尺寸、古建筑的材质、古建筑所处环境等相关资料，结合扫描的数据在 3ds Max 中进行建模。

在作图之前首先要确定所用的单位是毫米，然后将所得瑞应寺 OBJ 模型导入 3ds Max 中。将导入的模型移动到世界坐标(0,0,0)，接着用正方体和圆柱在扫描数据的基础上进行建模。由于扫描数据是一个整体且有很多杂点和没有扫描到的地方，所以我们选择在扫描数据的基础上重新建模，每个零件、每一个结构都重新制作了出来（见图 8.9）。

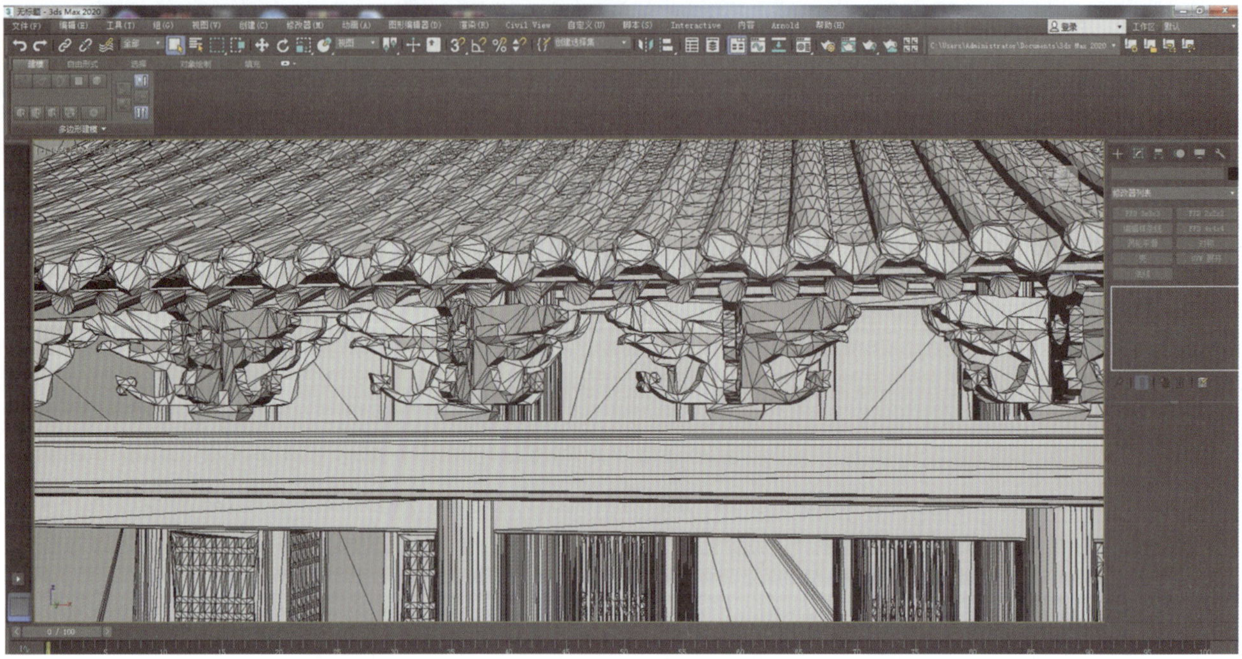

图 8.9　3ds Max 软件进行模型处理

石窟佛像数据和麦积山数据由于形状复杂、细节较多，我们用 ZBrush 软件进行修复。将设置好的 STL 或 OBJ 数据导入 ZBrush，将多余的部分去掉，然后根据石窟佛像的实际扫描数据手工刻画绘制细节，并且把断掉的手掌重做，如图 8.10 所示。

修复前　　修复后

图 8.10　模型修复

修复前

修复后

续图 8.10

8.4 3D 打印过程

使用打印机的具体步骤：

第一步，将修复好的 STL 模型放入 Geomagic Studio 软件缩放至所需要的尺寸。

第二步，将模型切片导出到 U 盘。

第三步，将 U 盘插入打印机进行设置。

刚打印完之后，不能急着从打印平台取下物件。应先戴好防护手套做好防护后再进行操作。用金属铲刀铲除的时候可以先用酒精清洗一遍，清洗浸泡的时间不超过 1 分钟。所有的光固化技术 3D 打印部件都需要经过清洗、固化的后处理流程，以清除残留的树脂，最大限度地提升材料性能。酒精里的水分会将打印工件上未完全固化的树脂以粉的形式析出，因为树脂是亲水的，水里的羟基和树脂里的成分反应。

清洗浸泡完成以后就可以进行打磨了。打磨的时候如果是带水打磨就需要加快打磨的速度，因为物件在水中过多地浸泡会导致软化变形。

最后还要进行紫外固化处理。静置脱水后的零件需要进行紫外固化处理，至少 30 分钟，强烈建议将紫外固化箱放置于恒温恒湿的设备间。紫外固化箱内的光源分布对固化效果影响很大，尽可能保证样品被各个方向的光均匀辐射。

8.5 麦积山和瑞应寺模型后处理过程

麦积山和瑞应寺 3D 打印模型的后处理步骤主要有：

(1)打磨抛光

我们一般用砂纸或者专业的电子设备进行抛光，这是一种廉价且行之有效的方法，一直是 3D 打印零部件后期抛光最常用、使用范围最广的技术。砂纸打磨在处理比较微小的零部件时会有问题，因为它是靠人手或机械的往复运动。不过砂纸打磨处理起来还是比较快的。由于刚取出的打印件上面存在支撑，我们先用目数小粗糙的砂纸进行打磨，然后砂纸目数从小到大进行抛光(见图 8.11)，对那些细小的不能手动打磨的地方我们借助电钻或者砂带角磨机等电动工具(见图 8.12)进行打磨抛光。打磨打印件如图 8.13 所示。

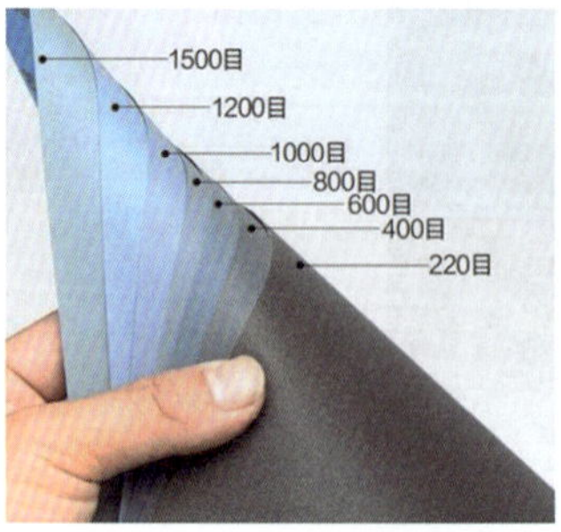

图 8.11 砂纸

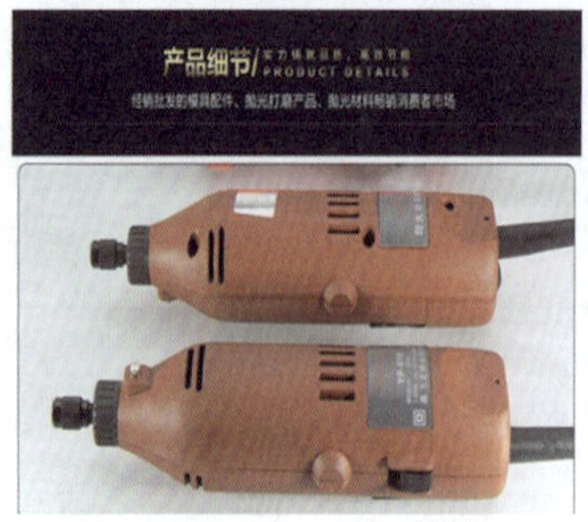

图 8.12 电动打磨机

图 8.13 打磨打印件

(2)喷涂上色

喷笔涂装与喷罐涂装一样，涂料呈气雾状涂喷在物件表面，使表面涂层光洁，无上色痕迹(见图 8.14 和图 8.15)。而笔涂上色要无痕迹则是很难做到的，而相对于喷笔涂装与喷罐涂装，两者在喷涂面积、涂料浓度、油漆的选用上也有着不同之处。

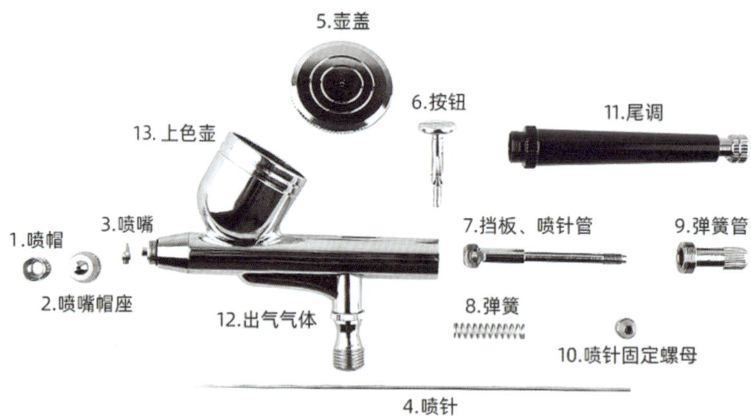

图 8.14 喷涂设备

图 8.15 喷漆作业

(3)手工上色

我们采用丙烯上色的方法。在模型经过打磨抛光后，手工上色能体现细节(见图 8.16 和图 8.17)。在模型细节颜色处理基本到位之后，等待丙烯颜料风干，这样更有利于存放和之后的处理。基本干透之后，用光油进行最后的处理，喷上光油的模型更加透亮美观，也更好保存。

图 8.16　佛像上色

图 8.17　麦积山石窟手工上色细节刻画

APPENDIX
附录

1. 测绘地理信息数据

对研究范围内的麦积山石窟及其周边的地形地貌、瑞应寺古建筑、部分佛龛佛像等历史文化遗迹，通过无人机倾斜摄影测量、扫描仪扫描采集，获得了一手的地理信息数据及建筑物、构筑物测绘信息。

	A	B	C	D	E	F	G
1	点号	东坐标	北坐标	大地高	R	G	B
2	1	592275.58	3803112.995	1459.428	43	67	30
3	2	592275.592	3803112.97	1459.144	49	74	34
4	3	592275.625	3803113.085	1459.052	52	78	40
5	4	592275.626	3803112.904	1459.461	59	90	45
6	5	592275.654	3803112.891	1459.229	76	106	52
7	6	592275.655	3803113.186	1459.223	46	75	36
8	7	592275.659	3803112.985	1459.042	58	89	42
9	8	592275.667	3803112.81	1459.477	63	93	45
10	9	592275.678	3803112.719	1460.059	54	79	38
11	10	592275.68	3803112.845	1459.836	50	78	37
12	11	592275.683	3803112.787	1459.205	76	104	52
13	12	592275.696	3803112.705	1459.448	41	67	29
14	13	592275.698	3803112.75	1459.859	44	69	31
15	14	592275.716	3803112.687	1459.195	50	83	36
16	15	592275.721	3803113.231	1458.811	29	50	26
17	16	592275.731	3803113.128	1459.083	49	76	37
18	17	592275.732	3803112.662	1459.883	63	98	48
19	18	592275.745	3803112.576	1459.786	66	101	46
20	19	592275.78	3803113.039	1459.125	61	101	49
21	20	592275.803	3803112.842	1459.286	79	113	55
22	21	592275.81	3803113.264	1458.843	19	38	19
23	22	592275.821	3803112.945	1459.143	79	118	59
24	23	592275.845	3803112.75	1459.307	60	95	44
25	24	592275.865	3803113.068	1459.088	61	98	48
26	25	592275.883	3803112.866	1459.229	74	112	54
27	26	592275.899	3803113.306	1458.763	23	42	22
28	27	592275.907	3803112.974	1459.106	79	117	58
29	28	592275.909	3803113.191	1459.032	50	70	41
30	29	592275.912	3803110.67	1458.637	88	127	58
31	30	592275.916	3803110.637	1458.773	85	121	55

地理信息数据(部分)

2. 信息化模型

通过测绘和软件分析抽取，获得了麦积山石窟模型、地形地貌场地模型。

通过利用 BIM 技术类软件(Revit)，创建了瑞应寺整体模型、各个大殿模型及场地、围墙等模型。主要包括大雄宝殿、娘娘殿、财神殿、天王殿、钟楼、鼓楼和山门模型等。

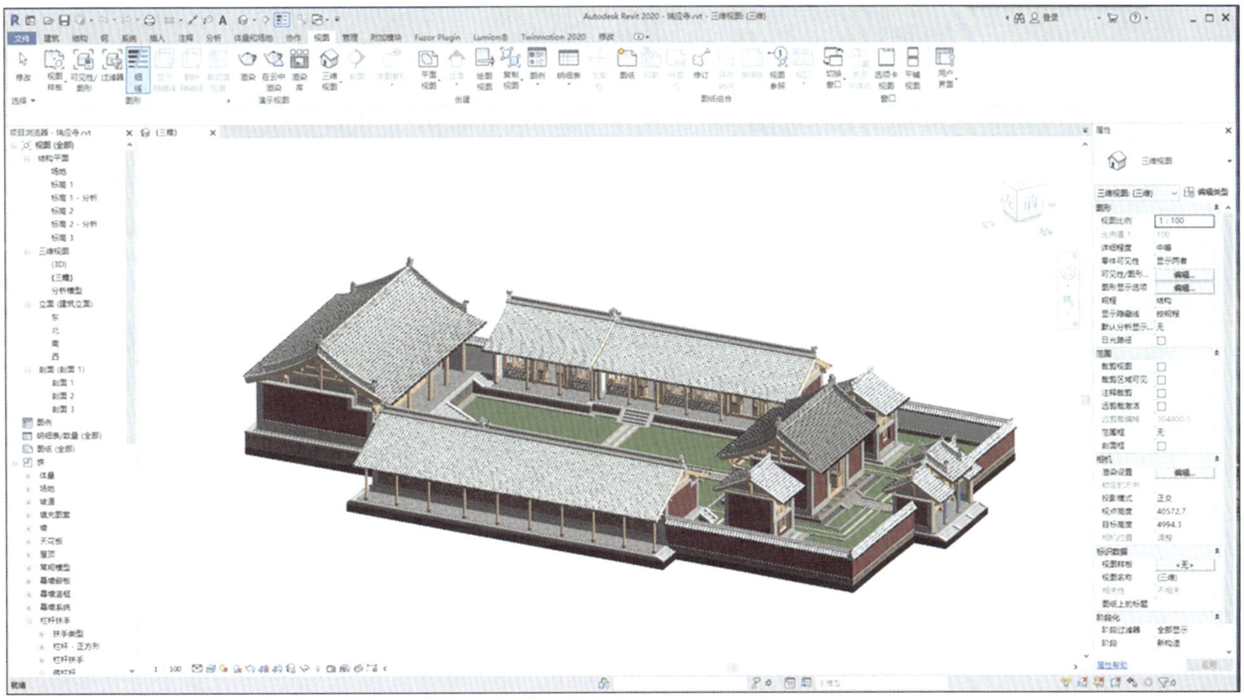

瑞应寺全套 BIM 信息化模型(Revit 软件模型)

财神殿 Revit 信息化模型

天王殿(北侧)Revit 信息化模型

天王殿(南侧)Revit 信息化模型

鼓楼 Revit 信息化模型

钟楼 Revit 信息化模型

大雄宝殿 Revit 信息化模型

3. 古建筑图纸

2019甘肃省教育厅产业支撑引导项目（课题编号：2019C-17）
基于BIM与倾斜摄影测量技术的麦积山石窟历史文化遗迹信息化复原与VR展现的研究
瑞应寺信息化模型图纸
麦积山石窟及瑞应寺渲染效果图
云点BIM工作室
课题参加单位：
甘肃建筑职业技术学院
甘肃省长城建设集团有限责任公司
麦积山石窟艺术研究所
甘肃省文物保护维修研究所
课题项目名称
基于BIM与倾斜摄影测量技术的麦积山石窟历史文化遗迹信息化复原与VR展现的研究
图纸名称
封面
课题负责人
王娟丽
项目负责人
蔡兰峰
专业负责人
杨肇
项目课题组成员
王娟丽、蔡兰峰、杨肇、周美川、李天铭、梁军、董广强、李斌、杨文娟、孙婧、常乐、苏靖、杨行健

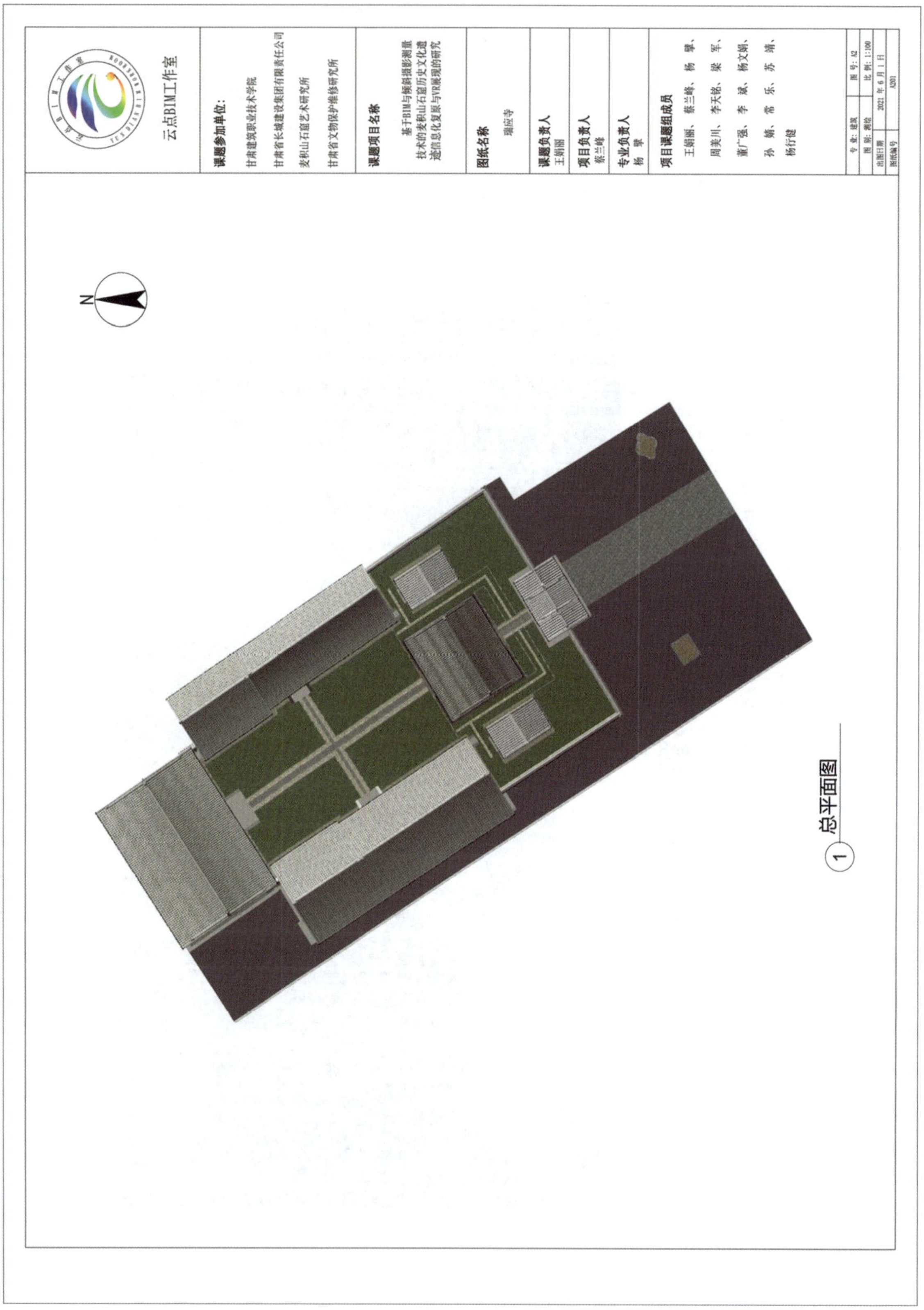
云点BIM工作室
课题参加单位：
甘肃建筑职业技术学院
甘肃省长城建设集团有限责任公司
麦积山石窟艺术研究所
甘肃省文物保护维修研究所
课题项目名称
基于BIM与倾斜摄影测量技术的麦积山石窟历史文化遗迹信息化复原与VR展现的研究
图纸名称
瑞应寺
课题负责人
王娟丽
项目负责人
蔡兰峰
专业负责人
杨 擘
项目课题组成员
王娟丽、蔡兰峰、杨 擘、
周美川、李天铭、梁 军、
董广强、李 斌、杨文娟、
孙 婧、常 乐、苏 靖、
杨行健
专 业：建筑
图 号：A2
图 别：测绘
比 例：1:100
出图日期 2021 年 6 月 1 日
图纸编号 A201
N
1 总平面图

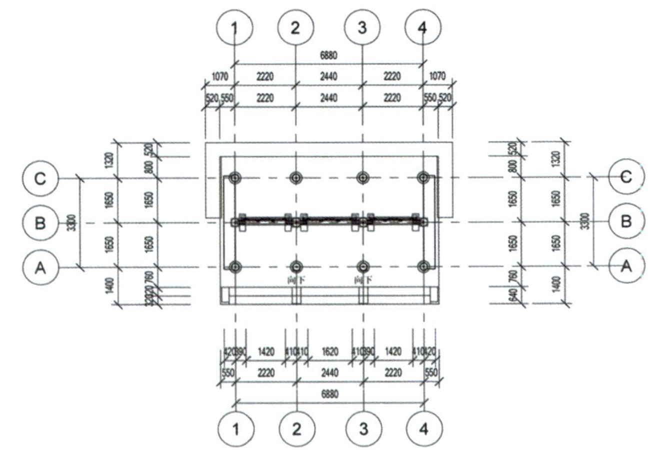

1 0.000
1 : 100

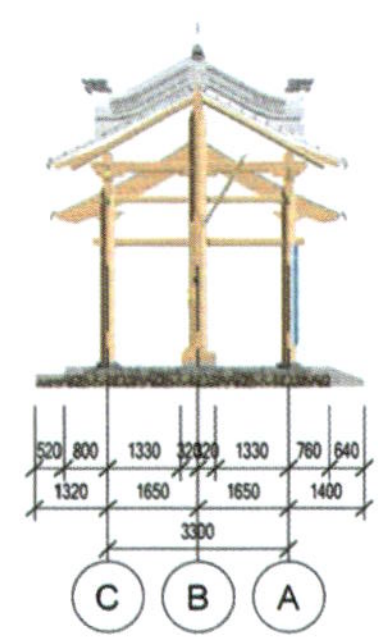

2 剖面 2
1 : 100

云点BIM工作室

课题参加单位:

甘肃建筑职业技术学院

甘肃省长城建设集团有限责任公司

麦积山石窟艺术研究所

甘肃省文物保护维修研究所

课题项目名称

基于BIM与倾斜摄影测量技术的麦积山石窟历史文化遗迹信息化复原与VR展现的研究

图纸名称

平面，剖面

课题负责人

王娟丽

项目负责人

蔡兰峰

专业负责人

杨 肈

项目课题组成员

王娟丽、蔡兰峰、杨 肈、周美川、李天铭、梁 军、董广强、李 斌、杨文娟、孙 娟、常 乐、苏 靖、杨行健

专 业: 建筑	图 号: A2
图 别: 测绘	比 例: 1:100
出图日期	2021 年 6 月 1 日
图纸编号	A201

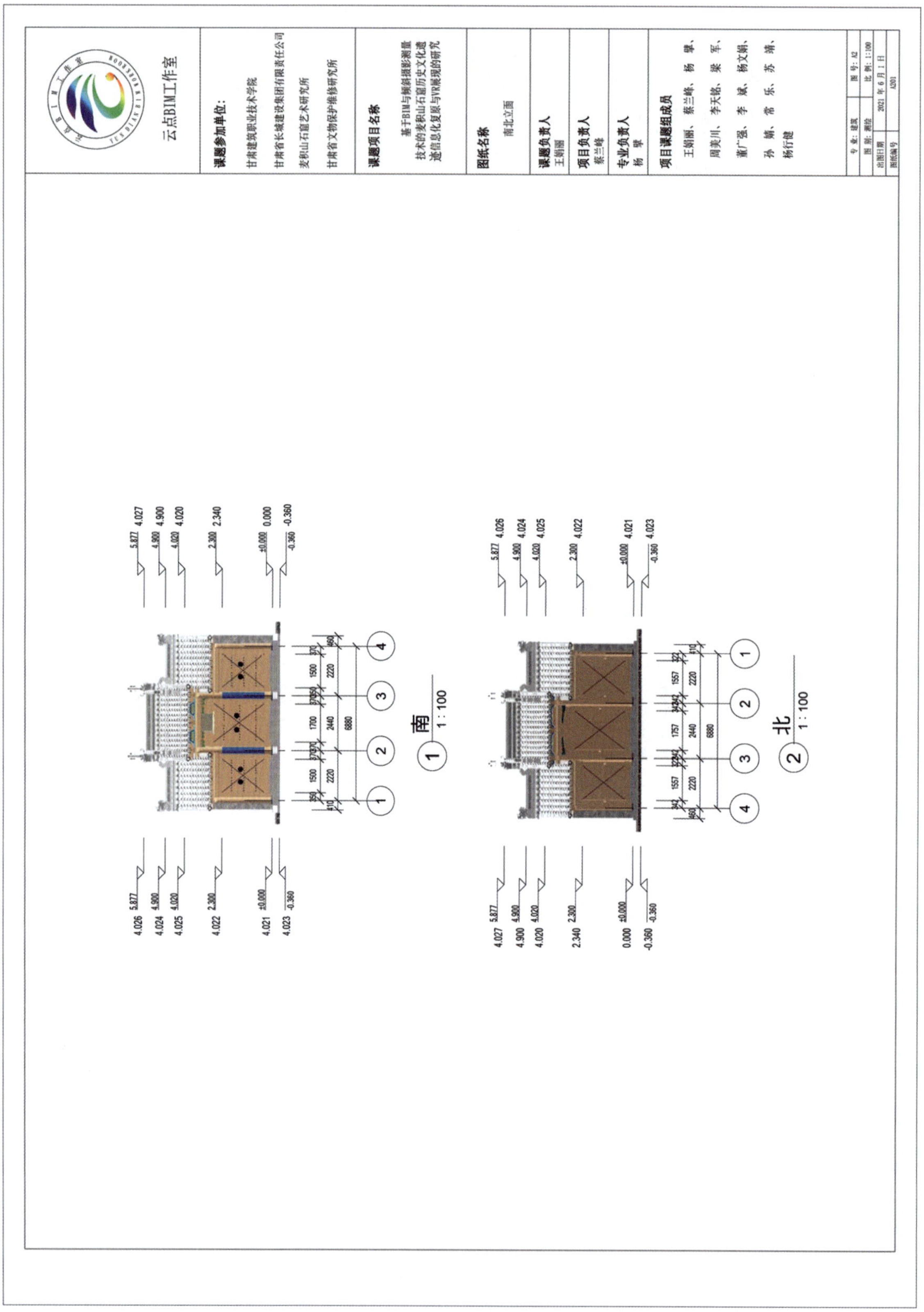
云点BIM工作室
课题参加单位：
甘肃建筑职业技术学院
甘肃省长城建设集团有限责任公司
麦积山石窟艺术研究所
甘肃省文物保护维修研究所
课题项目名称
基于BIM与倾斜摄影测量技术的麦积山石窟历史文化遗迹信息化复原与VR展现的研究
图纸名称
南北立面
课题负责人
王娟丽
项目负责人
蔡兰峰
专业负责人
杨攀
项目课题组成员
王娟丽、蔡兰峰、杨攀、周美川、李天驰、梁军、董广强、李斌、杨文娟、孙娜、常乐、苏靖、杨行健
南 1:100
北 1:100

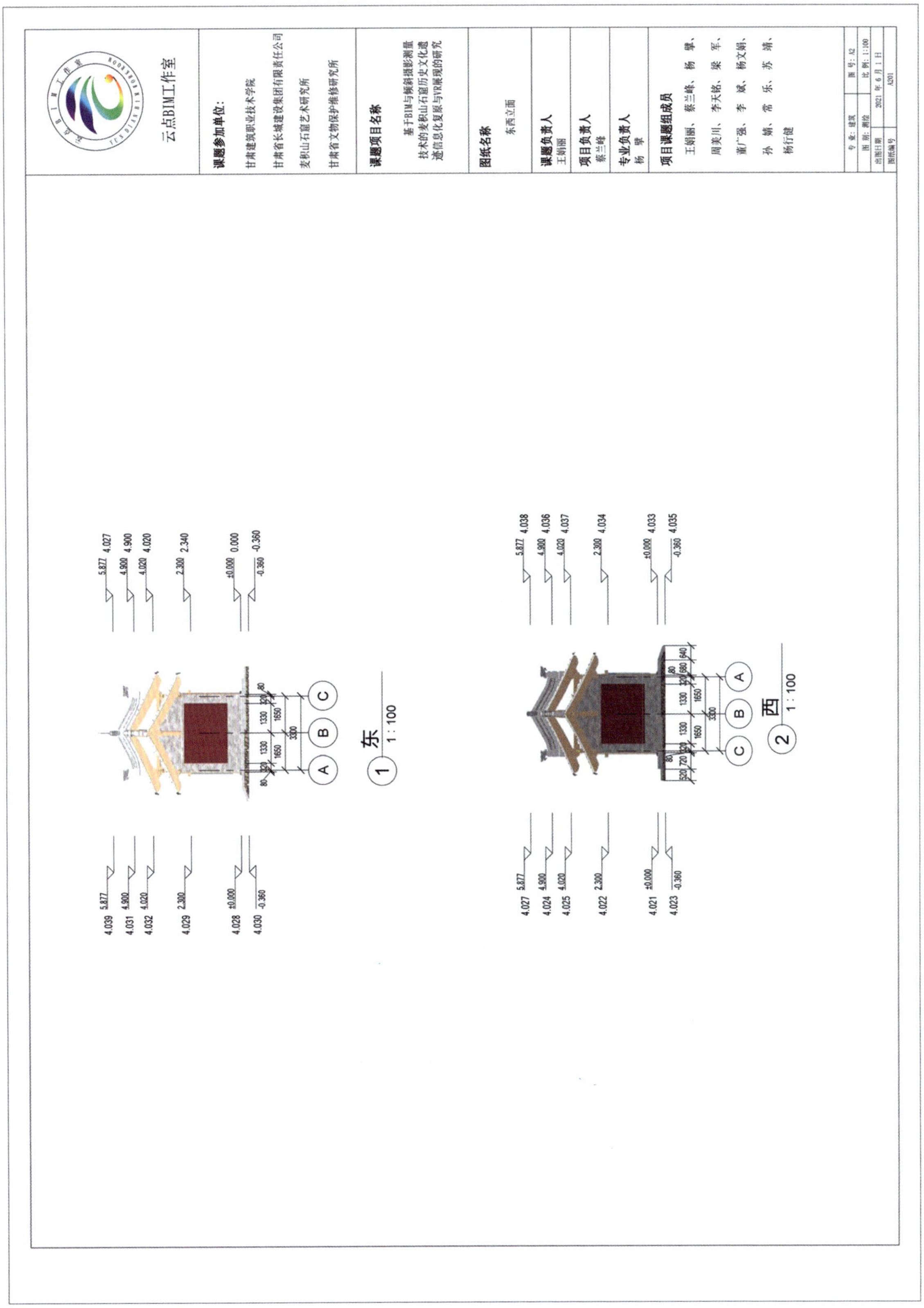

云点BIM工作室
课题参加单位：
甘肃建筑职业技术学院
甘肃省长城建设集团有限责任公司
麦积山石窟艺术研究所
甘肃省文物保护维修研究所
课题项目名称
基于BIM与倾斜摄影测量技术的麦积山石窟历史文化遗迹信息化复原与VR展现的研究
图纸名称
东西立面
课题负责人
王娟丽
项目负责人
蔡兰峰
专业负责人
杨 犨
项目课题组成员
王娟丽、蔡兰峰、杨 犨、
周美川、李天铭、梁 军、
董广强、李 斌、杨文娟、
孙 婧、常 乐、苏 靖、
杨行健
专业：建筑
图号：A2
图别：测绘
比例：1:100
出图日期
2021 年 6 月 1 日
图纸编号
A201
1 东 1:100
2 西 1:100

云点BIM工作室
课题参加单位:
甘肃建筑职业技术学院
甘肃省长城建设集团有限责任公司
麦积山石窟艺术研究所
甘肃省文物保护维修研究所
课题项目名称
基于BIM与倾斜摄影测量技术的麦积山石窟历史文化遗迹信息化复原与VR展现的研究
图纸名称
三维
课题负责人
王娟丽
项目负责人
蔡兰峰
专业负责人
杨 擘
项目课题组成员
王娟丽、蔡兰峰、杨 擘、
周美川、李天铭、梁 军、
董广强、李 斌、杨文娟、
孙 娟、常 乐、苏 靖、
杨行健
专 业: 建筑
图 号: A2
图 别: 测绘
比 例: 1:100
出图日期
2021 年 6 月 1 日
图纸编号
A201

① 天王殿

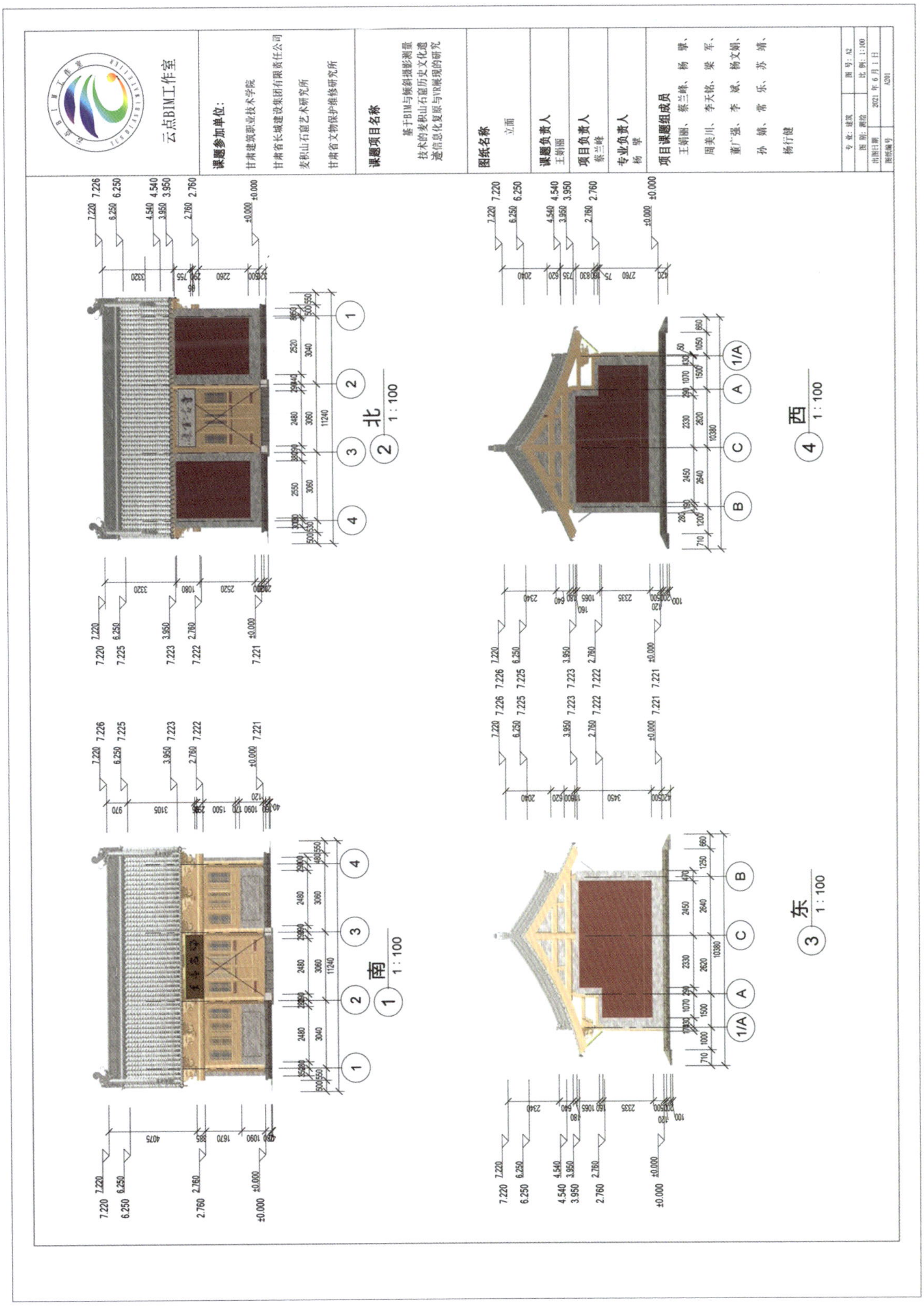
云点BIM工作室
课题参加单位：
甘肃建筑职业技术学院
甘肃省长城建设集团有限责任公司
麦积山石窟艺术研究所
甘肃省文物保护维修研究所
课题项目名称
基于BIM与倾斜摄影测量技术的麦积山石窟历史文化遗迹信息化复原与VR展现的研究
图纸名称
立面
课题负责人
王娟丽
项目负责人
蔡兰峰
专业负责人
杨擘
项目课题组成员
王娟丽、蔡兰峰、杨擘、周美川、李天铭、梁军、董广强、李斌、杨文娟、孙娟、常乐、苏靖、杨行健
2 北 1:100
4 西 1:100
1 南 1:100
3 东 1:100

① 南门正面

② 南门背面

③ 北门正面

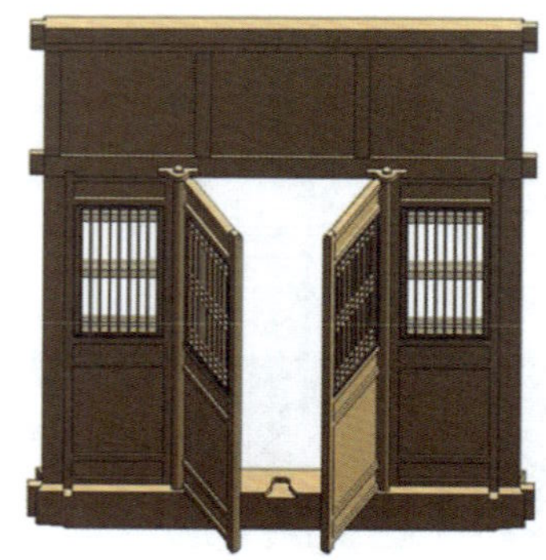

④ 北门背面

云点BIM工作室

课题参加单位：

甘肃建筑职业技术学院

甘肃省长城建设集团有限责任公司

麦积山石窟艺术研究所

甘肃省文物保护维修研究所

课题项目名称

基于BIM与倾斜摄影测量技术的麦积山石窟历史文化遗迹信息化复原与VR展现的研究

图纸名称

门

课题负责人

王娟丽

项目负责人

蔡兰峰

专业负责人

杨 擘

项目课题组成员

王娟丽、蔡兰峰、杨 擘、周美川、李天铭、梁 军、董广强、李 斌、杨文娟、孙 娟、常 乐、苏 靖、杨行健

专 业：建筑	图 号：A2
图 别：测绘	比 例：1:100
出图日期	2021 年 6 月 1 日
图纸编号	A201

云点BIM工作室
1 窗正面
2 窗背面

云点BIM工作室
课题参加单位：
甘肃建筑职业技术学院
甘肃省长城建设集团有限责任公司
麦积山石窟艺术研究所
甘肃省文物保护维修研究所
课题项目名称
基于BIM与倾斜摄影测量技术的麦积山石窟历史文化遗迹信息化复原与VR展现的研究
图纸名称
瓦屋顶
课题负责人
王娟丽
项目负责人
蔡兰峰
专业负责人
杨犟
项目课题组成员
王娟丽、蔡兰峰、杨犟、
周美川、李天铭、梁军、
董广强、李斌、杨文娟、
孙娟、常乐、苏靖、
杨行健
专业：建筑
图号：A2
图别：测绘
比例：1:100
出图日期
2021年6月1日
图纸编号
A201
1 瓦屋顶
2 鸱吻
3 屋脊
4 垂兽
5 画饰
6 瓦

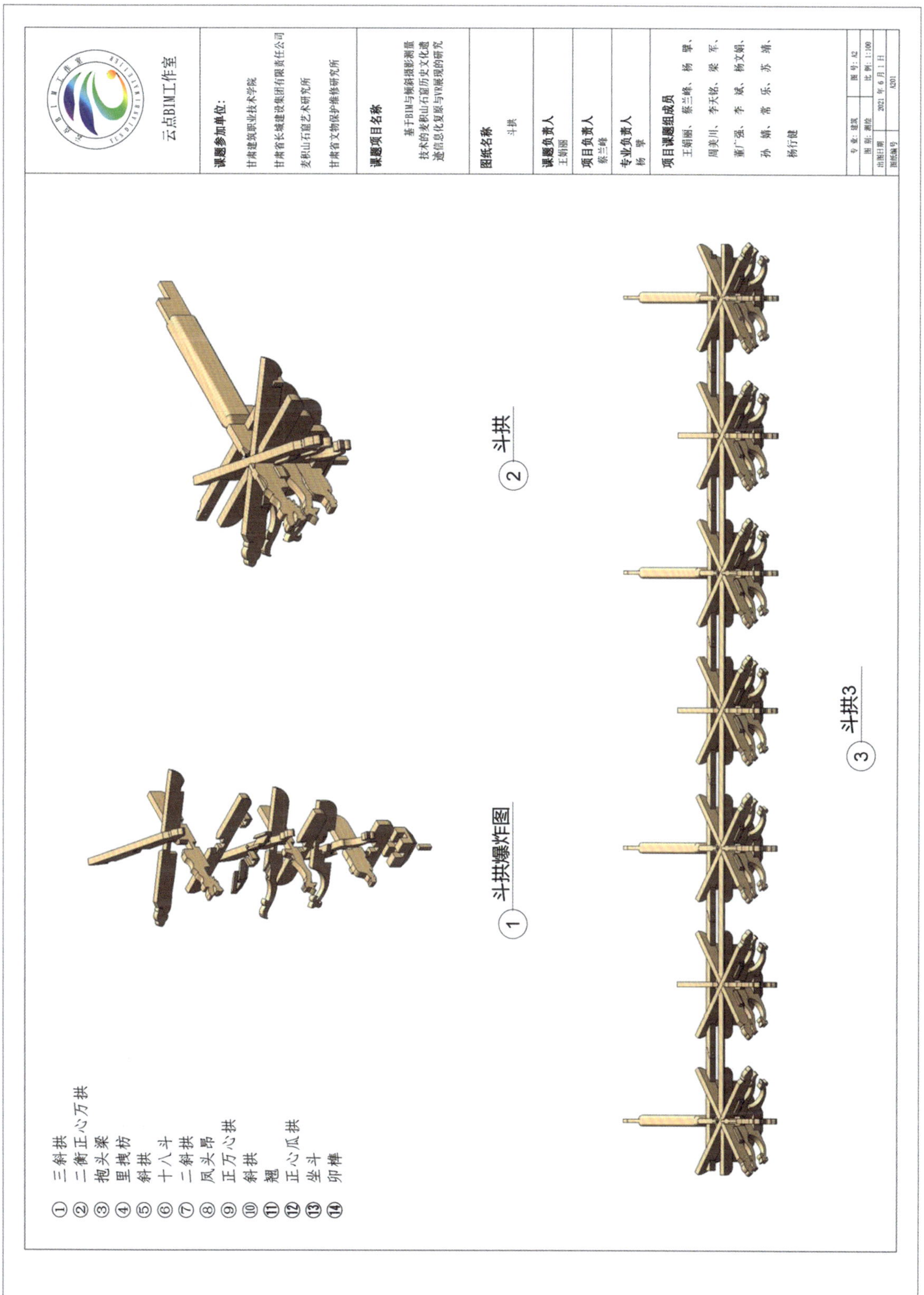

① 三斜拱
② 二衡正心万拱
③ 抱头梁
④ 里拽枋
⑤ 斜拱
⑥ 十八斗
⑦ 二斜拱
⑧ 凤头昂
⑨ 正万心拱
⑩ 斜拱
⑪ 翘
⑫ 正心瓜拱
⑬ 坐斗
⑭ 卯榫
1 斗拱爆炸图
2 斗拱
3 斗拱3
云点BIM工作室
课题参加单位：
甘肃建筑职业技术学院
甘肃省长城建设集团有限责任公司
麦积山石窟艺术研究所
甘肃省文物保护维修研究所
课题项目名称
基于BIM与倾斜摄影测量技术的麦积山石窟历史文化遗迹信息化复原与VR展现的研究
图纸名称
斗拱
课题负责人
王娟丽
项目负责人
蔡兰峰
专业负责人
杨 犟
项目课题组成员
王娟丽、蔡兰峰、杨 犟、
周美川、李天铭、梁 军、
董广强、李 斌、杨文娟、
孙 娟、常 乐、苏 靖、
杨行健
专 业：建筑
图 号：A2
图 别：测绘
比 例：1:100
出图日期 2021 年 6 月 1 日
图纸编号 A201

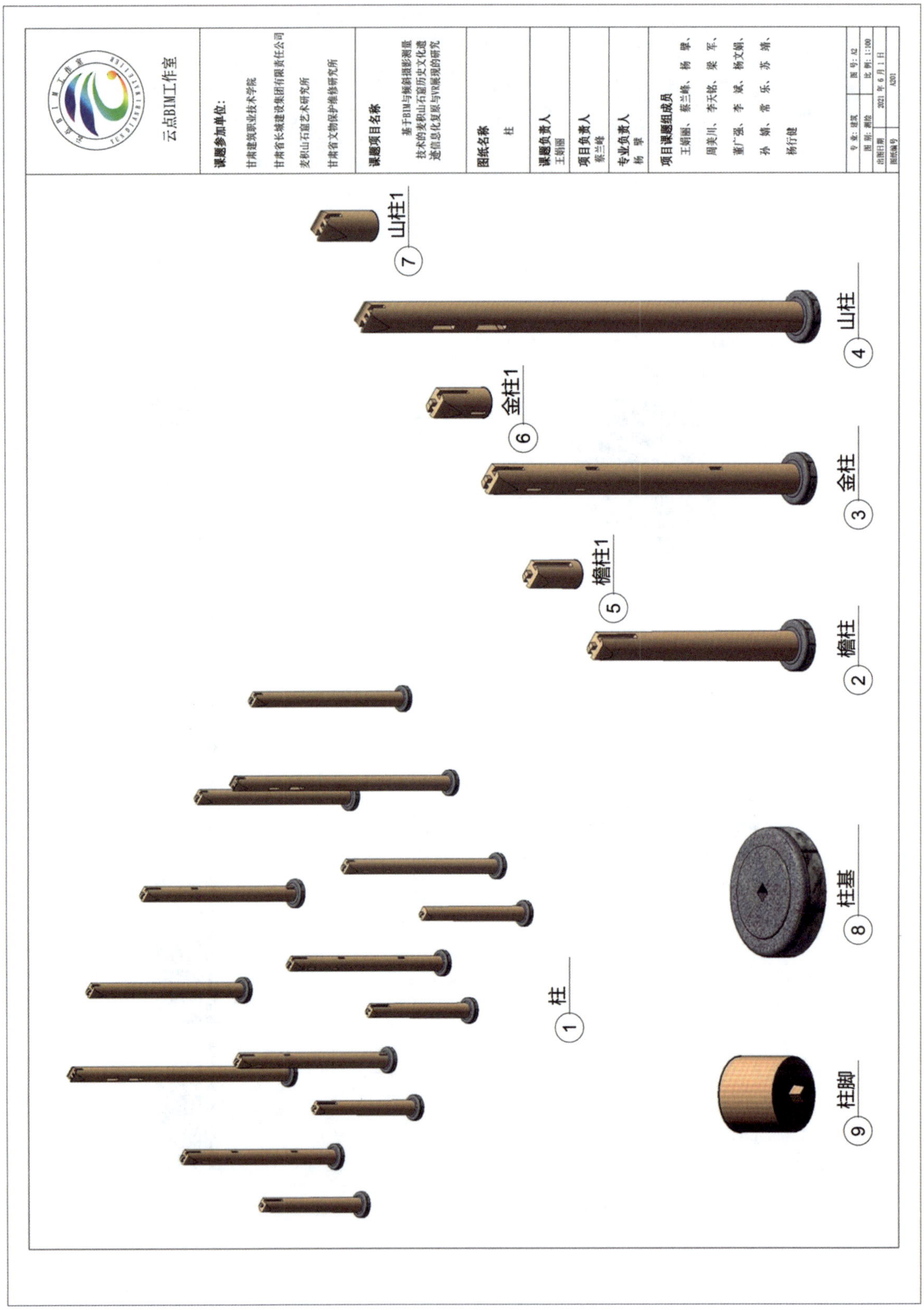
云点BIM工作室
课题参加单位:
甘肃建筑职业技术学院
甘肃省长城建设集团有限责任公司
麦积山石窟艺术研究所
甘肃省文物保护维修研究所
课题项目名称
图纸名称
柱
课题负责人
项目负责人
专业负责人
项目课题组成员
① 柱
② 檐柱
③ 金柱
④ 山柱
⑤ 檐柱1
⑥ 金柱1
⑦ 山柱1
⑧ 柱基
⑨ 柱脚

云点BIM工作室
课题参加单位：
甘肃建筑职业技术学院
甘肃省长城建设集团有限责任公司
麦积山石窟艺术研究所
甘肃省文物保护维修研究所
课题项目名称
基于BIM与倾斜摄影测量技术的麦积山石窟历史文化遗迹信息化复原与VR展现的研究
图纸名称
梁
课题负责人
王娟丽
项目负责人
蔡兰峰
专业负责人
杨擘
项目课题组成员
王娟丽、蔡兰峰、杨擘、周美川、李天铭、梁军、董广强、李斌、杨文娟、孙娟、常乐、苏靖、杨行健
1 额枋
2 平板枋
3 挑檐桁架
4 正心桁
5 老檐枋
6 老檐垫板
7 老檐桁
8 上金枋
9 上金桁
10 脊枋
11 脊桁

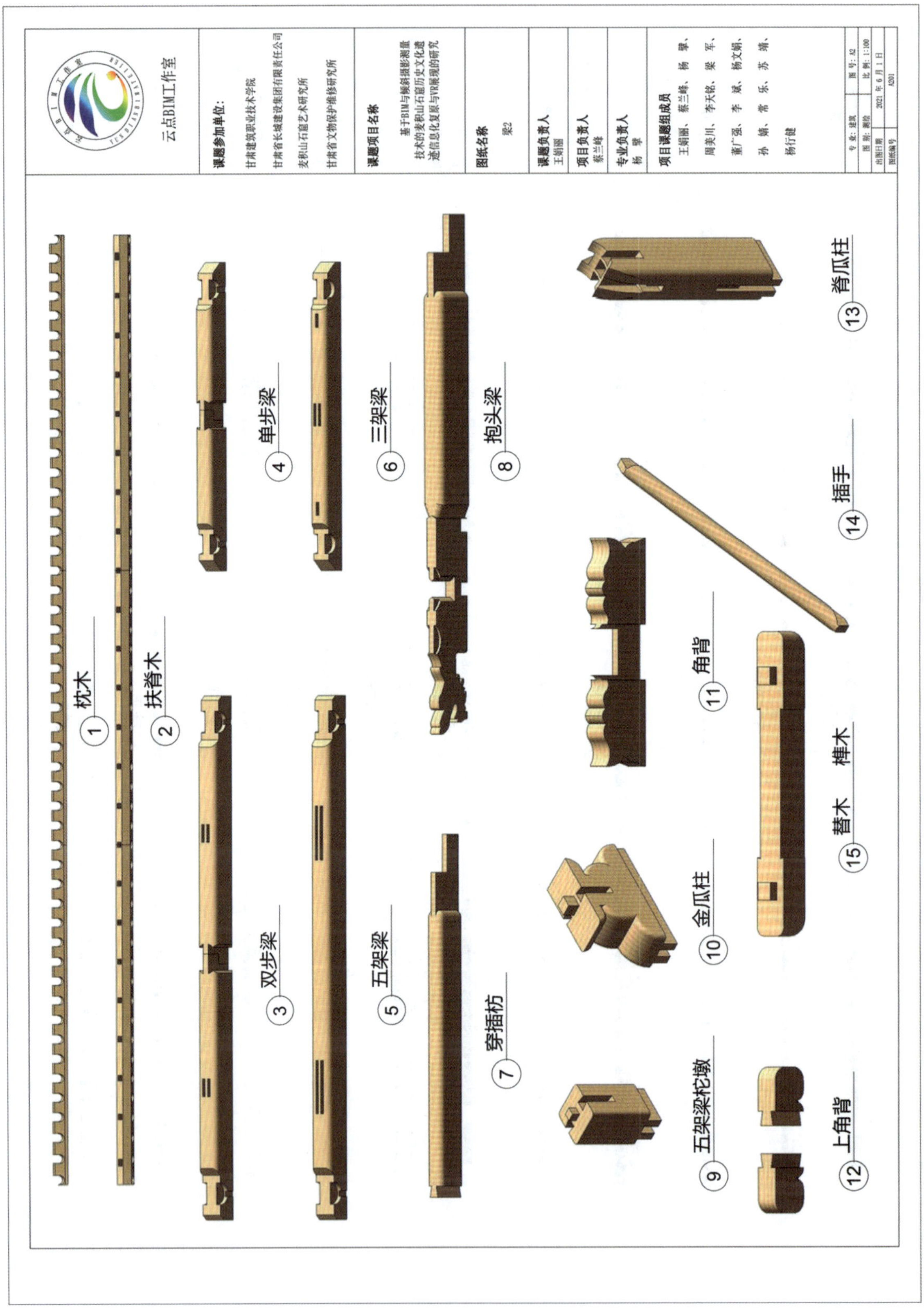
云点BIM工作室
课题参加单位：
甘肃建筑职业技术学院
甘肃省长城建设集团有限责任公司
麦积山石窟艺术研究所
甘肃省文物保护维修研究所
课题项目名称
基于BIM与倾斜摄影测量技术的麦积山石窟历史文化遗迹信息化复原与VR展现的研究
图纸名称
梁2
课题负责人
王娟丽
项目负责人
蔡兰峰
专业负责人
杨 犁
项目课题组成员
王娟丽、蔡兰峰、杨 犁、
周美川、李天铭、梁 军、
董广强、李 斌、杨文娟、
孙 婧、常 乐、苏 琦、
杨行健
专业：建筑
图号：A2
图别：测绘
比例：1:100
出图日期
2021年6月1日
图纸编号
A201
① 枕木
② 扶脊木
③ 双步梁
④ 单步梁
⑤ 五架梁
⑥ 三架梁
⑦ 穿插枋
⑧ 抱头梁
⑨ 五架梁柁墩
⑩ 金瓜柱
⑪ 角背
⑫ 上角背
⑬ 脊瓜柱
⑭ 插手
⑮ 替木 椽木

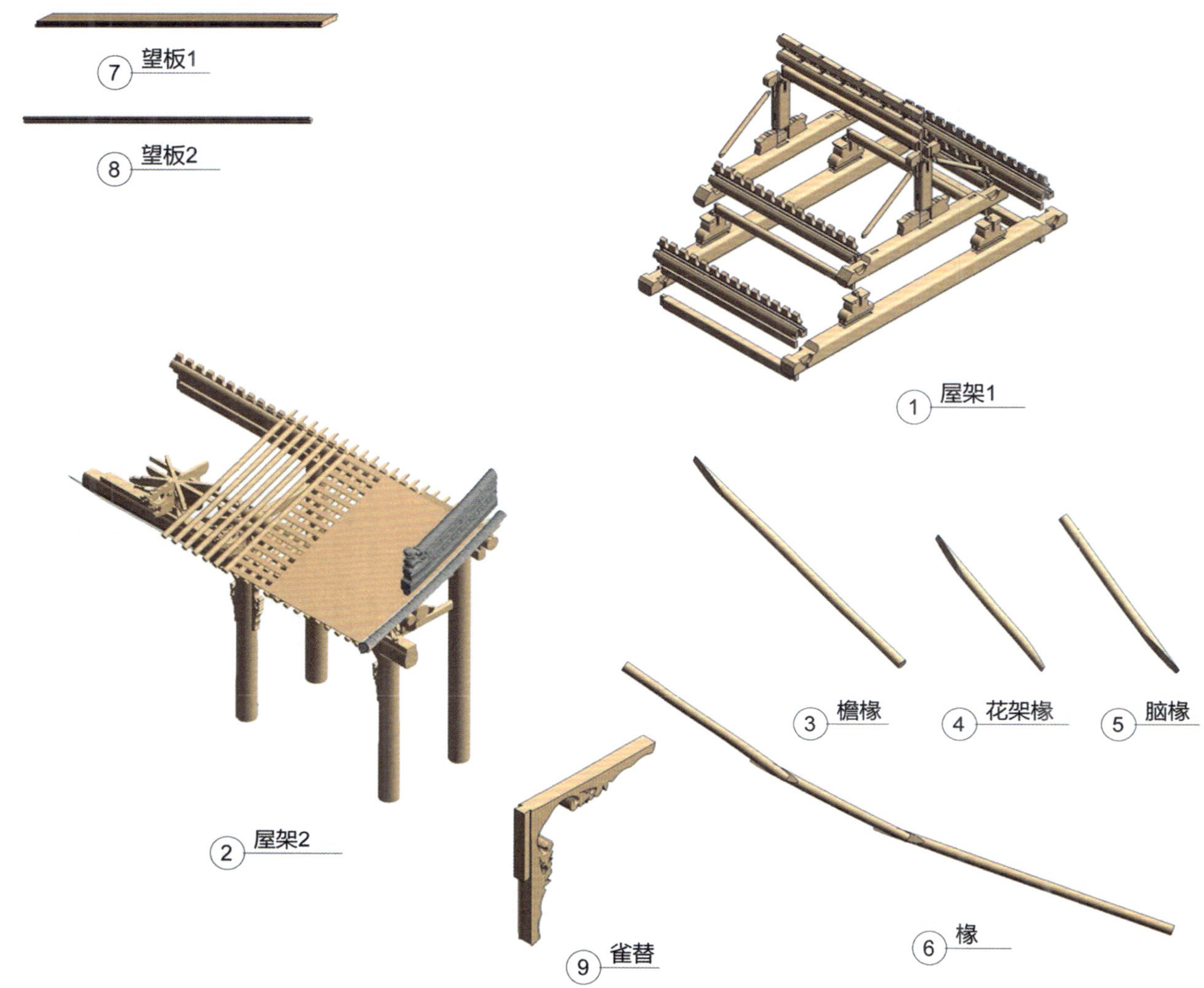

云点BIM工作室

课题参加单位：

甘肃建筑职业技术学院

甘肃省长城建设集团有限责任公司

麦积山石窟艺术研究所

甘肃省文物保护维修研究所

课题项目名称

基于BIM与倾斜摄影测量技术的麦积山石窟历史文化遗迹信息化复原与VR展现的研究

图纸名称

屋架

课题负责人

王娟丽

项目负责人

蔡兰峰

专业负责人

杨 擘

项目课题组成员

王娟丽、蔡兰峰、杨 擘、周美川、李天铭、梁 军、董广强、李 斌、杨文娟、孙 婧、常 乐、苏 靖、杨行健

专 业：建筑	图 号：A2
图 别：测绘	比 例：1:100
出图日期	2021 年 6 月 1 日
图纸编号	A201

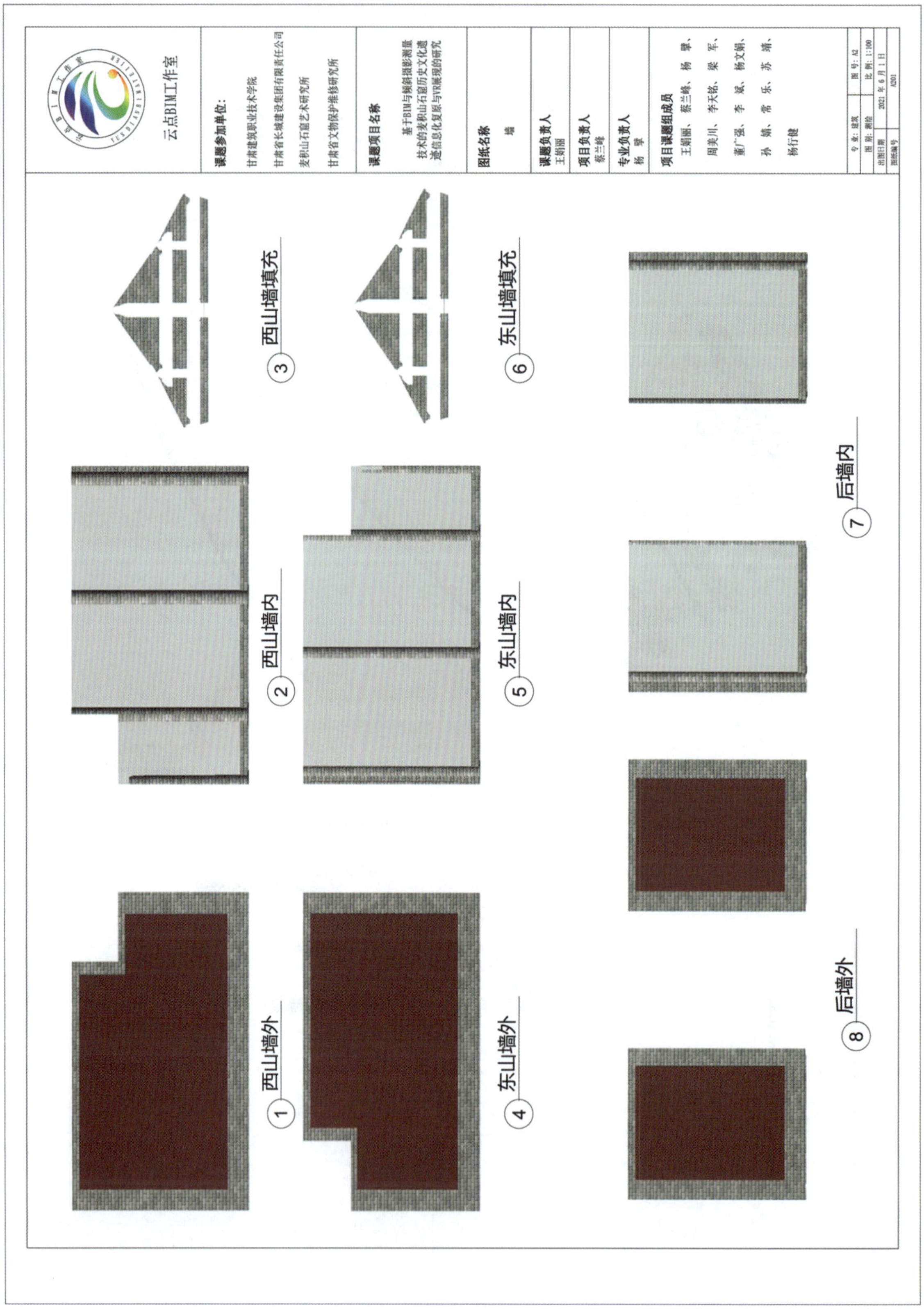
云点BIM工作室
① 西山墙外
② 西山墙内
③ 西山墙填充
④ 东山墙外
⑤ 东山墙内
⑥ 东山墙填充
⑦ 后墙内
⑧ 后墙外

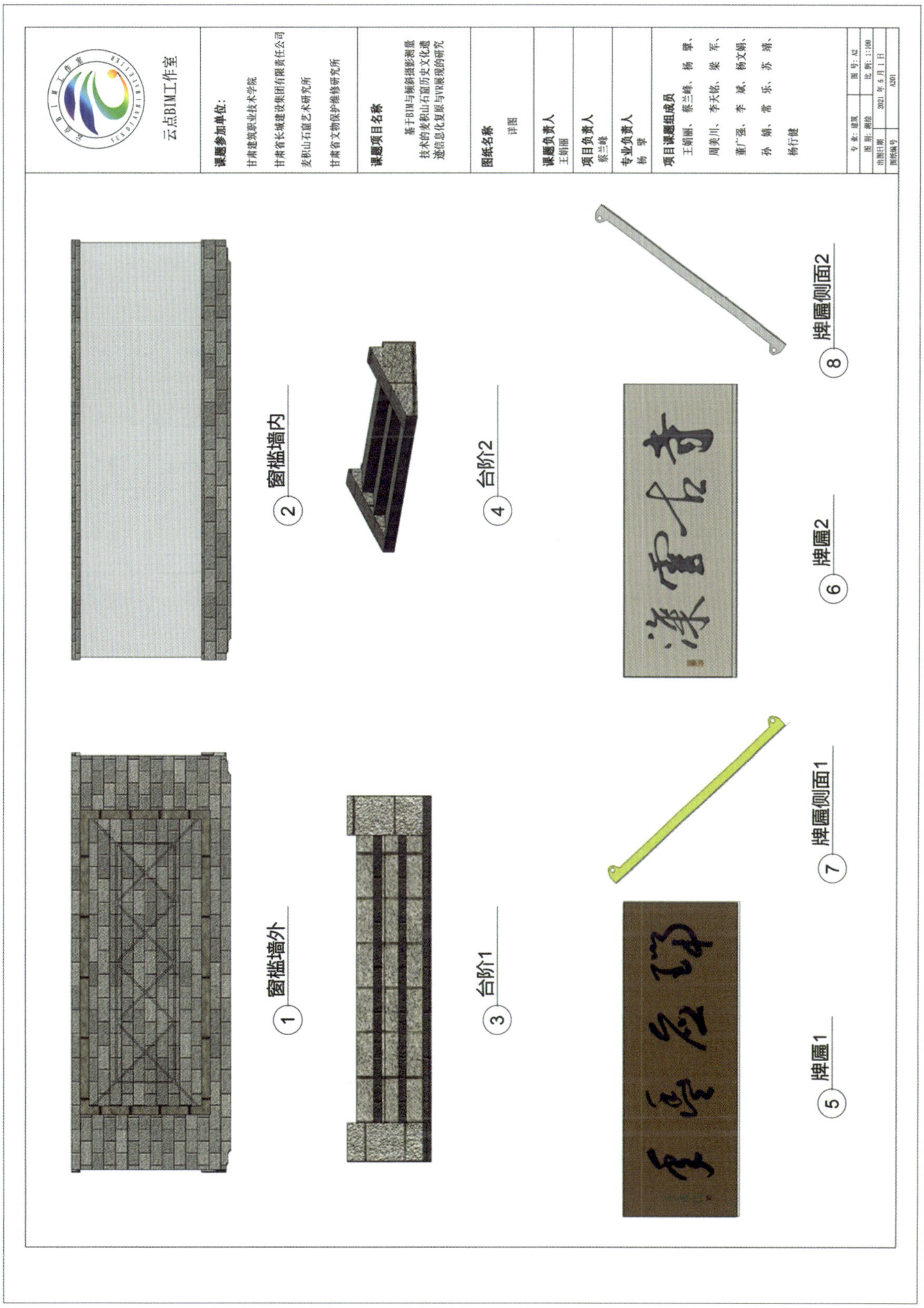
云点BIM工作室
课题参加单位：
甘肃建筑职业技术学院
甘肃省长城建设集团有限责任公司
麦积山石窟艺术研究所
甘肃省文物保护维修研究所
课题项目名称
基于BIM与倾斜摄影测量技术的麦积山石窟历史文化遗迹信息化复原与VR展现的研究
图纸名称
详图
课题负责人
王娟丽
项目负责人
蔡兰峰
专业负责人
杨 擘
项目课题组成员
王娟丽、蔡兰峰、杨 擘、周美川、李天铭、梁 军、董广强、李 斌、杨文娟、孙 婧、常 乐、苏 靖、杨行健
专业：建筑
图号：A2
图别：测绘
比例：1:100
出图日期
2021年6月1日
图纸编号
A201
1 窗槛墙外
2 窗槛墙内
3 台阶1
4 台阶2
5 牌匾1
6 牌匾2
7 牌匾侧面1
8 牌匾侧面2

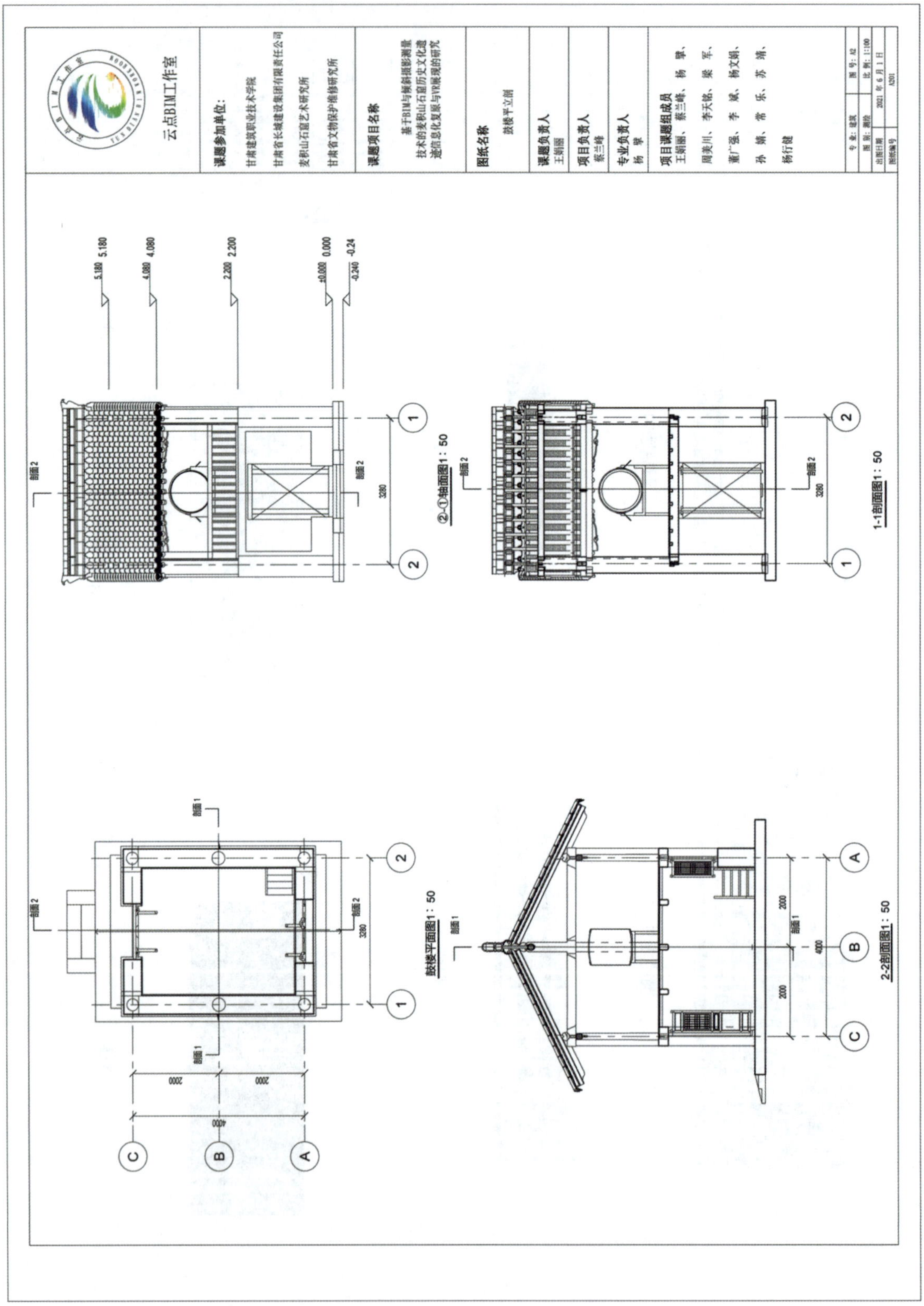
云点BIM工作室
课题参加单位：
甘肃建筑职业技术学院
甘肃省长城建设集团有限责任公司
麦积山石窟艺术研究所
甘肃省文物保护维修研究所
课题项目名称
基于BIM与倾斜摄影测量技术的麦积山石窟历史文化遗迹信息化复原与VR展现的研究
图纸名称
鼓楼平立剖
课题负责人
王娟丽
项目负责人
蔡兰峰
专业负责人
杨肇
项目课题组成员
王娟丽、蔡兰峰、杨肇、周美川、李天铭、梁军、董广强、李斌、杨文娟、孙娟、常乐、苏靖、杨行健
专业：建筑
图号：A2
图别：测绘
比例：1:100
出图日期 2021年6月1日
图纸编号 A201
②-①轴面图 1：50
1-1剖面图 1：50
鼓楼平面图 1：50
2-2剖面图 1：50

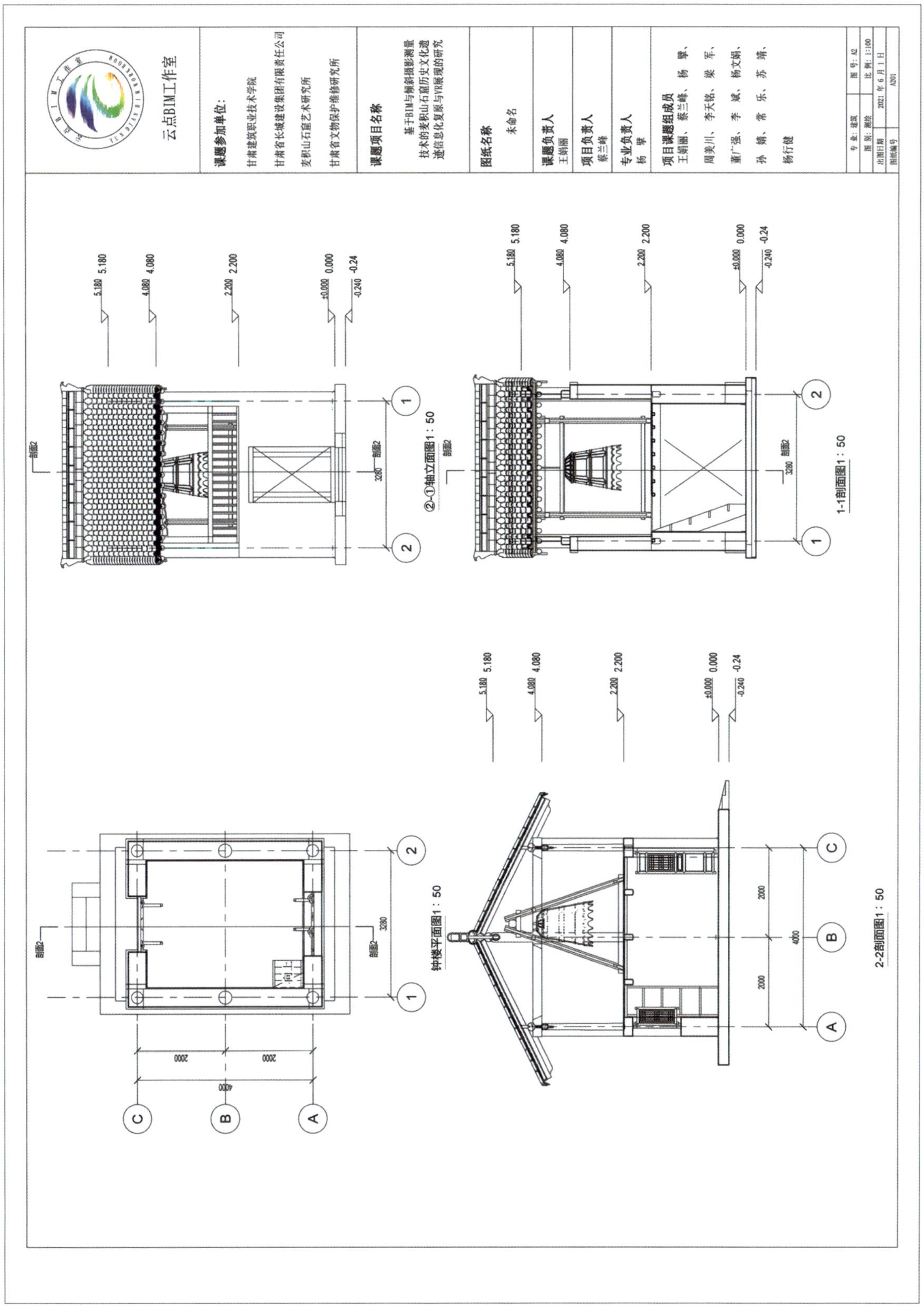

云点BIM工作室
课题参加单位：
甘肃建筑职业技术学院
甘肃省长城建设集团有限责任公司
麦积山石窟艺术研究所
甘肃省文物保护维修研究所
课题项目名称
基于BIM与倾斜摄影测量技术的麦积山石窟历史文化遗迹信息化复原与VR展现的研究
图纸名称
未命名
课题负责人
王娟丽
项目负责人
蔡兰峰
专业负责人
杨 肇
项目课题组成员
王娟丽、蔡兰峰、杨 肇、
周美川、李天铭、梁 军、
董广强、李 斌、杨文娟、
孙 婧、常 乐、苏 靖、
杨行健
专业：建筑
图号：A2
图别：测绘
比例：1:100
出图日期 2021年6月1日
图纸编号 A201
②-①轴立面图1：50
1-1剖面图1：50
钟楼平面图1：50
2-2剖面图1：50

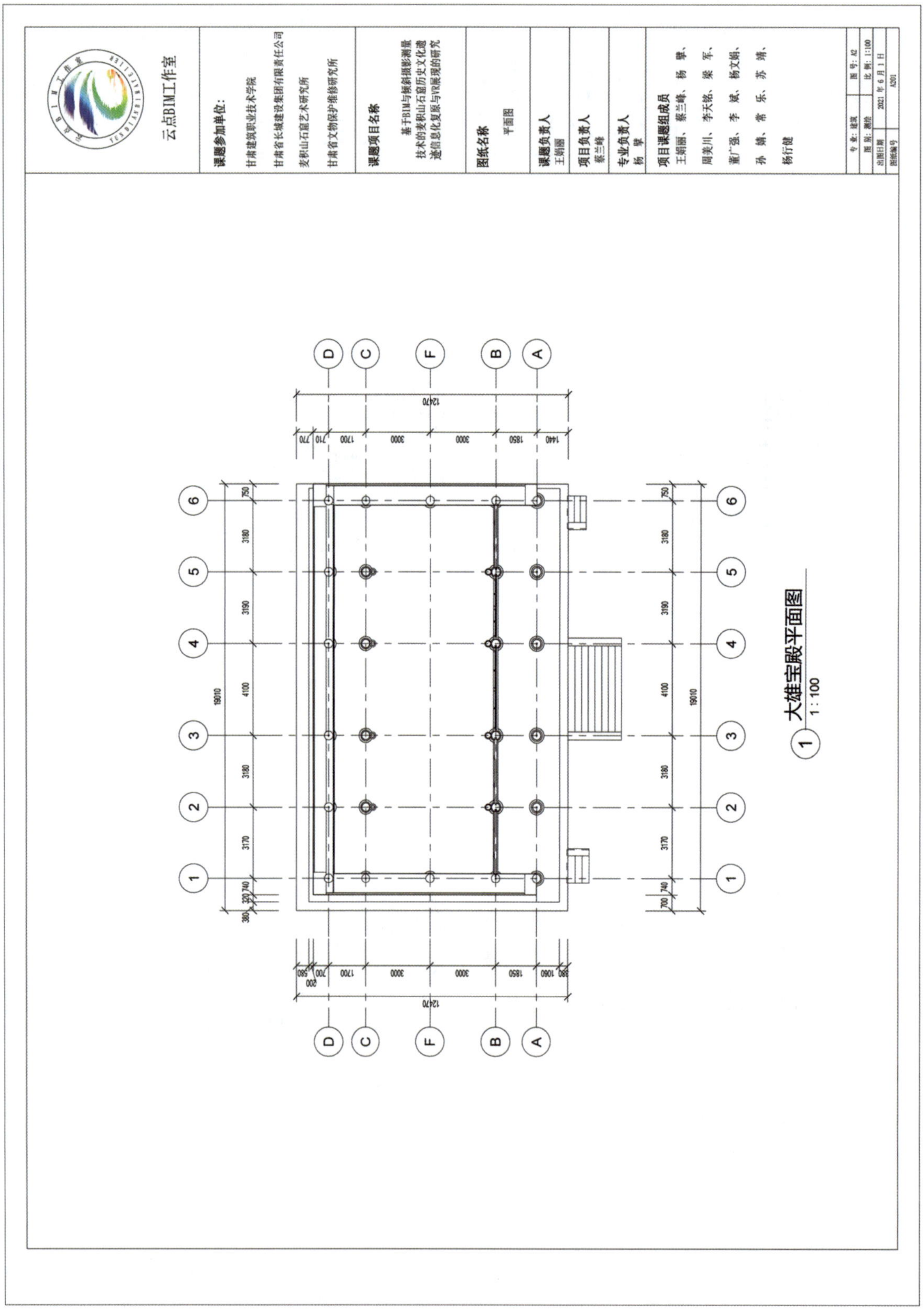
云点BIM工作室
课题参加单位：
甘肃建筑职业技术学院
甘肃省长城建设集团有限责任公司
麦积山石窟艺术研究所
甘肃省文物保护维修研究所
课题项目名称
图纸名称
平面图
课题负责人
项目负责人
专业负责人
项目课题组成员
大雄宝殿平面图
1：100

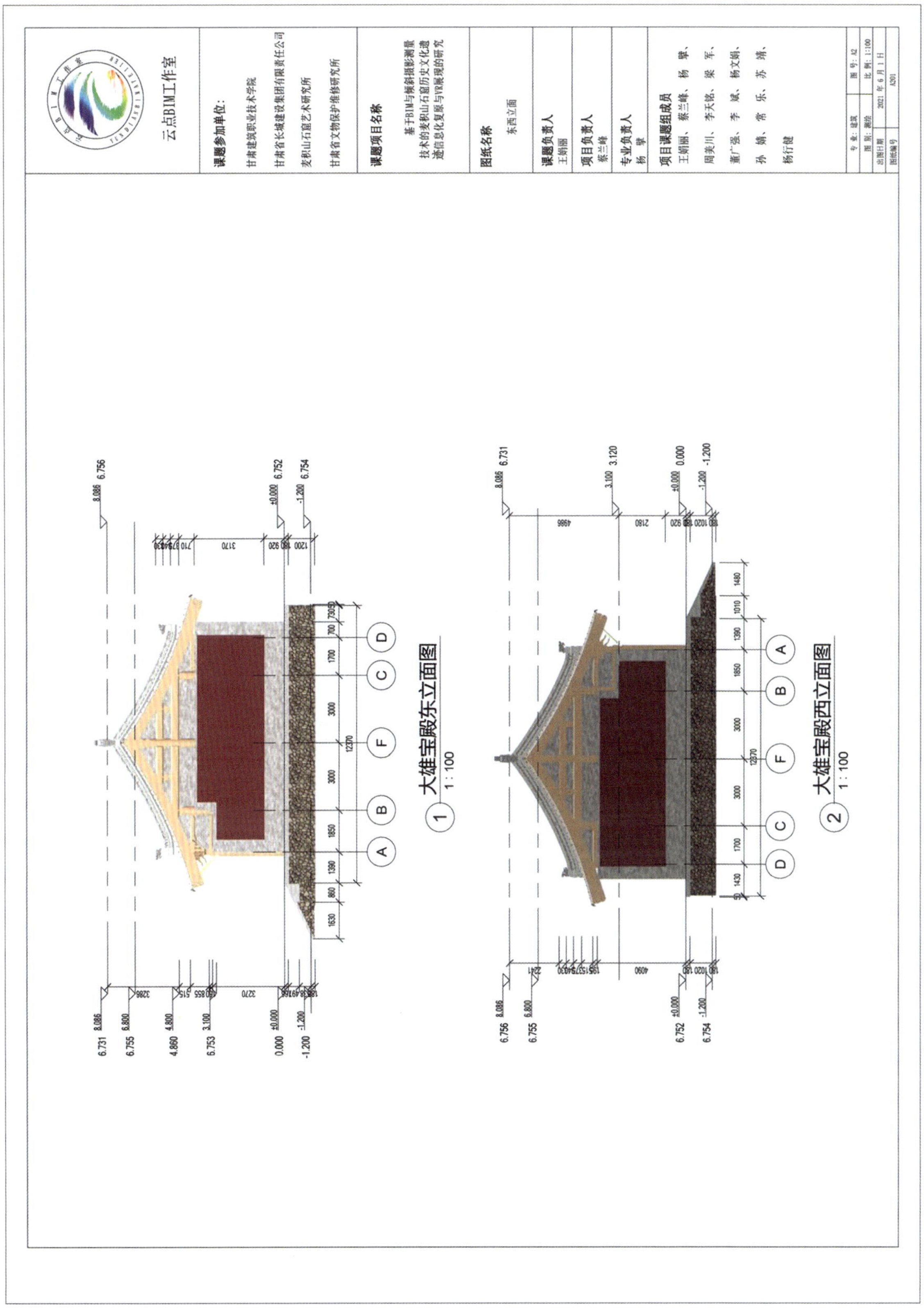

云点BIM工作室
课题参加单位:
甘肃建筑职业技术学院
甘肃省长城建设集团有限责任公司
麦积山石窟艺术研究所
甘肃省文物保护维修研究所
课题项目名称
基于BIM与倾斜摄影测量技术的麦积山石窟历史文化遗迹信息化复原与VR展现的研究
图纸名称
东西立面
课题负责人
王娟丽
项目负责人
蔡兰峰
专业负责人
杨 肇
项目课题组成员
王娟丽、蔡兰峰、杨 肇、周美川、李天铭、梁 军、董广强、李 斌、杨文娟、孙 娟、常 乐、苏 靖、杨行健
大雄宝殿东立面图
1 : 100
大雄宝殿西立面图
1 : 100

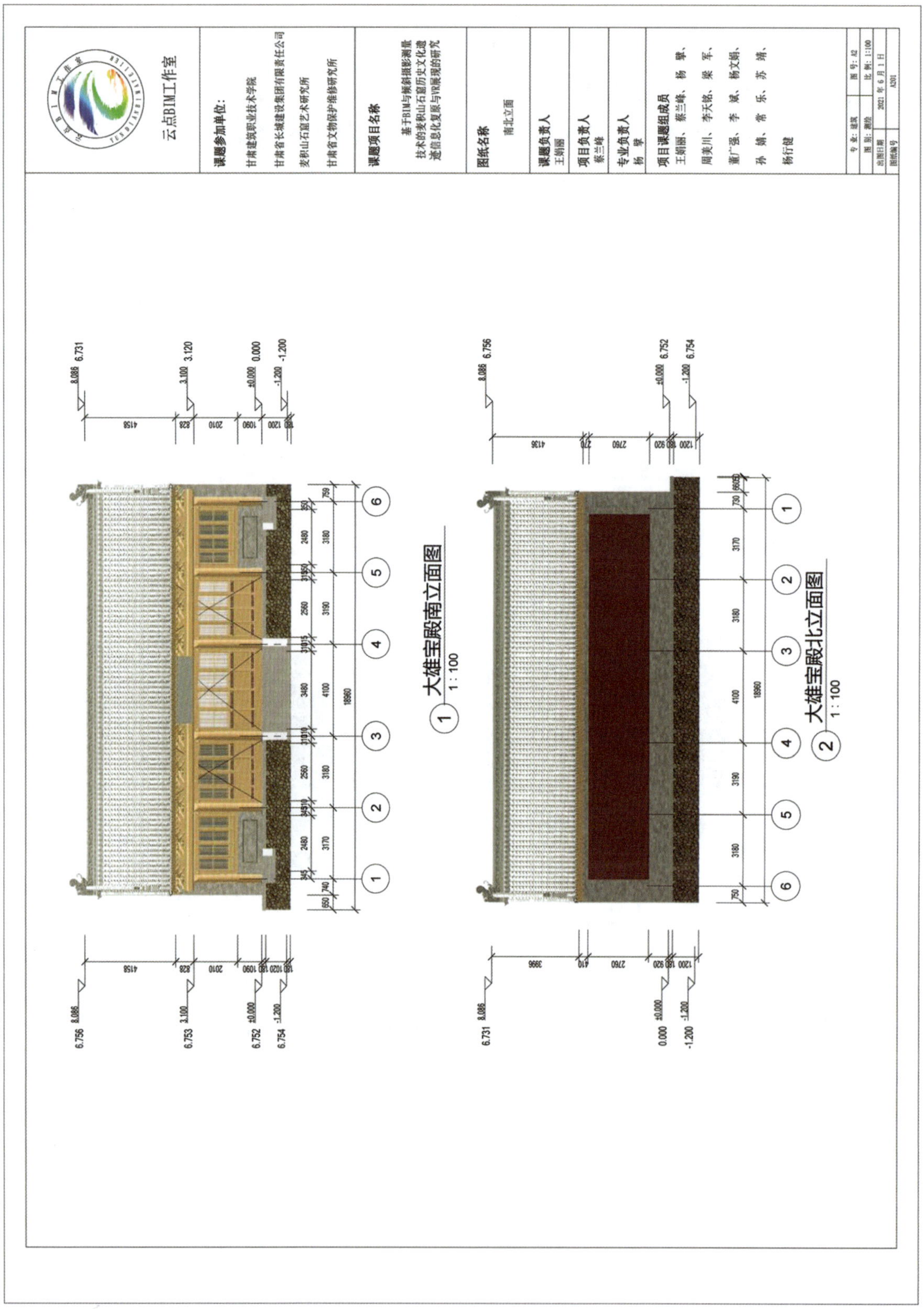
云点BIM工作室
课题参加单位：
甘肃建筑职业技术学院
甘肃省长城建设集团有限责任公司
麦积山石窟艺术研究所
甘肃省文物保护维修研究所
课题项目名称
基于BIM与倾斜摄影测量技术的麦积山石窟历史文化遗迹信息化复原与VR展现的研究
图纸名称
南北立面
大雄宝殿南立面图
1:100
大雄宝殿北立面图
1:100

财神殿三维视图　1:60

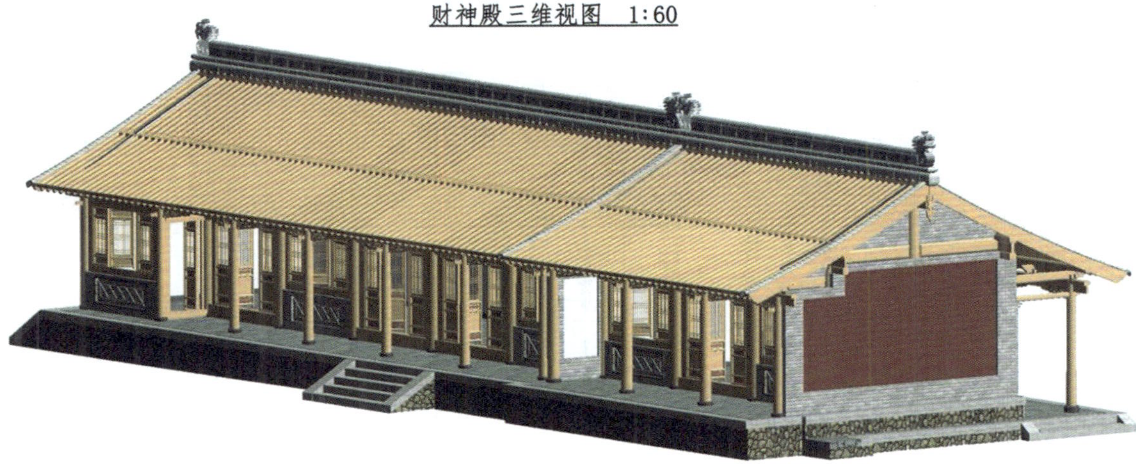

财神殿三维视图（檩条细节）　1:60

云点BIM工作室

课题参加单位：

甘肃建筑职业技术学院

甘肃省长城建设集团有限责任公司

麦积山石窟艺术研究所

甘肃省文物保护维修研究所

课题项目名称

基于BIM与倾斜摄影测量技术的麦积山石窟历史文化遗迹信息化复原与VR展现的研究

图纸名称

财神殿三维模型

课题负责人
王娟丽

项目负责人
蔡兰峰

专业负责人
杨　擘

项目课题组成员
王娟丽、蔡兰峰、杨　擘、周美川、李天铭、梁　军、董广强、李　斌、杨文娟、孙　婧、常　乐、苏　靖、杨行健

专　业：建筑	图　号：A2
图　别：测绘	比　例：1:100
出图日期	2021 年 6 月 1 日
图纸编号	A201

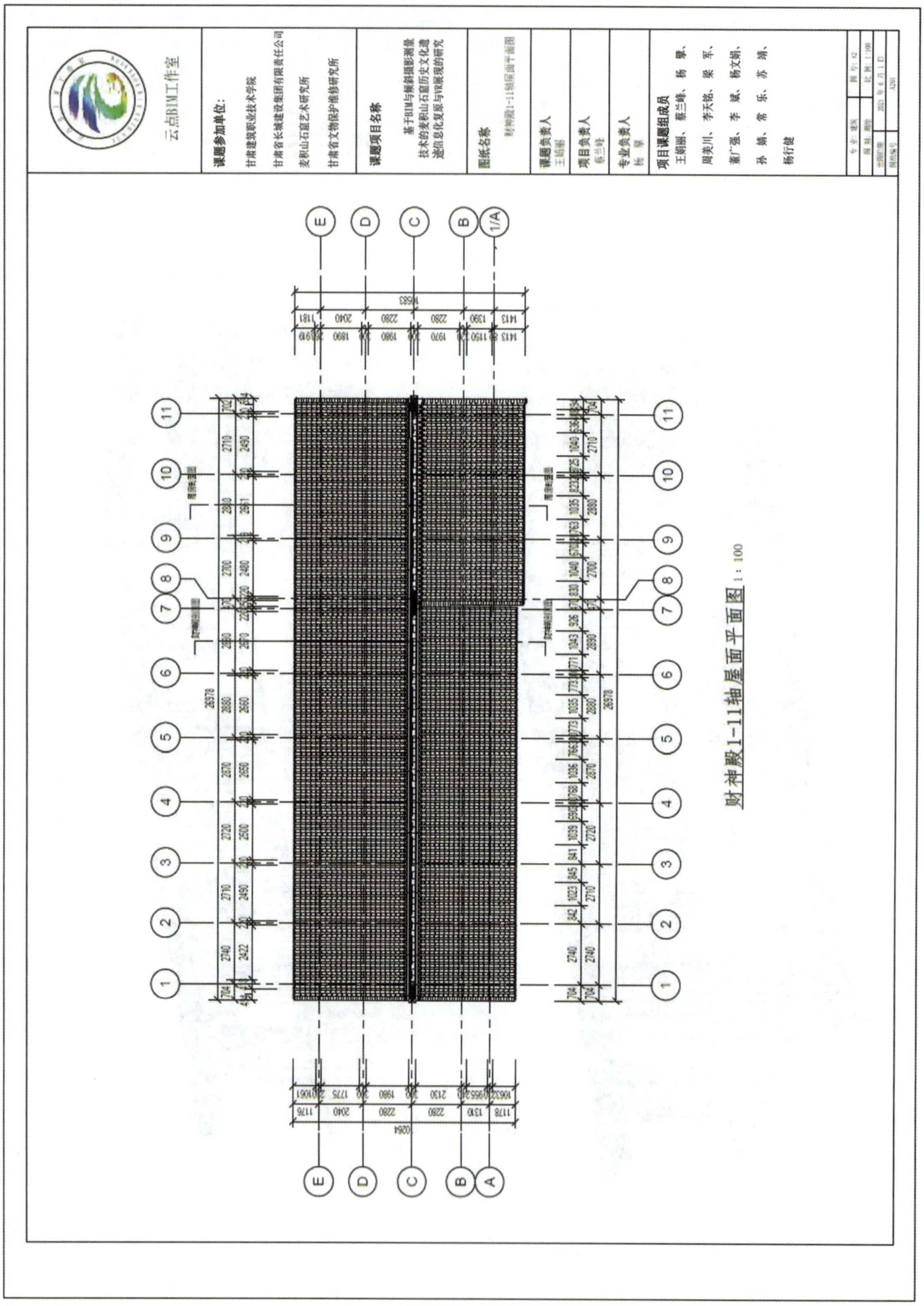
财神殿1-11轴屋面平面图 1:100

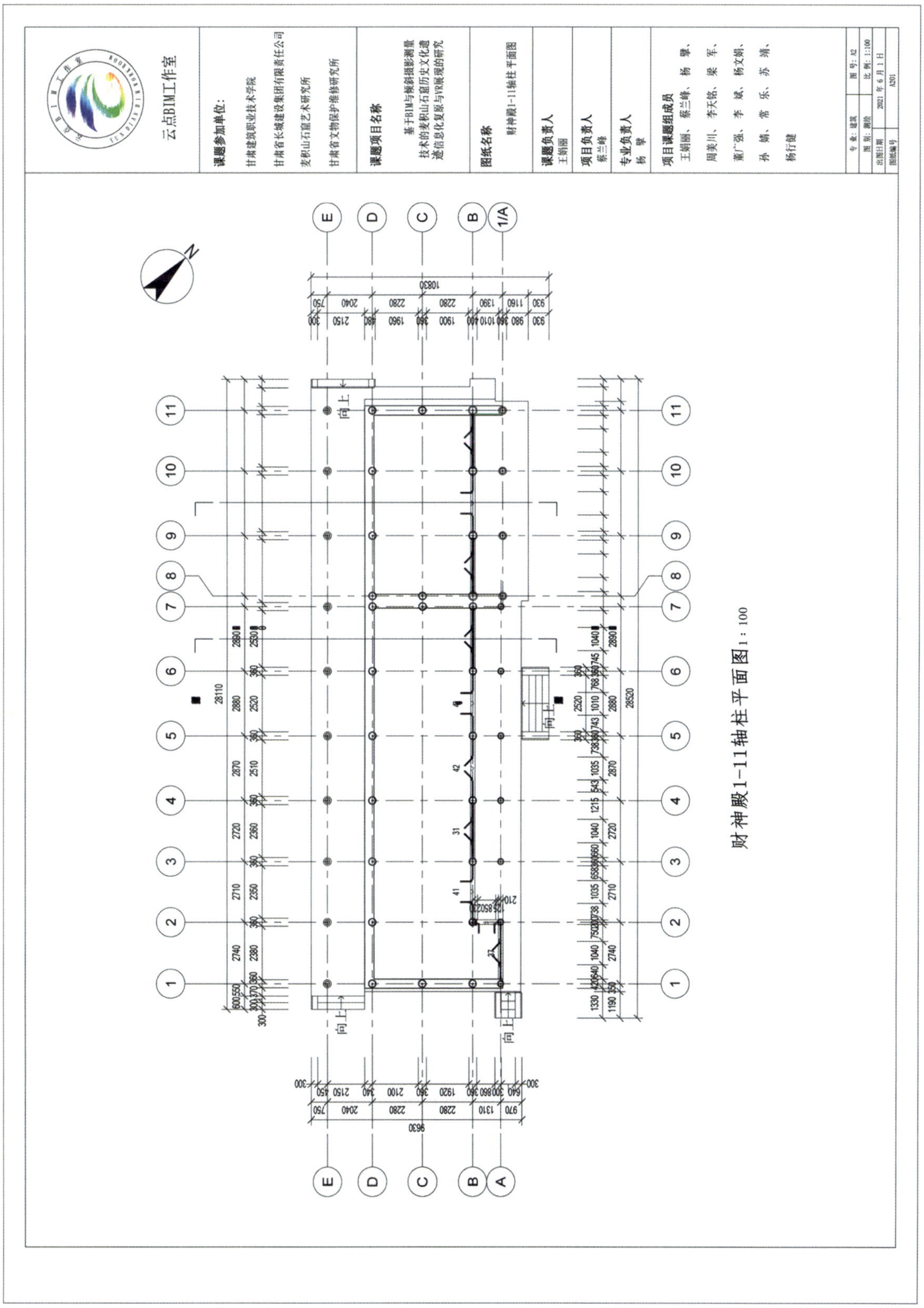
云点BIM工作室
课题参加单位：
甘肃建筑职业技术学院
甘肃省长城建设集团有限责任公司
麦积山石窟艺术研究所
甘肃省文物保护维修研究所
课题项目名称
基于BIM与倾斜摄影测量技术的麦积山石窟历史文化遗迹信息化复原与VR展现的研究
图纸名称
财神殿1-11轴柱平面图
课题负责人
王娟丽
项目负责人
蔡兰峰
专业负责人
杨 攀
项目课题组成员
王娟丽、蔡兰峰、杨 攀、
周美川、李天铭、梁 军、
董广强、李 斌、杨文娟、
孙 娟、常 乐、苏 靖、
杨行健
专 业：建筑
图 号：A2
图 别：测绘
比 例：1:100
出图日期 2021年6月1日
图纸编号 A201
财神殿1-11轴柱平面图 1:100

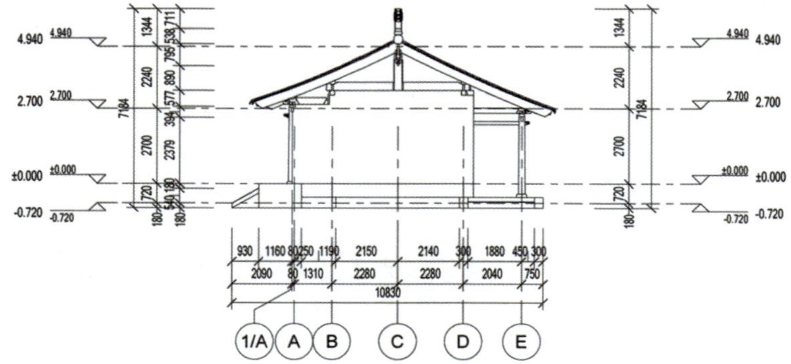

财神殿1/A-E轴立面图 1：100

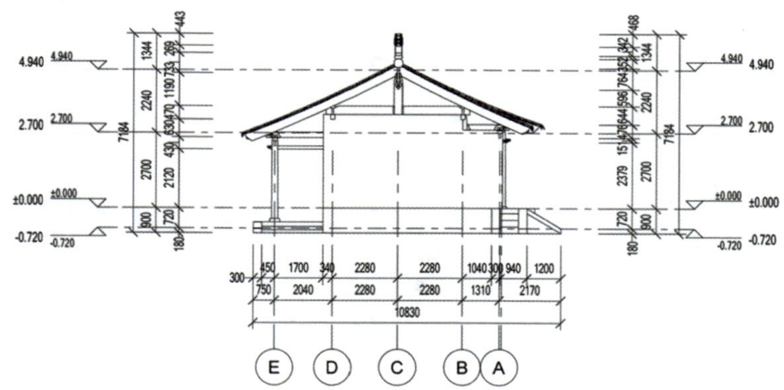

财神殿E-A轴立面图 1：100

云点BIM工作室

课题参加单位：

甘肃建筑职业技术学院

甘肃省长城建设集团有限责任公司

麦积山石窟艺术研究所

甘肃省文物保护维修研究所

课题项目名称

基于BIM与倾斜摄影测量技术的麦积山石窟历史文化遗迹信息化复原与VR展现的研究

图纸名称

财神殿东、西轴立面图

课题负责人

王娟丽

项目负责人

蔡兰峰

专业负责人

杨 擘

项目课题组成员

王娟丽、蔡兰峰、杨 擘、周美川、李天铭、梁 军、董广强、李 斌、杨文娟、孙 婧、常 乐、苏 靖、杨行健

专 业：建筑	图 号：A2
图 别：测绘	比 例：1:100
出图日期	2021 年 6 月 1 日
图纸编号	A201

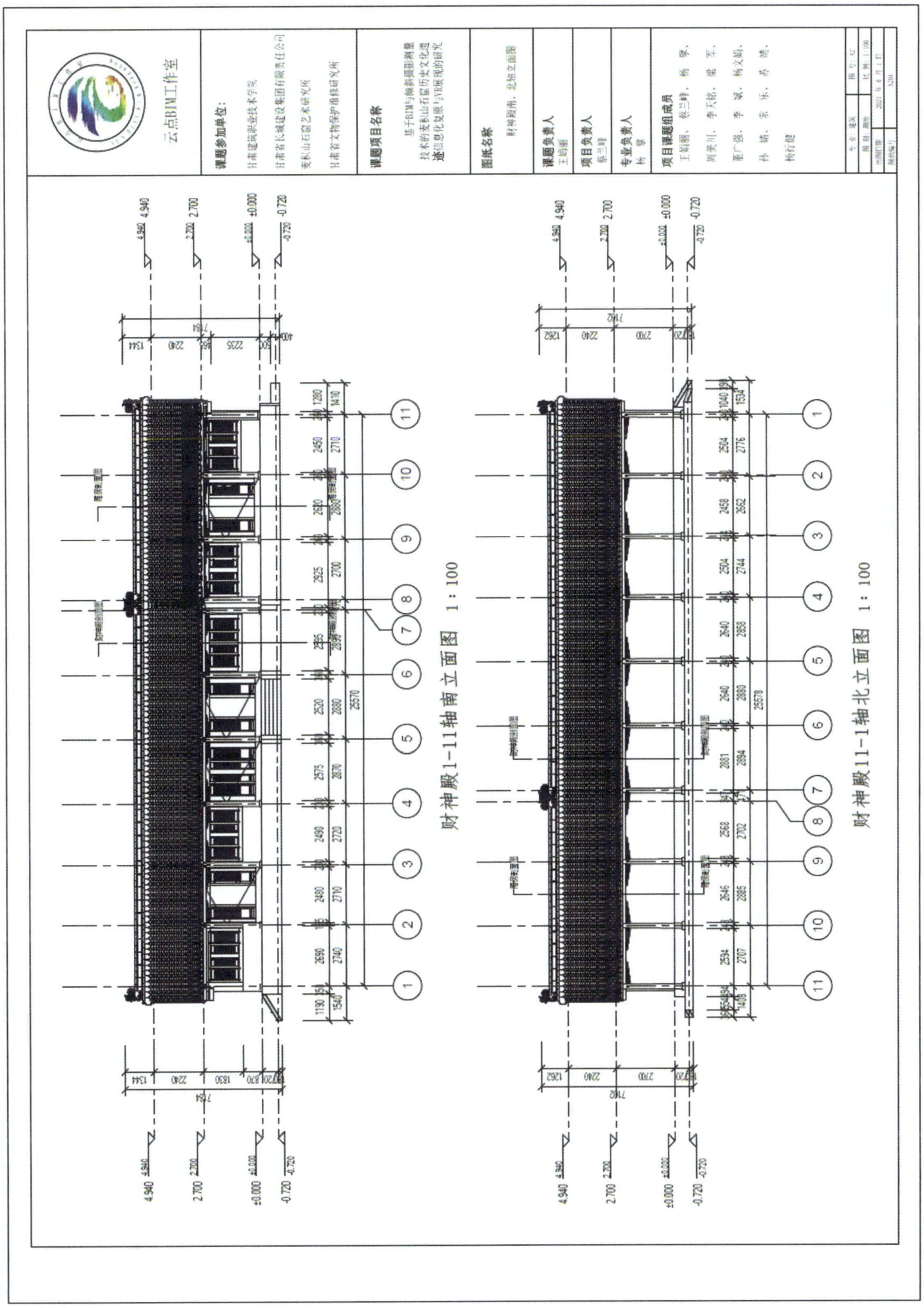
云点BIM工作室
财神殿1-11轴南立面图 1:100
财神殿11-1轴北立面图 1:100

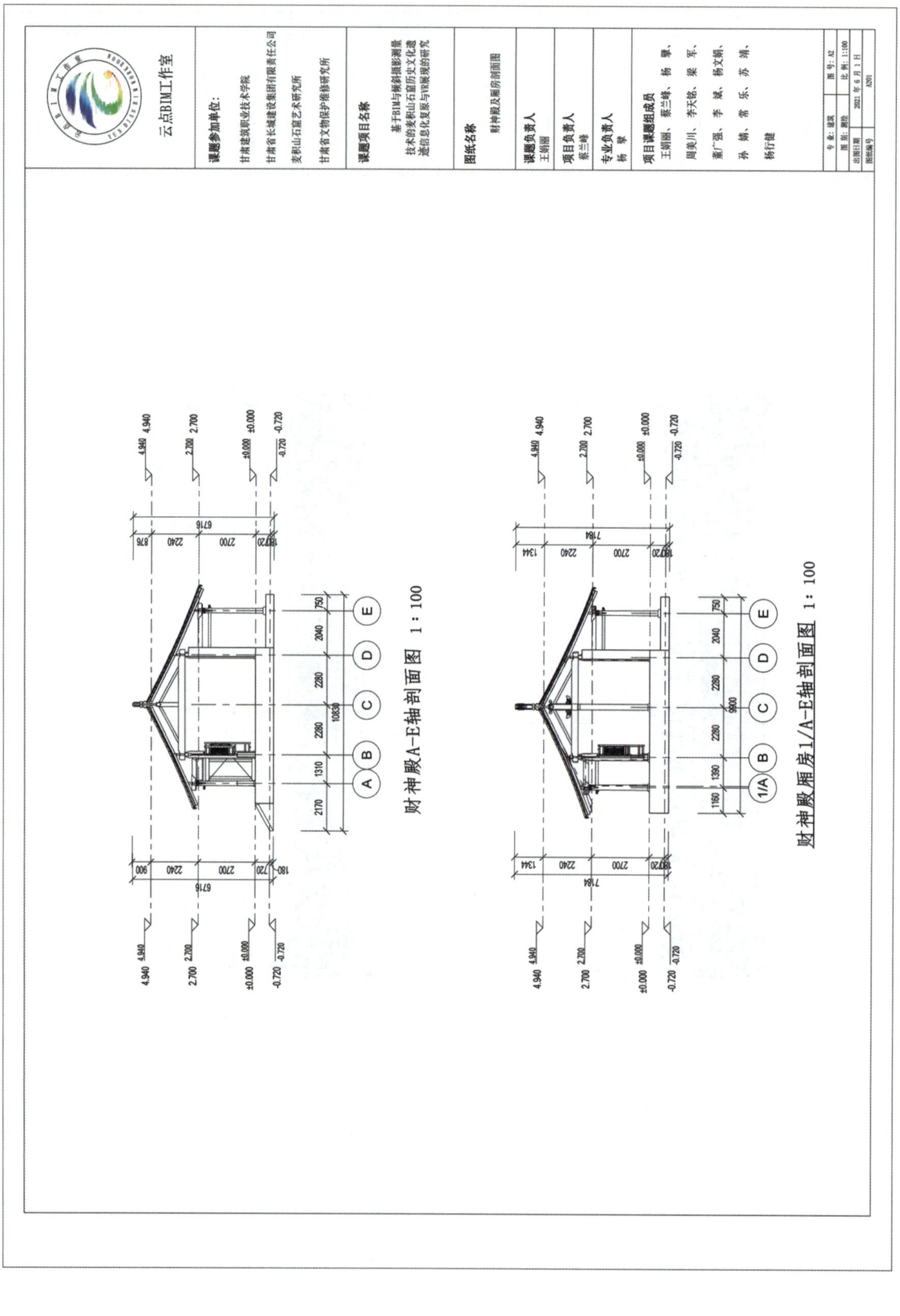
云点BIM工作室
课题参加单位：
甘肃建筑职业技术学院
甘肃省长城建设集团有限责任公司
麦积山石窟艺术研究所
甘肃省文物保护维修研究所
课题项目名称
基于BIM与倾斜摄影测量技术的麦积山石窟历史文化遗迹信息化复原与VR展现的研究
图纸名称
财神殿及厢房剖面图
课题负责人
项目负责人
专业负责人
项目课题组成员
财神殿A-E轴剖面图 1：100
财神殿厢房1/A-E轴剖面图 1：100

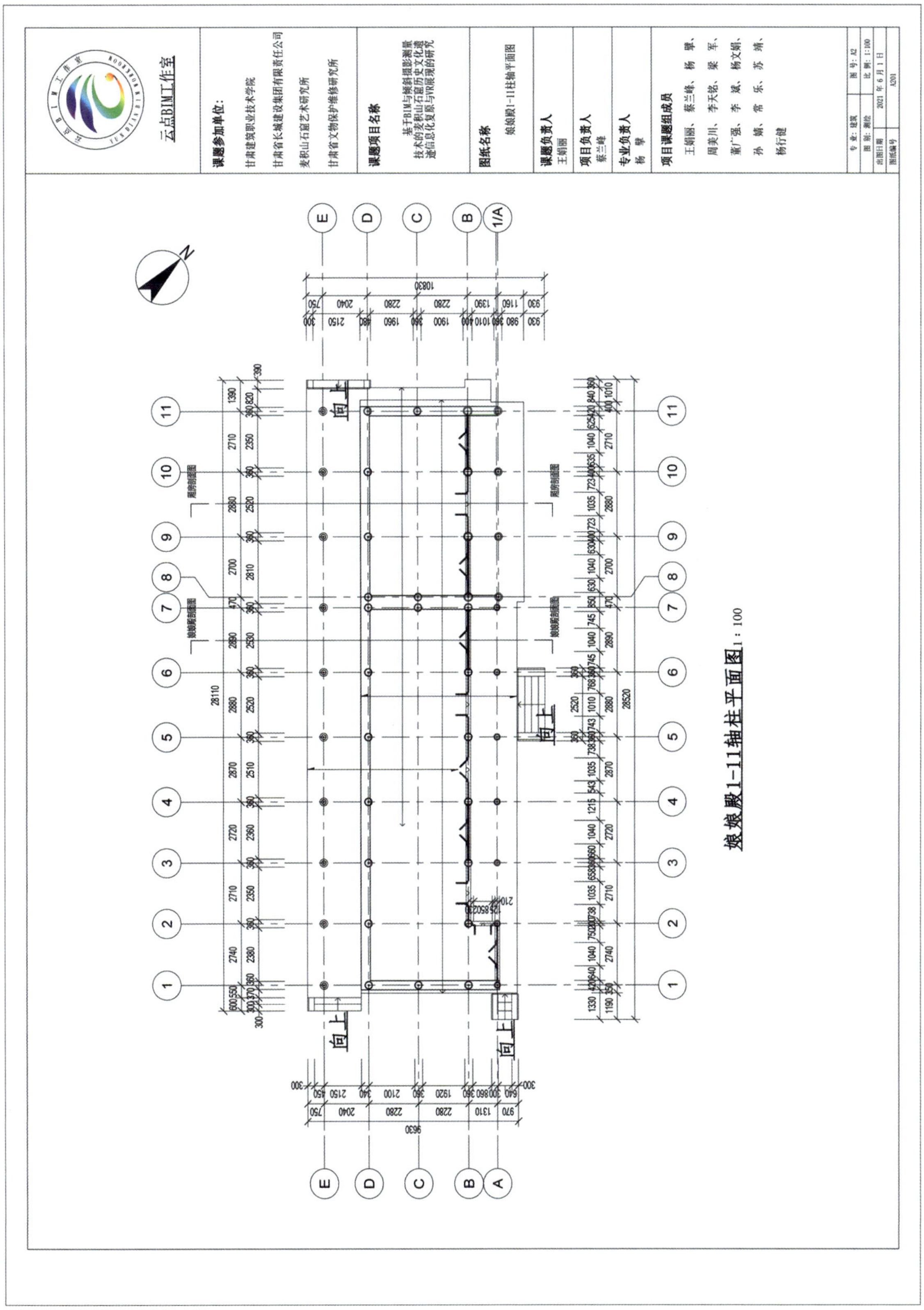

云点BIM工作室
课题参加单位:
甘肃建筑职业技术学院
甘肃省长城建设集团有限责任公司
麦积山石窟艺术研究所
甘肃省文物保护维修研究所
课题项目名称
基于BIM与倾斜摄影测量技术的麦积山石窟历史文化遗迹信息化复原与VR展现的研究
图纸名称
娘娘殿1-11柱轴平面图
课题负责人
王娟丽
项目负责人
蔡兰峰
专业负责人
杨 犟
项目课题组成员
王娟丽、蔡兰峰、杨 犟、
周美川、李天铭、梁 军、
董广强、李 斌、杨文娟、
孙 婧、常 乐、苏 靖、
杨行健
专业: 建筑
图号: A2
图别: 测绘
比例: 1:100
出图日期 2021年6月1日
图纸编号 A201
向上
娘娘殿1-11轴柱平面图 1:100

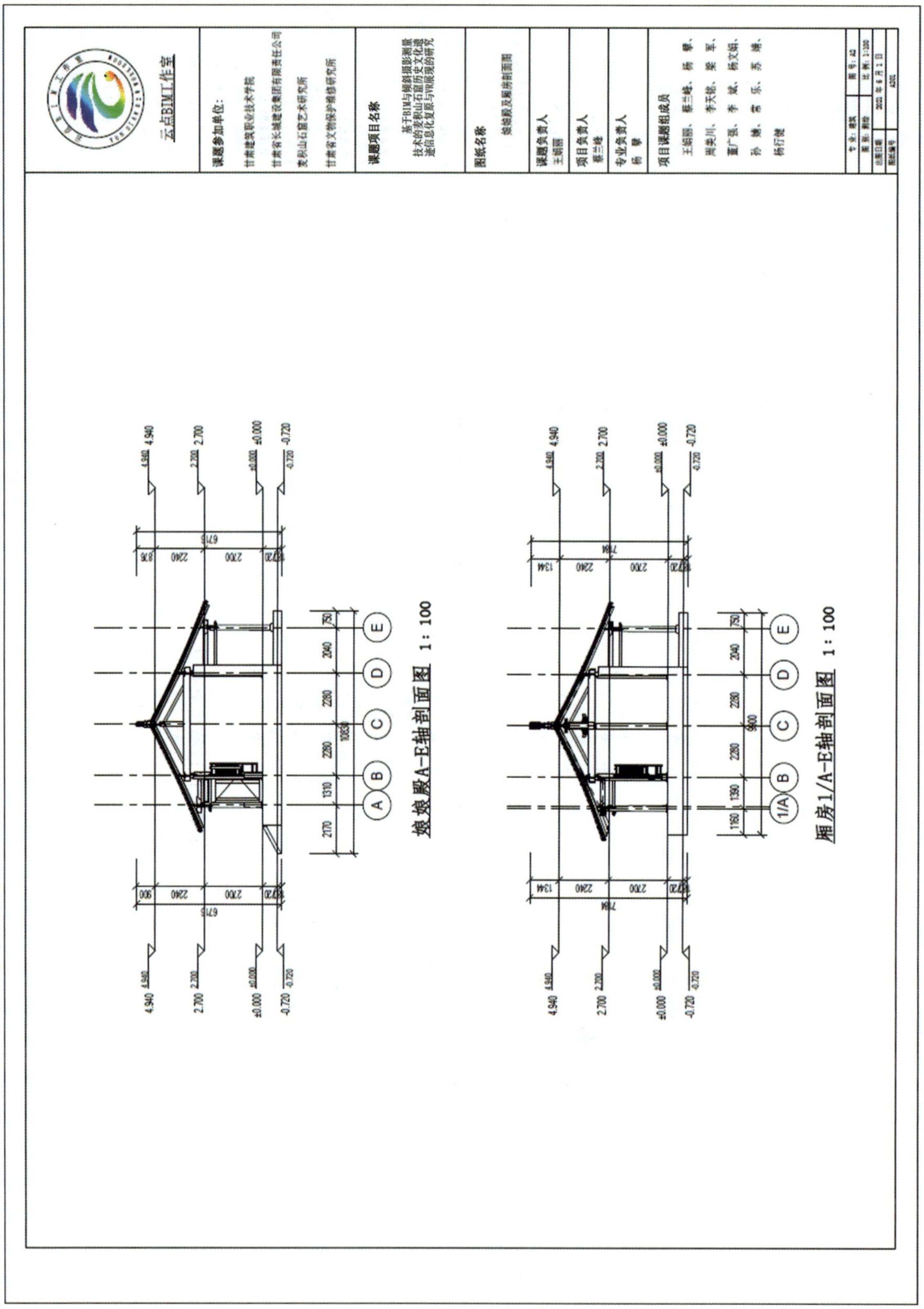
云点BIM工作室
课题参加单位：
甘肃建筑职业技术学院
甘肃省长城建设集团有限责任公司
麦积山石窟艺术研究所
甘肃省文物保护维修研究所
课题项目名称
基于BIM与倾斜摄影测量技术的麦积山石窟历史文化遗迹信息化复原与VR展现的研究
图纸名称
娘娘殿及厢房剖面图
课题负责人
王娟丽
项目负责人
蔡兰峰
专业负责人
杨攀
项目课题组成员
娘娘殿A-E轴剖面图 1：100
厢房1/A-E轴剖面图 1：100

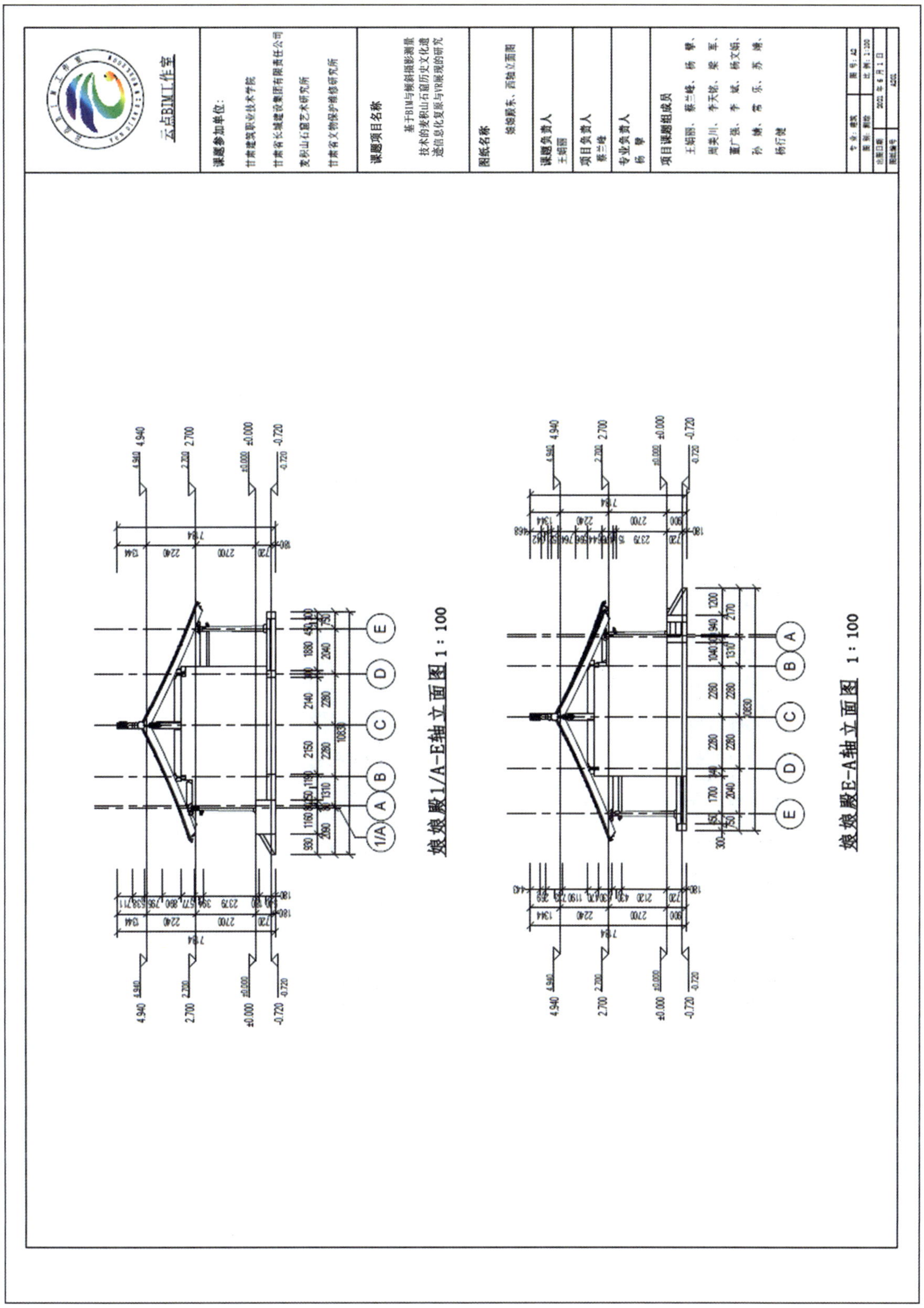

云点BIM工作室
课题参加单位：
甘肃建筑职业技术学院
甘肃省长城建设集团有限责任公司
麦积山石窟艺术研究所
甘肃省文物保护维修研究所
课题项目名称
基于BIM与倾斜摄影测量技术的麦积山石窟历史文化遗迹信息化复原与VR展现的研究
图纸名称
娘娘殿东、西轴立面图
课题负责人
王娟丽
项目负责人
蔡兰峰
专业负责人
杨攀
项目课题组成员
王娟丽、蔡兰峰、杨攀、周美川、李天铭、梁革、董广强、李斌、杨文娟、孙姝、常乐、苏婧、杨行健
娘娘殿1/A-E轴立面图 1：100
娘娘殿E-A轴立面图 1：100

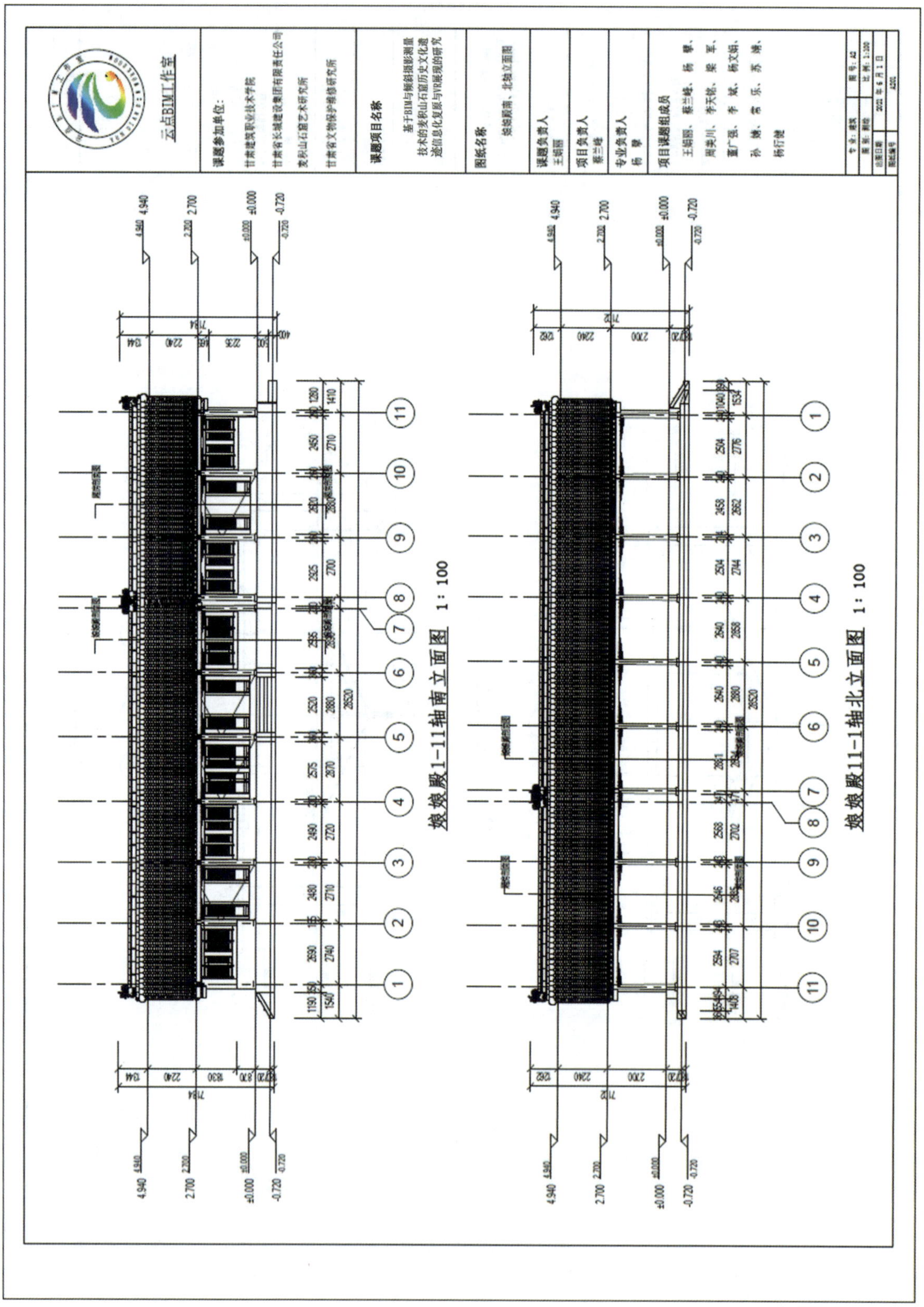

云点BIM工作室
课题参加单位:
甘肃建筑职业技术学院
甘肃省长城建设集团有限责任公司
麦积山石窟艺术研究所
甘肃省文物保护维修研究所
课题项目名称
基于BIM与倾斜摄影测量技术的麦积山石窟历史文化遗迹信息化复原与VR展现的研究
图纸名称
娘娘殿1-11轴梁架仰视图
课题负责人
项目负责人
专业负责人
项目课题组成员
娘娘殿1-11轴梁架仰视图 1:100

4. 虚拟漫游及 VR 场景(截图)

Lumion 10.0 虚拟麦积山及瑞应寺(雪景表现)

Lumion 10.0 虚拟麦积山及瑞应寺(阴天表现)

Lumion 10.0 虚拟麦积山及瑞应寺(雨后表现)

Twinmotion 2020 瑞应寺天王殿(晴天渲染表现)

Lumion 10.0 瑞应寺天王殿(渲染表现)

Lumion 10.0 瑞应寺大雄宝殿(渲染表现)

Lumion 麦积山石窟+瑞应寺合集

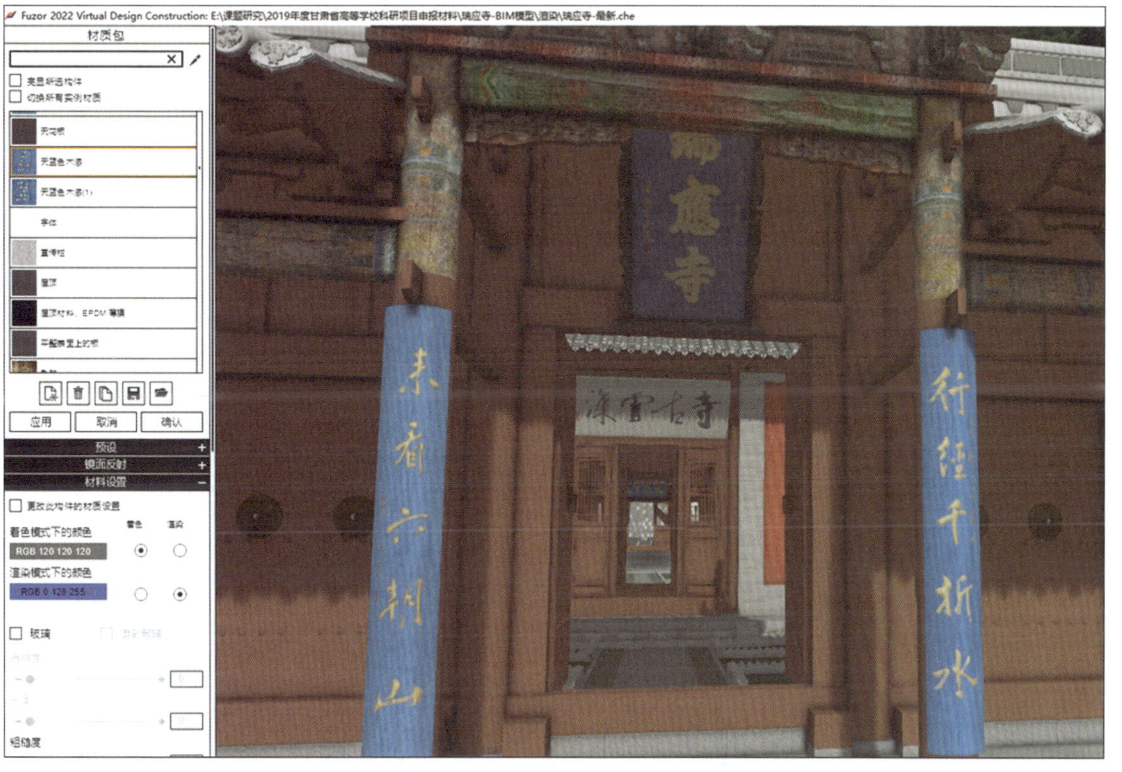

Fuzor 2020 软件 VR 场景材质表现

Fuzor 2020 软件 VR 场景表现

Fuzor 麦积山石窟＋瑞应寺 VR 体验

5.3D 打印成果(照片)

(1)麦积山石窟。

麦积山全貌光敏树脂 **3D** 打印模型

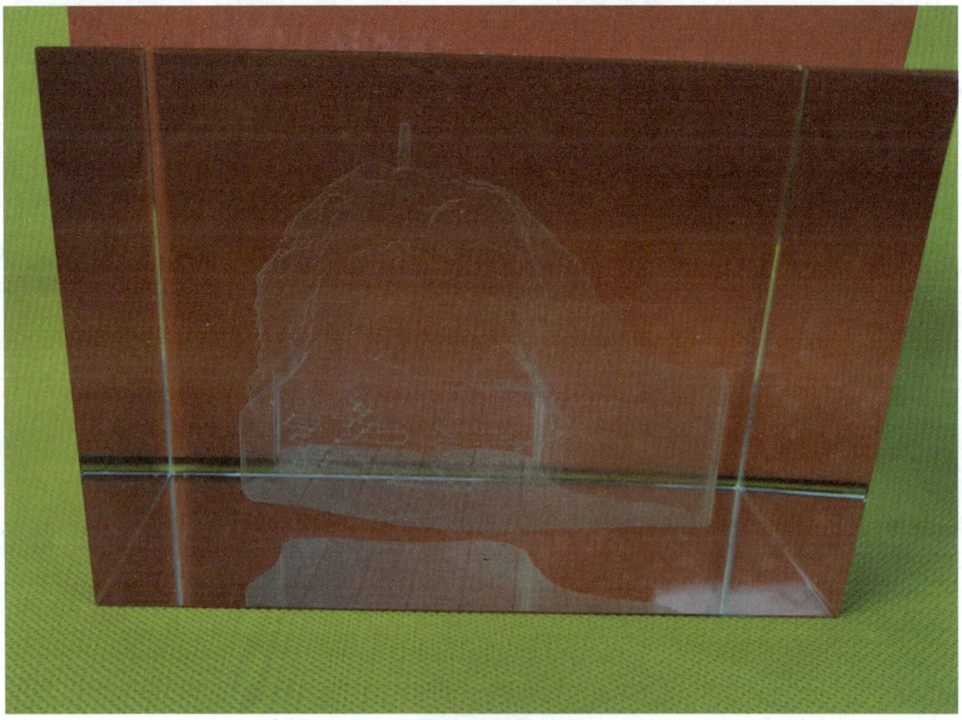

麦积山石窟水晶内雕

(2)麦积山石窟、造像、佛像类。

麦积山 3D 打印模型

砂像佛头造像

砂像菩萨造像

铜质 3D 打印佛像模型

手部修复前模型 3D 打印

手部修复后模型 3D 打印

手部修复前模型 3D 打印

手部修复后模型 3D 打印

手部修复前模型 3D 打印

手部修复后模型 3D 打印

3D 打印模型

4 号窟(上七佛阁)第六龛主佛部分

(3)瑞应寺古建筑 3D 打印模型。

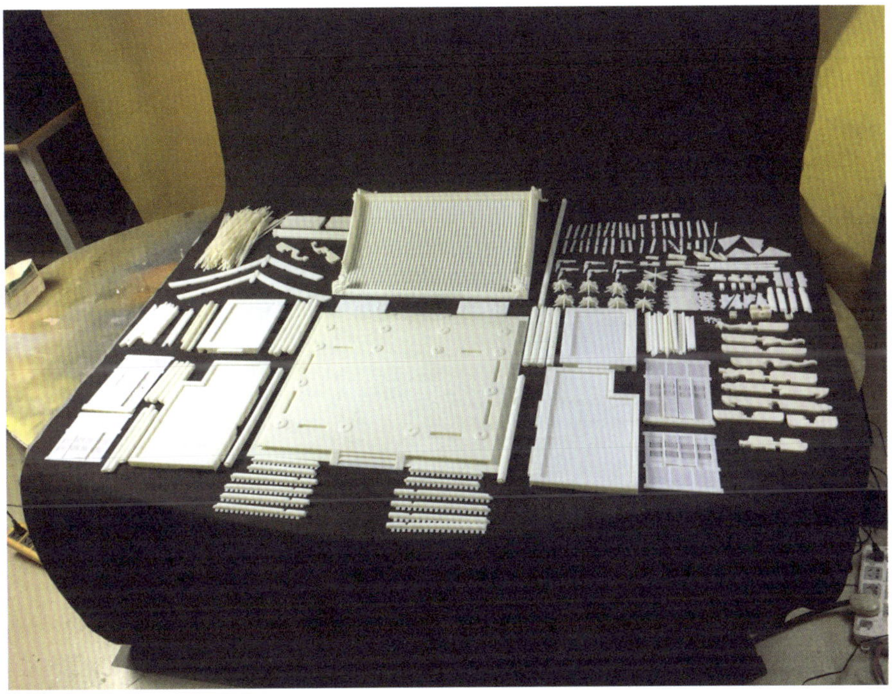

按创建的信息化模型,3D 打印出天王殿各个榫卯构件模型

按创建的信息化模型,3D 打印的各个榫卯构件拼装的天王殿整体模型

REFERENCES
参考文献

1. 麦积山石窟类

[1]宿白. 中国石窟寺研究[M]. 北京：文物出版社，1996.

[2]文化部社会文化事业管理局. 麦积山石窟[M]. 北京：文物出版社，1954.

[3]阎文儒. 麦积山石窟[M]. 兰州：甘肃人民出版社，1984.

[4]冯国瑞. 麦积山石窟志[M]. 天水：天水报社，1989.

[5]麦积山文物保管所. 麦积山石窟[M]. 兰州：甘肃人民出版社，1981.

[6]董广强. 绝壁上的佛国[M]. 兰州：甘肃人民出版社，2011.

[7]麦积山石窟艺术研究所. 麦积山石窟旧影[M]. 南京：江苏凤凰美术出版社，2019.

2. 古建筑类

[8](宋)李诫. 营造法式[M]. 方木鱼，译注. 重庆：重庆出版社，2018.

[9]梁思成. 中国建筑史[M]. 北京：生活・读书・新知三联书店，2011.

[10]梁思成. 图像中国建筑史[M]. 北京：生活・读书・新知三联书店，2011.

[11]田永复. 中国古建筑知识手册[M]. 2 版. 北京：中国建筑工业出版社，2019.

[12](宋)李诫，吴吉明.《营造法式》注释与解读[M]. 北京：化学工业出版社，2018.

[13]梁思成. 清式营造则例[M]. 北京：清华大学出版社，2006.

[14]吴吉明. 清工部《工程做法则例》注释与解读[M]. 北京：化学工业出版社，2018.

[15]侯洪德，侯肖琪. 图解《营造法原》做法[M]. 北京：中国建筑工业出版社，2014.

[16]傅熹年. 中国古代建筑概说[M]. 北京：北京出版社，2016.

3. 建模与编程类

[17]中华人民共和国住房和城乡建设部. 建筑信息模型分类和编码标准[M]. 北京：中国建筑工业出版社，2018.

[18]朱溢镕，焦明明. BIM 概论及 Revit 精讲[M]. 北京：化学工业出版社，2018.

[19]罗嘉祥，宋姗，田宏钧. Autodesk Revit 炼金术——Dynamo 基础实战教程[M]. 上海：同济大学出版社，2017.

[20]上海磐晟建筑工程有限公司. Revit 构件制作实战详解[M]. 北京：中国建筑工业出版社，2016.

[21](美)Mahesh Venkitachalam. Python 极客项目编程[M]. 王海鹏，译. 北京：人民邮电出版社，2017.

[22](美)Eric Matthes. Python 编程：从入门到实践[M]. 袁国忠，译. 北京：人民邮电出版社，2016.

[23](美)Al Sweigart. Python 编程快速上手——让繁琐工作自动化[M]. 王海鹏,译. 北京:人民邮电出版社,2016.

4. 倾斜摄影类

[24]初云燕,常诚锋,闫海燕. 文物保护中测绘技术的应用研究[J]. 科技风,2021(16):115-116.

[25]田野,王晓彤,谯娇,等. 文化遗产数字化:既要存档,更要活化[J]. 文化月刊,2021(05):6-9.

[26]吴军,姚泽鑫,程门门. 融合 SIFT 与 SGM 的倾斜航空影像密集匹配[J]. 遥感学报,2015,19(03):431-442.

[27]王竞雪,朱庆,王伟玺. 多匹配基元集成的多视影像密集匹配方法[J]. 测绘学报,2013,42(05):691-698.

[28]杨化超,姚国标,王永波. 基于 SIFT 的宽基线立体影像密集匹配[J]. 测绘学报,2011,40(05):537-543.

[29]AMENTA N, BERN M. Surface reconstruction by voronoi filtering [J] . Discrete and Computational Geometry, 1999, 22(4):481-504.

[30] AMENTA N , CHOI S, DEY T K, et al. A simple algorithm for homeomorphic surface reconstruction [C] //Proceedings of the 16th Annual Symposium on Computational Geometry. New York:ACM,2000:213-222.

[31]DEY T K, GOSWAMI S. Provable surface reconstruction from noisy samples [C] //Proceedings of the 20th Annual Symposium on Computational Geometry. New York:ACM, 2004:330-339.

[32]FRUEH C,ZAKHOR A. Reconstructing 3D City Models by Merging Ground-Based and Airborne Views[M]. Visual Content Processing and Representation. Springer Berlin Heidelberg,2003.

[33]Christian Früh, Avideh Zakhor. An automated method for large-scale, ground-based city model acquisition[J]. International Journal of Computer Vision,2004,60(1):5-24.

[34]段玉琬. 数字化技术在博物馆文物保护工作中的思考[J]. 艺术品鉴,2021(11):129-130.

[35]王磊,李建功,李涛,等. 三维激光扫描技术在大跨度机库屋盖钢结构施工过程中的应用[J]. 建筑施工,2020,42(04):487-489.

[36]宋燕飞. 基于计算机视觉的网架结构三维重建与弯曲杆判别[D]. 浙江大学,2019.

[37]滕飞. 基于点云数据的结构 BIM 模型研究[D]. 哈尔滨工程大学,2016.

[38]李兴隆. 三维数字化技术在龙门石窟考古中的应用[J]. 洛阳考古,2021(01):88-95.

[39]高利敏,李俊杰,李文清,等. 无人机倾斜摄影结合激光扫描仪三维逆向建模[J]. 测绘通报,2021(02):161-163.

[40]周美川. 三维激光扫描技术在古建筑测绘绘图中应用[J]. 甘肃科技,2021,37(04):108-110.

[41]陈春生. 三维激光扫描技术在文物遗址数字化测绘中的应用研究[J]. 中国高新科技,2021(03):138-140.

[42]彭勇. 三维激光扫描技术在石质文物保护中的应用研究[D]. 长安大学, 2015.

[43]徐洪峰. 三维激光扫描技术在佛像保护中的应用[D]. 中国石油大学(华东), 2014.

[44]苟彦梅,吴凯诺. 无人机倾斜摄影测量技术在文物保护修复工程的应用[J]. 科技视界, 2020(28):29-30.

[45]苟彦梅. 基于无人机倾斜摄影测量的石窟文物三维重建应用研究[D]. 西安科技大学, 2019.

[46]单文龙. 倾斜摄影精细化三维模型构建及分析技术研究[D]. 南京林业大学,2019.

[47]李冠,王珍. 多源测绘数据的融合在遗迹考察保护工作中的应用研究[J]. 北京测绘,2018,32(12)1442-1445.

[48]黎娟. 基于空地融合的精细化实景建模及可视化研究[D]. 西安科技大学,2018.

[49]孙运豪,高洪,胡朵朵,等. 无人机倾斜摄影在文物修复中的应用[J]. 北京测绘,2017(05):92-95+108.

[50]山西省市场监督管理局.石窟寺文物三维激光扫描数字化采集规程:DB14/T 1926—2019[S].

[51]国家测绘地理信息局.地面三维激光扫描作业技术规程:CH/Z 3017—2015[S].北京:测绘出版社,2015.

[52]SUAREZ G, VAN ECK T, GIARDINI D, et al. The International Federation of Digital Seismograph Networks (FDSN):An integrated system of seismological observatories[J]. Systems Journal, IEEE,2008,2(3):431-438.

[53]ZIELINSKI A, SAXENA N. Tsunami detectability using open-ocean bottom pressure fluctuations [J]. Oceanic Engineering, IEEE Journal of, 1983, 8(4):272-280.

5.虚拟现实类

[54]赵罡,刘亚醉,韩鹏飞,等.虚拟现实与增强现实技术[M].北京:清华大学出版社,2022.

[55]蔡兰峰.BIM虚拟现实表现(Lumion 10.0&Twinmotion 2020)[M].武汉:华中科技大学出版社,2020.

[56]郑瑶,万婧.Photoshop中文版图像处理教程[M].北京:清华大学出版社,2005.

[57]李绍勇.中文版Photoshop CS2建筑效果图处理实例与操作[M].北京:兵器工业出版社;北京希望电子出版社,2007.

[58]刘洋.3ds Max 8建筑表现经典技法——材质灯光篇[M].北京:清华大学出版社,2007.

6.3D打印类

[59]袁赟,袁锋.三维数字化建模与3D打印[M].北京:机械工业出版社,2020.

[60]陈继民.3D打印技术概论[M].北京:化学工业出版社,2020.

[61]蔡启茂,王东.3D打印后处理技术[M].北京:高等教育出版社,2019.

[62]刘杰,孙令真.3D打印技术在文物保护方面的应用[J].科技风,2019(06):86-87.

[63]侯涛,李佳男.3D打印技术在建筑景观设计中的有效应用[J].科技资讯,2019(02):85+87.

[64]凤凰空间.华南编辑部.中国老街——街区保护与建筑修复[M].南京:江苏凤凰科学技术出版社,2014.

[65]杨金广,吴华华,冉琴.3D打印技术在非遗保护中的路径探索——以"都匀八景"为例[J].科技风,2021(12).

[66]陈祺,衣学慧,翟小平,等.微缩园林与沙盘模型制作[M].北京:化学工业出版社,2014.